高等职业教育创新型系列教材

企业财务会计

主　编：周海军　　宋俊骥

副主编：吴素瑶　　张建华　　陈　玲　　郭兆兵

参　编：柳　芝　　魏春花　　丁宛露　　王　征
　　　　王升艳　　杨　琛　　杨　悠　　赖奕欣
　　　　谢真孺　　吴超鹏　　徐文锋　　黄　娟
　　　　胡　毅

北京理工大学出版社

BEIJING INSTITUTE OF TECHNOLOGY PRESS

内 容 提 要

本书是省级精品在线开放课程配套教材。

"企业财务会计"是高职院校大数据与会计专业的核心课程，本书以财政部最新颁布的《企业会计准则》和《企业会计准则应用指南》为依据，结合高职院校学生的特点，以突出学生的职业技能为原则编写。本书系聚焦数字化财税改革发展方向的新型"岗课赛证"课程，以数字经济时代财会岗位实际工作业务作为教学项目，依据企业财务会计岗位能力分析提炼形成各项任务。本书主要包括认识企业财务会计，货币资金、应收及预付款项业务的核算，金融资产的核算，存货业务的核算，固定资产业务的核算，无形资产业务的核算，投资性房地产的核算，长期股权投资的核算，负债业务的核算，所有者权益的核算，收入、费用与利润的核算，财务报告列报，共计12个项目，48个工作任务。

本书既可作为高职院校大数据与会计、大数据与财务管理、大数据与审计、会计信息管理等相关专业的教材，也可作为成人高等教育管理类、经济类专业的辅助教材，还可作为会计工作者学习会计知识的参考资料。

版权专有　侵权必究

图书在版编目(CIP)数据

企业财务会计／周海军,宋俊骥主编． --北京：
北京理工大学出版社,2024.1(2024.2 重印)
ISBN 978 - 7 - 5763 - 3385 - 5

Ⅰ.①企… Ⅱ.①周…②宋… Ⅲ.①企业会计-财
务会计 Ⅳ.①F275.2

中国国家版本馆 CIP 数据核字(2024)第 031883 号

责任编辑：申玉琴　　文案编辑：申玉琴
责任校对：周瑞红　　责任印制：施胜娟

出版发行 ／ 北京理工大学出版社有限责任公司
社　　址 ／ 北京市丰台区四合庄路 6 号
邮　　编 ／ 100070
电　　话 ／ (010) 68914026 (教材售后服务热线)
　　　　　　 (010) 68944437 (课件资源服务热线)
网　　址 ／ http: //www.bitpress.com.cn

版 印 次 ／ 2024 年 2 月第 1 版第 2 次印刷
印　　刷 ／ 三河市天利华印刷装订有限公司
开　　本 ／ 787 mm × 1092 mm　1/16
印　　张 ／ 16.25
字　　数 ／ 388 千字
定　　价 ／ 49.00 元

图书出现印装质量问题，请拨打售后服务热线，负责调换

党的二十大报告明确提出："统筹职业教育、高等教育、继续教育协同创新，推进职普融通、产教融合、科教融汇，优化职业教育类型定位。"再次明确了职业教育的发展方向。

近年来，随着数字经济的快速发展和人工智能技术对行业的深度渗透，企业对会计人才的需求发生了巨大变化，财税行业正面临着数字化变革。为进一步提升财会人才培养质量，提高学生会计核算政策与流程的应用能力、财会复杂业务数字化处理能力与实践创新能力，本书着眼于产业数字化转型的需求，根据《中华人民共和国职业教育法》等相关政策精神，遵循学生职业能力培养规律，以"推动职业教育高质量发展，提高学生素质与技术技能水平，促进就业创业"为目标，以财务岗位分工为基础，以企业生产经营活动为主线，以财务会计六大要素业务操作为主体编写而成。

本书属于校企"双元"合作开发的大数据与会计融合的"岗课赛证"创新形态一体化教材，属于江西外语外贸职业学院国家优质校、国家"双高"专业群、新一轮省"双高"专业群开展"三教改革"的重要成果之一，是江西外语外贸职业学院"财务会计实务"省级精品在线开放课程建设的一项成果，也是江西省职业教育提质培优行动计划"课堂革命典型案例"《数智赋能、立德树人：创新创业会计核算》建设的重要成果。

为贯彻《国家职业教育改革实施方案》，助推数字化财务转型，坚持产教融合育人原则，由编写组与深圳市晋铭航空技术有限公司通过校企合作方式，通过"现状调研—确定培养目标—规划课程体系—划分工作项目—设计岗位任务"环节共同开发课程和教材，以期完善高职大数据与会计专业的课程体系，提升课程育人实效。本书主要具有以下特色：

1. 按照基于项目实施的人才培养方式

本书在遵循学生职业能力培养规律的基础上，以真实财务分析岗位工作任务为基础，融入公司具体案例，针对职业教育生源与教学特点，以财务岗位分工为基础，以企业生产经营活动为主线，以财务会计六大要素业务操作为主体，深入挖掘并形成12个工作项目，48个工作任务，内容编写体现"学中做，做中学"。学生通过学习，可以提升其会计核算政策与流程的应用能力、财会复杂业务数字化处理能力与实践创新能力。

2. 融"岗课赛证"于一体的育人模式

本书对接数字财经财会岗位需求，将注册会计师、会计师专业技术资格考试，1＋X财务共享职业技能等级证书考试内容融入其中，并精准呼应新技术、新产业、新业态、新模式下全国职业院校技能大赛会计实务竞赛与财税融合竞赛的考核纲要。

3. 教学内容以服务企业价值提升

本书的编写团队是一支由企业专家和学校教师构成的"双师型"队伍，在充分开展企业调研的基础上，对接新专业教学标准，开发课程标准，确定课程项目内容。校企"双元"

合作开发，企业人员深度参与编写，产教融合的育人模式有助于解决财务会计学习人员最关心的问题——财务会计如何帮助企业提升价值。

4. 以培养会计工匠精神为育人目标

本书以"数"字转型、"智"慧财经、"财"税融合、业"务"赋能为教学理念，将坚持准则、客观公正、廉洁自律、责任担当、诚实守信等10项思政元素融入具体工作任务，推动党的二十大理想信念教育常态化。本书在编写过程中以学生为中心，由于每项工作任务设计大量的数据处理工作，这要求学生在不断探索中全面提升自身职业能力，进一步厘清财务会计理论与会计工匠精神培养相结合的思路。

5. 配套多样化数字资源

一方面，本书配套开发了动画视频、案例资料包、知识链接、特别提示、素养之窗等数字化专业与思政教学资源，可通过扫描书中二维码获取；另一方面，本书配套学银在线"财务会计实务"省级精品在线开放课程，支持线上线下混合教学。

本书由江西外语外贸职业学院会计金融学院周海军、宋俊骥担任主编。江西外语外贸职业学院会计金融学院吴素瑶、张建华、陈玲，深圳市晋铭航空技术有限公司财务总监郭兆兵担任副主编，江西现代职业技术学院谢真孺、江西飞行学院吴超鹏及江西外语外贸职业学院10余位教师共同参与了编写（其中项目一和项目二由吴素瑶编写，项目三到项目十二分别由周海军、丁宛露、杨琛、王升艳、赖奕欣、张建华、王征、柳芝、杨悠、魏春花编写，其他人员参与案例提供、文字校对等工作）。本书在编写过程中还得到了北京理工大学出版社的大力支持及帮助，在此一并表示感谢。

由于编者学识水平有限，书中不足之处在所难免，敬请读者批评指正，以便我们修订时改正。

编　者

赛 证 资 源

**2023 年业财税融合大数据应用
赛项（教师赛）竞赛题**

**2023 年业财税融合大数据应用
赛项（教师赛）竞赛题参考答案**

**2023 会计实务赛项（国赛）
正式赛题**

**2023 会计实务赛项
（国赛）规程**

**2023 会计实务赛项（国赛）
参考答案及评分**

**财务共享服务（中级）
课程标准**

**财务共享服务职业技能等级证书（中级）
考试大纲**

目　录

2 企业财务会计

项目一　认识企业财务会计

学习目标

知识目标

1. 了解会计的概念、特征和职能；
2. 了解企业财务会计的基本规范；
3. 理解我国企业财务会计报告的目标。

能力目标

1. 掌握会计基本假设、会计基础与会计信息质量要求；
2. 掌握会计要素的定义及其确认条件；
3. 能熟练运用会计基本理论指导会计工作实务。

素养目标

1. 培养学生对会计在社会发展中重要性的认知意识；
2. 培养学生自觉养成爱岗敬业、遵守职业道德的会计精神；
3. 培养学生自觉养成坚持原则、实事求是的会计行为。

重难点

任务	重难点	重要程度
任务一	财务会计的职能与目标	★★
任务二	会计基本假设的内容与应用	★★★
任务三	谨慎性与实质重于形式原则的应用	★★★
任务四	会计六大要素的确认与计量	★★★

知识结构导图

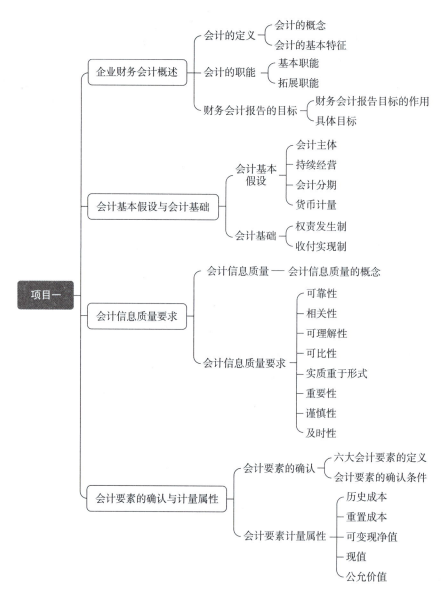

案例导引

晋铭航空科技股份有限公司是一家生产性企业，财务部李强作为刚毕业的大学生，初入职场，对会计工作十分感兴趣，遂向财务主管提出若干会计问题与之探讨，财务主管也饶有兴致地听他娓娓道来。首先，李强认为会计最基础的工作就是做账，每月出具报表，因此会计的基本作用就只有核算职能，监督只是一种外在形式，很少发挥作用；其次，他对于在大学期间学习的各种资产减值准备也提出了疑问，认为一旦对资产计提了减值准备，就意味着公司的资产发生了减少，对公司来说实际上是一种负面信息，为何要将公司不利的一面展示在公众面前呢？财务主管听后微微一笑道："小伙子，慢慢来，等你上手具体财务工作，时间和经验自然会告诉你答案。"

【思考】

1. 李强认为会计的职能只有核算职能，监督职能只是形式，他的看法正确吗？为什么？
2. 为何需要对资产计提各项减值准备？这体现了哪种会计信息质量要求？

任务一　企业财务会计概述

任务布置

会计起源于意大利，世界上第一本复式簿记著作是意大利的卢卡·帕乔利所著的《数学大全》，该书于1494年11月10日在意大利威尼斯出版。卢卡·帕乔利因此被誉为"近代会计之父""近代会计的奠基人"。古往今来，会计的职能也随着时代发展而不断变迁。那么，同学们知道现代企业财务会计的职能包含哪些吗？

经济越发展，会计越重要。在现代市场经济和现代企业制度环境下，会计在保护财产和产权安全、落实经管责任、有效配置经济资源、合理分配经济利益等方面发挥着越来越重要的作用。

一、会计的概念和基本特征

（一）会计的概念

会计是随着人类社会生产的发展和经济管理的需要而产生、发展并不断完善起来的。随着社会生产力的发展、人类文明的不断进步以及经济社会组织的不断变革与发展，社会的生产、分配、交换和消费的协调与和谐发展问题日益复杂和突出，会计的内容和方法等也随之得到不断发展，会计由生产的附带部分逐渐从生产活动中独立出来，成为一项专门的经济管理活动。因此，现代会计是以货币为主要计量单位，对企业和行政事业单位的经济活动进行完整的、连续的、系统的核算和监督，以提供经济信息和反映受托责任履行情况为主要目的的经济管理活动。本书未特别说明时，均以企业会计为对象进行介绍。

（二）会计的基本特征

会计的基本特征表现为以货币为主要计量单位和准确完整性、连续系统性两个方面。

1. 以货币为主要计量单位

对经济社会的生产、分配、交换和消费过程及其结果进行计量的尺度通常有实物计量尺度、劳动计量尺度、时间计量尺度和货币计量尺度等多种。其中，货币计量尺度由货币为一般等价物的性质所决定，具有全面性、综合性等特征，是衡量一般商品价值的共同尺度。因此，以货币为主要计量单位、其他计量尺度作为辅助性补充成为会计的基本特征之一。

2. 准确完整性、连续系统性

会计产生于人们对经济活动过程中生产耗费、生产成果的观察、计量以及记录和比较的需要，会计记录的真实完整、会计计量的准确完整是经济社会对会计的基本要求，是会计的本质特征。从宏观经济角度而言，生产、分配、交换和消费是一个连续系统的过程，从微观企业单位而言，经济活动或业务活动也是一个连续系统的过程，这决定了会计核算和监督的过程也必然是一个连续系统的过程。同时，会计履行核算和监督职能是一项十分复杂缜密的有机整体性工作，其所采用的各种专门方法和程序之间也形成了一个科学系统，会计凭证、会计账簿和会计报表是一个有机整体。因此，连续系统性是会计的另一项基本特征。

二、会计的职能

会计职能，是指会计在经济活动及其管理过程中所具有的功能。会计为经济活动"过程的控制和观念总结"，具有会计核算和会计监督两项基本职能，还具有预测经济前景、参与经济决策、评价经营业绩等拓展职能。

（一）核算职能

会计的核算职能，是指会计以货币为主要计量单位，对特定主体的经济活动进行确认、计量、记录和报告。会计核算贯穿于经济活动的全过程，是会计最基本的职能。

会计核算的内容主要包括：第一，款项和有价证券的收付；第二，财物的收发、增减和使用；第三，债权、债务的发生和结算；第四，资本、基金的增减；第五，收入、支出、费用、成本的计算；第六，财务成果的计算和处理；第七，需要办理会计手续、进行会计核算的其他事项。

（二）监督职能

会计的监督职能也称控制职能，是指会计人员在进行会计核算的同时，对特定主体经济业务的真实性、合法性和合理性进行审查的职能。会计监督是会计的基本职能之一。

会计监督的主要内容有：第一，对原始凭证进行审核和监督；第二，对伪造、变造、故意毁灭会计账簿或者账外设账行为，应当制止和纠正；第三，对实物、款项进行监督，督促建立并严格执行财产清查制度；第四，对指使、强令编造、篡改财务报告行为，应当制止和纠正；第五，对财务收支进行监督；第六，对违反单位内部会计管理制度的经济活动，应当制止和纠正；第七，对单位制定的预算、财务计划、经济计划、业务计划的执行情况进行监督等。

（三）会计核算与会计监督的关系及其职能的拓展

1. 会计核算与会计监督的关系

会计核算与会计监督是相辅相成、辩证统一的。会计核算是会计监督的基础，没有核算提供的各种系统性会计资料，监督就失去了依据；会计监督又是会计核算质量的保障，只有核算没有监督，就难以保证核算提供信息的质量。

2. 会计职能的拓展

会计职能的拓展，是指会计基本职能的延伸与扩展。

（1）预测经济前景，是指根据财务报告等提供的信息，定量或者定性地判断和推测经济活动的发展变化规律，以指导和调节经济活动，提高经济效益。

（2）参与经济决策，是指根据财务报告等提供的信息，运用定量分析和定性分析方法，对备选方案进行经济可行性分析，为企业经营管理等提供与决策相关的信息。

（3）评价经营业绩，是指利用财务报告等提供的会计资料，采用适当的方法，对企业一定经营期间的资产运营、经济效益等经营成果，对照相应的评价标准，进行定量及定性对比分析，做出真实、客观、公正的综合评判。

三、财务会计报告的目标

财务会计报告（以下简称财务报告）的目标在整个财务会计系统和企业会计准则体系具

有十分重要的地位，是构建会计要素确认、计量和报告原则并制定各项准则的基本出发点。

（一）财务报告目标的作用

财务会计的目的之一是向企业外部会计信息使用者提供有用的信息，帮助会计信息使用者做出相关决策。充当这一信息载体和承担这一功能的是企业编制的财务报告，它是财务会计确认和计量的最终结果，是企业管理层和外部信息使用者沟通的纽带。因此，财务报告的目标定位十分重要。财务报告的目标定位决定着财务报告应当向谁提供有用的会计信息，应当保护谁的经济利益，这既是编制财务报告的出发点，也是企业会计准则建立与发展的立足点；财务报告的目标定位决定着财务报告所要求的会计信息的质量特征，决定着会计要素的确认和计量原则，是财务会计系统的核心与灵魂。

 小贴士

通常认为财务报告目标有受托责任观和决策有用观两种。在受托责任观下，会计信息更多地强调可靠性，会计计量主要采用历史成本；在决策有用观下，会计信息更多地强调相关性，如果采用其他计量属性能够提供相关性更高的信息，会较多地采用除历史成本之外的其他计量属性。

（二）财务报告目标的主要内容

财务报告的目标主要包括两个方面的内容。

1. 向财务报告使用者提供有助于决策的信息

向财务报告使用者提供有助于决策的信息是财务报告的基本目标。如果企业在财务报告中提供的会计信息与使用者的决策无关，没有使用价值，那么财务报告就失去了其编制的意义。

根据向财务报告使用者提供有助于决策的信息这一目标要求，财务报告所提供的会计信息应当如实反映企业所拥有或者控制的经济资源、对经济资源的要求权以及经济资源要求权的变化情况，如实反映企业的各项收入、费用、利得和损失的金额及其变动情况，如实反映企业各项经营活动、投资活动和筹资活动等所形成的现金流入和现金流出情况等，从而有助于现实的或者潜在的投资者、债权人及其他使用者正确、合理地评价企业的资产质量、偿债能力、盈利能力和营运效率等，有助于使用者根据相关会计信息做出理性的投资和信贷决策，有助于使用者评估与投资和信贷有关的未来现金流量的金额、时间和风险等。

2. 反映企业管理层受托责任的履行情况

在现代企业制度下，企业的所有权和经营权一般是分离的，企业管理层受委托人之托经营管理企业及各项资产，负有受托责任，即企业管理层所经营管理的企业各项资产基本上是投资者投入的资本（或者留存收益作为再投资）或者向债权人借入的资金，企业管理层有责任妥善保管并合理、有效地运用这些资产。尤其是企业投资者和债权人等，需要及时或者经常性地了解企业管理层保管、使用资产的情况，以便于评价企业管理层受托责任的履行情况和业绩状况，并决定是否需要调整投资或者信贷政策，是否需要加强企业内部控制和其他制度建设，是否需要更换管理层等。因此，财务报告应当反映企业管理层受托责任的履行情况，以有助于评价企业的经营管理责任和资源使用的有效性。对管理层受托责任的履行情况进行反映，是为了使财务报告使用者更好地做出经济决策。

知识点拨

　　企业财务会计对外提供信息的数量与质量，首先取决于外界的需要，外界不需要的信息，企业没有必要也不会提供。其次，外界需要的信息，企业财务会计不一定都有能力提供。最后，外界需要且企业有能力提供的会计信息，不一定都是企业愿意或必须提供的信息。

　　外界对企业会计信息的需求、企业财务会计提供信息的能力以及企业的意愿或外界的约束，决定了企业财务会计的目标，而影响或制约财务会计目标的各项因素本身是变化的，因而企业财务会计的目标也会随之发生变化。决定财务会计目标的各因素受政治、经济、法律和文化等环境因素的影响，其中经济因素的影响最为明显，当然企业财务会计在实现其目标的过程中，会通过它所提供的会计信息反过来影响经济环境。

任务实施

　　现如今，财务会计的职能分为基本职能与拓展职能。基本职能包含核算职能与监督职能两项，两项职能相互补充，辩证统一；随着数字经济不断发展，现代财务会计的作用也发生了重要拓展，拓展职能分为三种：预测经济前景，参与经济决策与评价经营业绩。

任务一　技能训练

任务二　会计基本假设与会计基础

任务布置

　　会计的核算职能，是指会计以货币为主要计量单位，对特定主体的经济活动进行确认、计量、记录和报告。核算职能贯穿于经济活动的全过程，是会计最基本的职能。那么，现代企业会计核算的基础是什么？收入与费用确认的依据又是什么？

一、会计基本假设

（一）会计基本假设概念

　　会计基本假设是对会计核算时间和空间范围以及所采用的主要计量单位等所做的合理假定，是企业会计确认、计量、记录和报告的前提。会计假设对于履行会计职能、实现会计目标要求等具有重要的作用和意义。会计基本假设包括会计主体、持续经营、会计分期和货币计量。

（二）会计基本假设的内容

1. 会计主体

会计主体假设是指会计工作服务的特定对象，是企业会计确认、计量、记录和报告的空间范围。会计核算应当集中反映某一特定企业的经济活动，并将其与其他经济实体区别开来。在会计主体假设下，企业应当对其本身发生的交易或事项进行会计确认、计量、记录和报告，反映企业本身所从事的各项生产经营活动和其他相关活动。如果企业所有者的经济交易或事项是属于企业所有者主体所发生的，则不应纳入企业会计核算的范围。如果企业所有者向企业投入资本或企业向投资者分配利润，则属于企业会计主体的核算范围。

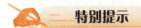 **特别提示**

> 对于会计主体假设的知识点，需要说明的是，会计主体不同于法律主体。一般来说，法律主体必然是会计主体。例如，一家有限责任公司作为一个法律主体，应当建立财务会计系统，独立反映其财务状况、经营成果和现金流量。但是会计主体不一定是法律主体。例如，企业集团编制合并财务报表所依据的是合并会计主体而并非法律主体。

📖 典例研习 1-1

晋铭航空科技股份有限公司对甲公司进行投资，占其 80% 有表决权资本，晋铭航空科技股份有限公司作为投资方确认长期股权投资，甲公司作为接受投资的一方形成所有者权益。

在上述例题中，晋铭航空科技股份有限公司与甲公司之间形成母子关系，母公司与子公司均具有独立的法人地位，都是法律主体。而根据我国《企业会计准则》规定，为了全面反映两家公司组成的集团整体财务状况、经营成果与现金流量的情况，就需要将企业集团作为一个会计主体进行反映，编制合并财务报表。但是，由两家公司组成的企业集团却不是一个独立的法律主体。

2. 持续经营

持续经营假设是指在可以预见的将来，企业将会按当前的规模和状态继续经营下去，不会停业，也不会大规模削减业务。在持续经营假设下，会计确认、计量、记录和报告应当以企业持续、正常的生产经营活动为前提，企业的资产将按照既定用途使用、债务将按照既定的债务合约条件进行清偿，企业会计在此基础上进行会计估计并选择相应的会计原则和会计方法。

📖 典例研习 1-2

晋铭航空科技股份有限公司购入一台机器设备，根据企业经验确定其使用寿命 20 年，且按照 20 年来计提累计折旧。在上述业务中，考虑到晋铭航空科技股份有限公司将会持续不断经营至少 20 年，该公司可以合理预见该设备能在未来 20 年里给企业带来经济利益，这是持续经营假设的典型应用。

3. 会计分期

会计分期假设是指将一个企业持续经营的生产经营活动划分为一个个连续的、长短相同的期间。会计分期的目的，是据以分期结算盈亏，按期编报财务报告，从而及时向财务报告使用者提供有关企业财务状况、经营成果和现金流量的信息。

知识点拨

在《企业会计准则》中，规定我国企业的会计期间按年度划分，以日历年度为一个会计年度，即从每年1月1日至12月31日为一个会计年度。会计中期是指短于一个完整会计年度的报告期间，可以分成季度、月度、半年度，半年度报表常见于上市公司，就是平时说的上市公司中报。

4. 货币计量

货币计量，是指会计主体在会计确认、计量、记录和报告时主要以货币作为计量单位，来反映会计主体的生产经营活动过程及其结果。货币是商品的一般等价物，是衡量一般商品价值的共同尺度，具有价值尺度、流通手段、储藏手段和支付手段等特点。选择货币作为共同尺度进行计量，具有全面、综合反映企业的生产经营情况及其结果的作用。其他计量单位，如重量、长度、容积、台、件等，只能从一个侧面反映企业的生产经营情况，难以对不同性质、不同种类、不同质量的交易或事项按照统一的计量单位进行会计确认、计量、记录和报告，难以汇总和比较。采用货币计量单位进行会计核算和会计监督不排斥采用其他计量单位，其他计量单位可以对货币计量单位进行必要的补充和说明。例如，原材料的实物量度（吨、千克等）可以补充说明原材料的储存、耗费等经管责任的落实状况。

二、会计基础

会计基础，是指会计确认、计量、记录和报告的基础，具体包括权责发生制和收付实现制。

（一）权责发生制

权责发生制，是指以取得收取款项的权利或支付款项的义务为标志来确定本期收入和费用的会计核算基础。

在实务中，企业交易或者事项的发生时间与相关款项收付时间有时并不完全一致。例如，本期款项已经收到，但销售并未实现而不能确认为本期的收入；或者款项已经支付，但与本期的生产经营活动无关而不能确认为本期的费用。为了真实、公允地反映特定会计期间的财务状况和经营成果，企业应当以权责发生制为基础进行会计确认、计量、记录和报告。

根据权责发生制，凡是当期已经实现的收入和已经发生或者应当负担的费用，无论款项是否收付，都应当作为当期的收入和费用，计入利润表；凡是不属于当期的收入和费用，即使款项已在当期收付，也不应当作为当期的收入和费用。

📖 典例研习 1-3

晋铭航空科技股份有限公司 2023 年 10 月销售货物，于 9 月收到定金 20%，10 月销售当月收到 70%，11 月对方验收无误后向我方转账剩余 10% 尾款，如果采用权责发生制，应于何时确认收入？

权责发生制强调以取得收取款项的权利为标志确认收入，上述业务在 10 月实现收入，说明 10 月就产生了收款的权利，即使 9 月、11 月收到部分货款，也不能确认 9 月、11 月的收入，因此销售货款收入应确认为 10 月的收入。

 典例研习 1 - 4

晋铭航空科技股份有限公司年初向银行借款 10 000 元本金，年利率 12%，期限一年，一年后一次还本付息，如果采用权责发生制，其一年的利息需在何时确认？

对于权责发生制强调以支付款项的义务为标志来确认费用，虽然借款所产生的利息 1 200 元于一年后一次付清，但付款的义务已经在借款的各月都产生，因此，根据该原则，应该每月确认利息费用 100 元。

（二）收付实现制

收付实现制，是指以现金的实际收付为标志来确定本期收入和费用的会计核算基础。在我国，政府会计由预算会计和财务会计构成。其中，预算会计采用收付实现制，国务院另有规定的，依照其规定；财务会计采用权责发生制。

 典例研习 1 - 5

承接典例研习 1 - 3，如果该公司采用收付实现制的会计基础，应于何时确认收入？

收付实现制强调的是以实际收付为标志确认收入与费用，因此该案例中，应将收入于 9 月、10 月、11 月分别确认。

 知识链接

"财务会计实务"在线开放课程之会计基本假设与会计基础

 **任务实施**

会计核算的基础则是会计做账的基础，一般包含两种：收付实现制与权责发生制。由于权责发生制能够真实、公允地反映特定会计期间的财务状况和经营成果，因此，在现代财务会计核算中，统一采用权责发生制作为会计核算的基础。

任务二　技能训练

任务三　会计信息质量要求

⚙ 任务布置

在企业财务会计核算过程中，往往将长期租入的固定资产视为自有资产核算，并体现在公司的资产负债表中，但从法律层面来说，租入的固定资产是没有所有权的，那为何会计核算会将其纳入自有资产的核算范围呢？上述经济业务的核算体现了什么会计基本原则？

一、会计信息质量

会计信息质量，是指会计信息符合会计法律、会计准则等规定要求的程度，是满足企业利益相关者需要的能力和程度。

二、会计信息质量要求

会计信息质量要求是对企业财务报告所提供会计信息质量的基本要求，是使财务报告所提供会计信息对投资者等信息使用者决策有用应具备的基本特征，主要包括可靠性、相关性、可理解性、可比性、实质重于形式、重要性、谨慎性和及时性等。

（一）可靠性

可靠性要求企业应当以实际发生的交易或者事项为依据进行确认、计量、记录和报告，如实反映符合确认和计量要求的各项会计要素及其他相关信息，保证会计信息真实可靠、内容完整。

📖 典例研习 1-6

企业在资产负债表日对应收款项的账面价值进行评估时，不是基于应收款项的信用减值迹象的客观事实进行职业判断并获得评估结果，而是迫于股东或管理层压力提高当期利润或降低当期利润的主观意图，确认、计量、记录和报告信用减值损失而达到操纵当期利润的目的。这就是违反可靠性原则的典型。

（二）相关性

相关性要求企业提供的会计信息应当与财务会计报告使用者的经济决策需要相关，有助于财务会计报告使用者对企业过去、现在或者未来的情况做出评价或者预测。

会计信息是否有用是会计信息质量的重要标志和基本特征之一。相关的会计信息应当能够有助于使用者评价企业过去的决策，证实或者修正过去的有关预测，因而具有反馈价值。相关的会计信息还应当具有预测价值，有助于财务报告使用者依据会计信息预测企业未来的财务状况、经营成果和现金流量。在证券市场上，股东主要依据企业披露的会计信息对企业的偿债能力、营运能力、盈利能力和现金流量等做出基本评价和预测，以此为基础对企业价值做出基本评估，进而形成其投资决策方案。

　**特别提示**

　　财务会计信息质量的相关性应以可靠性作为基础，即财务会计信息质量应在具备可靠性的前提下，尽可能地具备相关性，以满足财务会计信息使用者的决策需求。

（三）可理解性

可理解性要求企业提供的会计信息应当清晰明了，便于投资者等财务报告使用者理解和使用。

企业编制财务报告、提供会计信息的目的在于使用，要让使用者有效使用会计信息，应当让其了解会计信息的内涵，弄懂会计信息的内容，这就要求财务报告提供的会计信息应当清晰明了，易于理解。

（四）可比性

可比性要求企业提供的会计信息应当相互可比。这主要包括以下两层含义：

1. 同一企业不同时期可比

同一企业不同时期发生的相同或者相似的交易或者事项，应当采用一致的会计政策，不得随意变更。但是，如果按照规定或者在会计政策变更后能够提供更可靠、更相关的会计信息，企业可以变更会计政策。有关会计政策变更的情况，应当在附注中予以说明。会计政策是指企业在会计确认、计量、记录和报告中所采用的原则、基础和处理方法。

2. 不同企业相同会计期间可比

不同企业同一会计期间发生的相同或者相似的交易或事项，应当采用同一会计政策，确保会计信息口径一致、相互可比，以使不同企业按照一致的确认、计量、记录和报告要求提供有关会计信息。

（五）实质重于形式

实质重于形式要求企业应当按照交易或者事项的经济实质进行会计确认、计量、记录和报告，不仅仅以交易或事项的法律形式为依据。

📖 典例研习 1-7

晋铭航空科技股份有限公司租入一台机器设备（短期租赁和低值资产租赁除外），虽然从法律形式来讲企业并不拥有其所有权，但由于租赁合同规定的租赁期相当长，往往接近于该资产的使用寿命，租赁期结束时承租企业有优先购买该资产的选择权，在租赁期内承租企业拥有资产使用权并从中受益等。从其经济实质来看，企业能够控制租入资产所创造的未来经济利益，在会计确认、计量、记录和报告中就应当将租入的资产视为企业的资产，在资产负债表中填列使用权资产。

　**小贴士**

　　除上述租赁业务外，售后回购、售后回租等业务均体现实质重于形式的原则，要使会计信息真实反映交易或事项，就必须根据交易或事项的实质和经济现实进行判断，而不能仅仅根据它们的法律形式进行判断。

（六）重要性

重要性要求企业提供的会计信息应当反映与企业财务状况、经营成果和现金流量有关的所有重要交易或事项。

在实务中，如果某项会计信息的省略或者错报会影响投资者等财务报告使用者据此做出决策，该信息就具有重要性。重要性的应用需要依赖职业判断，企业应当根据其所处环境和实际情况，从项目的功能、性质和金额大小多方面加以判断。

📖 典例研习 1-8

企业发生的某些支出金额较小，从支出的受益期来看，可能需要在若干会计期间进行分摊，但根据重要性要求，可以一次性计入当期损益，如低值易耗品可以采用一次摊销法或分次摊销法摊销，尚未摊销的部分作为周转材料合并列入资产负债表存货项目，而不作为单独项目列报；又如企业发生的研发支出中属于研究阶段的支出，尽管多数情况下其金额较大，但是，从其功能看尚未形成预期会给企业带来经济利益的资源，在发生期作为期间费用计入当期损益核算并列报。

（七）谨慎性

谨慎性要求企业对交易或事项进行会计确认、计量、记录和报告应当保持应有的谨慎，不应高估资产或者收益、低估负债或者费用。

在市场经济环境下，企业的生产经营活动面临着许多风险和不确定性，如应收款项的可收回性、固定资产的预期使用寿命、无形资产的预期使用寿命等。会计信息质量的谨慎要求，需要企业在面临不确定性因素的情况下做出职业判断时，应当保持应有的谨慎，充分估计各种风险和损失，既不高估资产或收益，也不低估负债或费用。如果企业高估资产或收益、低估费用会导致高估利润，可能导致会计信息使用者高估企业盈利能力而盲目乐观，做出不切合实际的决策，存在误导性列报和陈述的风险；如果低估负债，可能诱导会计信息使用者高估企业的偿债能力，做出不准确或不恰当的决策。

📖 典例研习 1-9

企业对可能发生的资产减值损失计提资产减值准备、要求企业对售出商品很可能发生的保修义务确认预计负债、对很可能承担的环保责任确认预计负债等，就体现了会计信息质量的谨慎性要求。

✏️ 素养之窗

学习党的二十大精神，树立自身职业素养。学生在工作中应保持严谨的职业态度与诚实守信的基本原则，面对各项繁杂的经济业务，时刻谨记并保持应有的职业谨慎，培养经世济民的处世态度与社会责任意识。

（八）及时性

及时性要求企业对于已经发生的交易或事项，应当及时进行确认、计量、记录和报告，不得提前或延后。

在会计确认、计量、记录和报告过程中贯彻及时性要求，一是要求及时收集会计信息，即在交易或者事项发生后，及时收集整理各种原始单据或者凭证；二是要求及时处理会计信息，即按照会计准则的规定，及时对交易或事项进行确认和计量，并编制财务报告；三是要求及时传递会计信息，即按照国家规定的有关时限，及时将编制的财务报告传递给财务报告使用者，便于其及时使用和决策。

📖 典例研习 1-10

晋铭航空科技股份有限公司将自行研制的软硬件为一体的商品进行销售，销售合约约定商品销售后还将提供免费维护和免费升级服务。如果企业不考虑商品售后提供免费维护和升级服务将全部销售一次性确认为当期销售收入，就属于提前确认、计量、记录和报告销售收入；反之，如果企业在提供后续服务合约到期日再确认全部销售收入，则属于延后确认、计量、记录、报告销售收入。正确的会计处理应当按合理的比例在销售当期和后期维护及升级合约持续期间分配确认各期销售收入。

✍ 任务实施

> 任务布置中的内容直接体现了会计信息质量要求中的实质重于形式原则，虽然从法律形式来讲企业并不拥有其所有权，但是由于租赁合同规定的租赁期相当长，往往接近于该资产的使用寿命，租赁结束时承租企业有优先购买该资产的选择权，在租赁期内承租企业拥有资产使用权并从中受益等。从其经济实质来看，企业能够控制租入资产所创造的未来经济利益，在会计确认、计量、记录和报告中就应当将租入的资产视为企业的资产，在资产负债表中填列使用权资产。

任务三　技能训练

任务四　会计要素的确认与计量

❀ 任务布置

企业擅自排放工业废水导致下游村庄出现水污染，村民将该企业告上法庭，要求其赔偿损失，企业经过合理判断，预计败诉的概率高达 90%，未来很有可能出现赔偿义务。同学们可以想一想，对于企业这个会计主体来说，该项赔偿义务能否确认为负债呢？

一、会计要素及其确认条件

会计要素是根据交易或者事项的经济特征所确定的财务会计对象和基本分类。会计要素按照其性质分为资产、负债、所有者权益、收入、费用和利润，其中，资产、负债和所有者权益要素侧重于反映企业的财务状况，收入、费用和利润要素侧重于反映企业的经营成果。

（一）资产

1. 资产的定义

资产，是指企业过去的交易或者事项形成的，由企业拥有或者控制的，预期会给企业带来经济利益的资源。根据资产的定义，资产具有以下三方面特征：

（1）资产应为企业拥有或者控制的资源。资产作为一项资源，应当由企业拥有或者控制，具体是指企业享有某项资源的所有权，或者虽然不享有某项资源的所有权，但该资源能被企业所控制。

（2）资产预期会给企业带来经济利益，是指资产直接或者间接导致现金和现金等价物流入企业的潜力。这种潜力可以来自企业日常的生产经营活动，也可以是非日常活动；带来的经济利益可以是现金或者现金等价物，或可以转化为现金或者现金等价物的形式，或可以减少现金或者现金等价物流出的形式。

（3）资产是由企业过去的交易或者事项形成的。资产应当由企业过去的交易或者事项形成，过去的交易或者事项包括购买、生产、建造行为等。只有过去的交易或者事项才能产生资产，企业预期在未来发生的交易或者事项不形成资产。

2. 资产的确认条件

将一项资源确认为资产，需要符合资产的定义，还应同时满足以下两个条件：

（1）与该资源有关的经济利益很可能流入企业。从资产的定义可以看出，能为企业带来经济利益是资产的一个本质特征。但在现实生活中，由于经济环境瞬息万变，与资源有关的经济利益能否流入企业或者能够流入多少实际上带有不确定性。因此，资产的确认还应与经济利益流入企业的不确定性程度的判断结合起来。

（2）该资源的成本或者价值能够可靠地计量。只有当有关资源的成本或者价值能够可靠地计量时，资产才能予以确认。在实务中，企业取得的许多资产都需要付出成本。

📖 典例研习 1-11

晋铭航空科技股份有限公司的人力资源极为丰富，该公司与每位员工都签订了劳动合同，人员结构合理且稳定，通常来说，这些人力资源都很可能给企业带来经济利益。但是，由于人力资源的成本无法得到可靠计量，因此在会计核算中，人力资源不能被确认为一项资产。

3. 资产的分类和内容

企业资产分为流动资产和非流动资产两大类。其中，流动资产包括货币资金、交易性金融资产、衍生金融资产、应收票据、应收账款、应收款项融资、预付款项、其他应收款、存货、合同资产、持有待售资产、一年内到期的非流动资产、其他流动资产；非流动资产包括债权投资、其他债权投资、长期应收款、长期股权投资、其他权益工具投资、其他非流动金融资产、投资性房地产、固定资产、在建工程、生产性生物资产、油气资产、使用权资产、无形资产、开发支出、商誉、长期待摊费用、递延所得税资产、其他非流动资产。

📖 画龙点睛

四项资产名词解释

（二）负债

1. 负债的定义

负债，是指企业过去的交易或者事项形成的，预期会导致经济利益流出企业的现时义务。根据负债的定义，负债具有以下三方面特征：

（1）负债是企业承担的现时义务。负债必须是企业承担的现时义务，这里的现时义务是指企业在现行条件下已承担的义务。未来发生的交易或者事项形成的义务，不属于现时义务，不应当确认为负债。

（2）负债预期会导致经济利益流出企业。预期会导致经济利益流出企业是负债的一个本质特征，只有在履行义务时会导致经济利益流出企业的，才符合负债的定义。在履行现时义务清偿负债时，导致经济利益流出企业的形式多种多样，例如，用现金偿还或以实物资产形式偿还，以提供劳务形式偿还，部分转移资产、部分提供劳务形式偿还，将负债转为资本等。

（3）负债是由企业过去的交易或者事项形成的。负债应当由企业过去的交易或者事项所形成。换句话说，只有过去的交易或者事项才形成负债，企业将在未来发生的承诺、签订的合同等交易或者事项，不形成负债。

2. 负债的确认条件

将一项现时义务确认为负债，需要符合负债的定义，还需要同时满足以下两个条件：

（1）与该义务有关的经济利益很可能流出企业，从负债的定义可以看出，预期会导致经济利益流出企业是负债的一个本质特征。在实务中，企业履行义务所需流出的经济利益带有不确定性，尤其是与推定义务相关的经济利益通常需要依赖大量的估计。因此负债的确认应当与经济利益流出企业的不确定性程度的判断结合起来。

📖 典例研习 1-12

晋铭航空科技股份有限公司 2023 年存在未决诉讼业务和销售商品提供的质量保证约定，如果上述业务很可能导致经济利益流出企业，应该将其视为负债，应记"预计负债"科目。但如果企业虽然承担了现时义务，但导致经济利益流出企业的可能性很小，则不符合负债的确认条件，不能将其作为负债。

　**知识点拨**

根据《企业会计准则第 13 号——或有事项》的规定，履行或有事项相关义务导致经济利益流出的可能性，通常按照下列情况加以判断：

（1）"基本确定"指发生的可能性大于95%但小于100%；

（2）"很可能"指发生的可能性大于50%但小于或等于95%；

（3）"可能"指发生的可能性大于5%但小于或等于50%；

（4）"极小可能"指发生的可能性大于0但小于或等于5%。

（2）未来流出的经济利益的金额能够可靠地计量。负债的确认在考虑经济利益流出企业的同时，对于未来流出的经济利益的金额应当能够可靠计量。

3. 负债的分类和内容

企业负债分为流动负债和非流动负债两大类。其中，流动负债包括短期借款、交易性金融负债、衍生金融负债、应付票据、应付账款、预收款项、合同负债、应付职工薪酬、应交税费、其他应付款、持有待售负债、一年内到期的非流动负债、其他流动负债；非流动负债包括长期借款、应付债券、租赁负债、长期应付款、预计负债、递延所得税负债、其他非流动负债。

（三）所有者权益

1. 所有者权益的定义

所有者权益，是指企业资产扣除负债后，由所有者享有的剩余权益。公司的所有者权益又称为股东权益。所有者权益是所有者对企业资产的剩余索取权，它是企业的资产扣除债权人权益后应由所有者享有的部分，既可反映所有者投入资本的保值增值情况，又体现了保护债权人权益的理念。

所有者权益的来源包括所有者投入的资本、其他综合收益、留存收益等，通常由股本（或实收资本）、资本公积（含股本溢价或资本溢价、其他资本公积）、其他综合收益、盈余公积和未分配利润等构成。

所有者投入的资本，是指所有者投入企业的资本部分，既包括构成企业注册资本或者股本的金额，也包括投入资本超过注册资本或股本部分的金额，即资本溢价或股本溢价，这部分投入资本作为资本公积（资本溢价）反映。

其他综合收益，是指企业根据会计准则规定未在当期损益中确认的各项利得和损失。

留存收益，是指企业从历年实现的利润中提取或形成的留存于企业的内部积累，包括盈余公积和未分配利润。

2. 所有者权益的确认条件

所有者权益体现的是所有者在企业中的剩余权益，因此，所有者权益的确认和计量主要依赖于资产和负债的确认和计量。例如，企业接受投资者投入的资产，在该资产符合资产确认条件时，就相应地符合所有者权益的确认条件；当该资产的价值能够可靠计量时，所有者权益的金额也就可以确定。

（四）收入

1. 收入的定义

收入，是指企业在日常活动中形成的、会导致所有者权益增加的、与所有者投入资本无关的经济利益的总流入。根据收入的定义，收入具有以下三方面特征：

（1）收入是企业在日常活动中形成的。日常活动，是指企业为完成其经营目标所从事的经常性活动，以及与之相关的活动。例如，工业企业制造并销售产品，就属于企业的日常活动。

（2）收入是与所有者投入资本无关的经济利益的总流入。收入应当会导致经济利益的流入，从而导致资产的增加。例如，企业销售商品，应当收到现金或者有权在未来收到现金，才表明该交易符合收入的定义。但是在实务中，经济利益的流入有时是所有者投入资本的增加导致的，所有者投入资本的增加不应当确认为收入，应当将其直接确认为所有者权益。

（3）收入会导致所有者权益的增加。与收入相关的经济利益的流入应当会导致所有者权益的增加，不会导致所有者权益增加的经济利益的流入不符合收入的定义，不应确认为收入。

2. 收入的确认条件

企业收入的来源渠道多种多样，不同收入来源的特征虽然有所不同，但其收入确认条件却是相同的。企业与客户之间的合同同时满足下列条件时，企业应当在客户取得相关商品控制权时确认收入：

（1）合同各方已批准该合同并承诺将履行各自义务；

（2）该合同明确了合同各方与所转让商品或提供劳务相关的权利和义务；

（3）该合同有明确的与所转让商品或提供劳务相关的支付条款；

（4）该合同具有商业实质，即履行该合同将改变企业未来现金流量的风险、时间分布或金额；

（5）企业因向客户转让商品或提供劳务而有权取得的对价很可能收回。

（五）费用

1. 费用的定义

费用，是指企业在日常活动中发生的、会导致所有者权益减少的、与向所有者分配利润无关的经济利益的总流出。根据费用的定义，费用具有以下三方面特征：

（1）费用是企业在日常活动中形成的。费用必须是企业在日常活动中形成的，这些日常活动的界定与收入定义中涉及的日常活动的界定相一致。日常活动产生的费用通常包括营业成本（主营业务成本和其他业务成本）、税金及附加、销售费用、管理费用、财务费用等。将费用界定为日常活动形成的，目的是将其与损失相区分，企业非日常活动形成的经济利益的流出不能确认为费用，而应当计入损失。

（2）费用是与向所有者分配利润无关的经济利益的总流出。费用的发生应当会导致经济利益的流出，从而导致资产的减少或者负债的增加，其表现形式包括现金或者现金等价物的流出，存货、固定资产和无形资产等的流出或者消耗等。企业向所有者分配利润也会导致经济利益的流出，而该经济利益的流出属于所有者权益的抵减项目，不应确认为费用，应当将其排除在费用的定义之外。

（3）费用会导致所有者权益的减少。与费用相关的经济利益的流出应当会导致所有者权益的减少，不会导致所有者权益减少的经济利益的流出不符合费用的定义，不应确认为费用。

2. 费用的确认条件

费用的确认除了应当符合定义外，还至少应当符合以下条件：

（1）与费用相关的经济利益应当很可能流出企业；

（2）经济利益流出企业的结果会导致资产的减少或者负债的增加；

（3）经济利益的流出额能够可靠计量。

（六）利润

1. 利润的定义

利润，是指企业在一定会计期间的经营成果。通常情况下，如果企业实现了利润，表明企业的所有者权益将增加；反之，如果企业发生亏损（即利润为负数），表明企业的所有者权益将减少。

利润包括收入减去费用后的净额、直接计入当期利润的利得和损失等。其中，收入减去费用后的净额反映的是企业日常活动的业绩。直接计入当期利润的利得和损失，是指应当计入当期损益、会导致所有者权益发生增减变动的、与所有者投入资本或者向所有者分配利润无关的利得或损失。其中，利得，是指由企业非日常活动所形成的、会导致所有者权益增加的、与所有者投入资本无关的经济利益的流入；损失，是指由企业非日常活动所发生的、会导致所有者权益减少的、与向所有者分配利润无关的经济利益的流出。

2. 利润的确认条件

利润反映的是收入减去费用、利得减去损失后的净额。因此，利润的确认主要依赖于收入和费用，以及利得和损失的确认，其金额的确定也主要取决于收入、费用、利得和损失金额的计量。

📖 **知识链接**

"财务会计实务"在线开放课程之会计要素

二、会计要素计量属性及其应用原则

会计计量是为了将符合确认条件的会计要素登记入账并列报于财务报表而确定其金额的过程。会计计量属性主要包括历史成本、重置成本、可变现净值、现值和公允价值等。

（一）历史成本

历史成本又称实际成本，是指取得或制造某项财产物资时所实际支付的现金或者现金等价物。采用历史成本计量时，资产按照其购置时支付的现金或现金等价物的金额，或者按照购置时所付出对价的公允价值计量。负债按照其因承担现时义务而实际收到的款项或者资产的金额，或者承担现时义务的合同金额，或者按照日常活动中为偿还负债预期需要支付的现金或者现金等价物的金额计量。

（二）重置成本

重置成本又称现行成本，是指按照当前市场条件，重新取得同样一项资产所需支付的现金或现金等价物金额。采用重置成本计量时，资产按照现在购买相同或者相似资产所需支付的现金或者现金等价物的金额计量。负债按照现在偿付该项债务所需支付的现金或者现金等价物的金额计量。

（三）可变现净值

可变现净值，是指在生产经营过程中，以预计售价减去进一步加工成本和销售所必需的预计税金、费用后的净值。采用可变现净值计量时，资产按照其正常对外销售所能收到现金或者现金等价物的金额，扣减该资产至完工时估计将要发生的成本、估计的销售费用以及相关税费后的金额计量。

（四）现值

现值，是指对未来现金流量以恰当的折现率进行折现后的价值，是考虑货币时间价值因素等的一种计量属性。采用现值计量时，资产按照预计从其持续使用和最终处置中所产生的未来净现金流入量的折现金额计量。负债按照预计期限内需要偿还的未来净现金流出量的折现金额计量。

（五）公允价值

公允价值，是指市场参与者在计量日发生的有序交易中，出售一项资产所能收到或者转移一项负债所需支付的价格。

✏ 特别提示

企业在对财务会计要素进行计量时，一般应当采用历史成本，采用重置成本、可变现净值、现值、公允价值计量的，应当保证所确定的财务会计要素金额能够取得并可靠计量。

现阶段适度谨慎地引入公允价值这一计量属性是考虑到我国尚属新兴的转型的市场经济国家，如果不加限制地引入公允价值，有可能出现公允价值计量不可靠，甚至借机人为操纵利润的现象。因此，相关具体准则中规定，只有在存在主要市场（或最有利市场）、公允价值能够取得并可靠计量的情况下，才允许采用公允价值计量，如交易性金融资产、投资性房地产后续计量采用公允价值计量模式等。

✏ 任务实施

对于企业擅自排放工业废水导致下游村庄出现水污染，村民将该企业告上法庭，要求其承担赔偿损失任务中，如果企业经合理判断，预计败诉的概率高达90%，说明上述业务很可能导致经济利益流出企业，应该将其视为负债，应记"预计负债"科目。

任务四　技能训练

案例导引解析

对于开篇案例导引中提到的两项思考题，此处一一做出解答：

第一，会计的基础职能包含两种，核算职能与监督职能。会计核算贯穿于经济活动的全过程，是会计最基本的职能。两种职能缺一不可，辩证统一。会计核算是会计监督的基础，没有核算提供的各种系统性会计资料，监督就失去了依据；会计监督又是会计核算质量的保障，只有核算没有监督，就难以保证核算提供信息的质量。

第二，之所以对各项资产计提减值准备，主要是体现会计信息质量要求的谨慎性原则。谨慎性要求企业对交易或事项进行会计确认、计量、记录和报告应当保持应有的谨慎，不应高估资产或收益、低估负债或费用。如果明知资产已经或者将要发生减值，而刻意不计提减值准备并反映在报表中，将导致会计信息使用者高估企业盈利能力而盲目乐观，做出不切合实际的决策，存在误导性列报和陈述的风险。

项目一　综合训练

项目二 货币资金、应收及预付款项业务的核算

学习目标

知识目标

1. 理解货币资金、应收及预付款项的概念；
2. 熟悉库存现金管理的内容，了解库存现金内部控制制度；
3. 熟悉各种银行结算方式的特点与适用范围；
4. 了解应收及预付款项的性质。

能力目标

1. 掌握货币资金、应收及预付款项的账务处理；
2. 掌握银行余额调节表的编制目的与方法；
3. 掌握应收款项的计价与坏账的确认及其账务处理。

素养目标

1. 使学生熟悉与货币资金管理相关的法律规定，形成用法律思维思考问题、解决问题的意识；
2. 培养学生坚守诚实守信的道德品质，做维护国家资金安全的中坚力量；
3. 引导学生在会计核算中遵守职业操守，提高责任意识，增强社会责任感。

重难点

任务	重难点	重要程度
任务一	库存现金盘点的账务处理	★★★
任务二	银行存款余额调节表的编制方法	★★★
任务三	其他货币资金的账务处理	★★★
任务四	应收与预付款项的账务处理；应收款项坏账的确认与计量	★★★★

知识结构导图

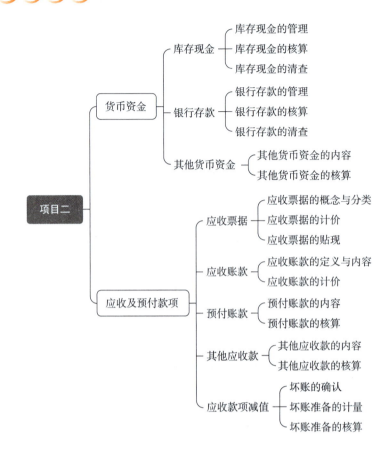

项目二
- 货币资金
  - 库存现金
    - 库存现金的管理
    - 库存现金的核算
    - 库存现金的清查
  - 银行存款
    - 银行存款的管理
    - 银行存款的核算
    - 银行存款的清查
  - 其他货币资金
    - 其他货币资金的内容
    - 其他货币资金的核算
- 应收及预付款项
  - 应收票据
    - 应收票据的概念与分类
    - 应收票据的计价
    - 应收票据的贴现
  - 应收账款
    - 应收账款的定义与内容
    - 应收账款的计价
  - 预付账款
    - 预付账款的内容
    - 预付账款的核算
  - 其他应收款
    - 其他应收款的内容
    - 其他应收款的核算
  - 应收款项减值
    - 坏账的确认
    - 坏账准备的计量
    - 坏账准备的核算

案例导引

晋铭航空科技股份有限公司出纳员李强参加工作不久，对于货币资金业务管理与核算相关规定不甚了解，所以工作之初，经常出现一些基础性错误，其中有两件事情让他记忆犹新。第一件事是刚来公司的第二个月，在连续两天的现金业务结束后例行的现金清查时，分别发现现金短缺 30 元和现金溢余 50 元的情况，对此他反复思考和检查也无法查明其中缘由。为保全自身面子和息事宁人，同时又考虑到两次现金清查的金额都比较小，他决定采取的办法是：现金短缺的 30 元，自掏腰包补足，现金溢余的 50 元，自己先收起来。第二件事就是晋铭航空科技股份有限公司经常对银行存款的实有金额心中无数，甚至有时会影响到公司日常业务的结算，因此，公司经理指派内审部门抽查李强的账目，结果发现，李强每月编制的银行余额调节表，都将企业与银行之间的未达账项立即登记入账。

【思考】

1. 李强对上述两项业务的处理是否恰当？为什么？

2. 正确的现金清查步骤应是如何？

3. 编制银行余额调节表的作用是什么？

四项资产名词解释

任务一　库存现金的管理与核算

❀ 任务布置

深圳市晋铭航空技术有限公司（以下简称"晋铭航空公司"）在月初对公司各项资产进行抽盘，其中，在盘点保险柜中的现金时，发现存在账实不一致的情况，出现现金盘亏560元整，经查，属于出纳人员王红失职所致。同学们请思考：针对上述现金盘亏应该如何处理？如果无法查明原因又当如何处理？

货币资金是指企业生产经营过程中处于货币形态的资产，属于企业的一种金融资产。货币资金包括库存现金、银行存款和其他货币资金。

一、库存现金的管理

库存现金是指存放于企业财会部门，由出纳人员经管的货币。库存现金是企业流动性最强的资产。企业应当严格遵守国家和企业有关现金管理制度，正确进行现金收支的核算，监督现金使用的合法性与合理性。

（一）现金的适用范围

企业使用现金的范围主要包括以下几方面：

（1）职工工资、津贴；

（2）个人劳务报酬；

（3）根据国家规定发给个人的科学技术、文化艺术、体育等各种奖金；

（4）各种劳保、福利费用以及国家规定的对个人的其他支出；

（5）向个人收购农副产品和其他物资的价款；

（6）出差人员必须随身携带的差旅费；

（7）结算起点（1 000元）以下的零星支出；

（8）中国人民银行确定需要支付现金的其他支出。

属于上述现金结算范围的支出，企业可以根据需要向银行提取现金支付，不属于上述现金结算范围的款项支付，一律通过银行进行转账结算。

（二）库存现金的限额

现金的限额是指为保证单位日常零星开支的需要，允许单位留存现金的最高数额。这一限额由开户银行根据单位的实际需要核定，一般按照单位3~5天日常零星开支所需确定。偏远地区和交通不便地区的开户单位的库存现金限额，可按多于5天，但不得超过15天的日常零星开支的需要确定。经核定的库存现金限额，开户单位必须严格遵守，超过部分应于当日终了前存入银行。需要增加或者减少库存现金限额的，应当向开户银行提出申请，由开户银行核定。

素养之窗

　　上述现金管理制度引导学生熟悉我国货币资金有关法律法规，培养学生形成用法律思维思考问题、解决问题的意识。同时，保持严谨的职业态度与诚实守信的基本原则，做专业的财务工匠人。

📖 **知识链接**

《现金管理暂行条例实施细则》

二、库存现金的核算

（一）库存现金的序时核算

　　为了及时反映和监督库存现金收入、支出和结存情况，加强对库存现金的管理，企业应设置"库存现金日记账"，如图 2-1 所示。库存现金日记账由出纳人员根据审核无误的现金收、付款凭证及银行存款付款凭证，按照业务发生先后顺序，逐日逐笔登记。每日营业终了，应当在现金日记账上计算出当日的现金收入合计数、现金支出合计数及现金结余数，并将现金日记账的账面余额与库存现金实有数相核对，保证账实相符。

现 金 日 记 账

图 2-1　现金日记账

（二）库存现金的总分类核算

　　为了总括地反映企业库存现金的收入、支出和结存情况，应设置"库存现金"账户。该账户属于资产类账户，借方登记库存现金的增加，贷方登记库存现金的减少，期末余额反映企业实际持有的库存现金的数额。

　　企业内各部门周转使用的备用金通过"其他应收款"账户核算，或者单独设置"备用金"账户核算，不在"库存现金"账户核算。

1. 现金收入的核算

现金收入的内容主要包括：从银行提取的现金、职工出差报销时交回的剩余借款、结算起点以下的零星收入款、销售给不能转账的集体或个人的销货款、收取的对个人的罚款、无法查明原因的现金溢余等。收取现金时，借记"库存现金"科目，贷记有关科目。

📖 典例研习2-1

晋铭航空科技股份有限公司是增值税一般纳税人，2023年5月发生如下现金收款业务：

（1）8日从开户银行提取现金5 000元以备发放工资。

借：库存现金　　　　　　　　　　　　　　　　　　　　　5 000
　　贷：银行存款　　　　　　　　　　　　　　　　　　　　　5 000

（2）10日出售公司零星使用的材料，其中收入600元，增值税78元，收到现金共计678元。

借：库存现金　　　　　　　　　　　　　　　　　　　　　678
　　贷：其他业务收入　　　　　　　　　　　　　　　　　　　600
　　　　应交税费——应交增值税（销项税额）　　　　　　　　78

2. 现金支出业务的核算

企业按照现金开支范围的规定支付现金时，借记有关科目，贷记"库存现金"科目。

📖 典例研习2-2

晋铭航空科技股份有限公司2023年6月发生如下现金支出业务：

（1）3日销售部门王华出差预借差旅费1 200元，以现金付讫。

借：其他应收款——王华　　　　　　　　　　　　　　　　1 200
　　贷：库存现金　　　　　　　　　　　　　　　　　　　　　1 200

（2）公司管理部门购买办公用品，报销金额700元。

借：管理费用——办公费　　　　　　　　　　　　　　　　700
　　贷：库存现金　　　　　　　　　　　　　　　　　　　　　700

（3）王华出差归来，实际报销金额1 500元，以现金进行补付。

借：销售费用　　　　　　　　　　　　　　　　　　　　　1 500
　　贷：其他应收款——王华　　　　　　　　　　　　　　　　1 200
　　　　库存现金　　　　　　　　　　　　　　　　　　　　　300

三、库存现金的清查

为了保证现金的安全完整，企业应当按规定对库存现金进行定期和不定期的清查，对于清查的结果应当编制现金盘点报告表。

 小贴士

现金清查的方法主要是实地盘点法，即将库存现金实有数与现金日记账账面余额进行核对。清查小组清查现金时，出纳人员必须在场。清查的内容主要包括审核现金收款

凭证、有关账簿等资料，检查现金收付业务的合理性、合法性，包括账簿资料是否完整、齐全，有无遗漏、多计、计算错误等情况，检查是否有挪用现金、白条顶库、超限额留存现金的情况，以及账款是否相符等。

如果有挪用现金、白条顶库的情况，应及时予以纠正；对于超限额留存的现金应及时送存银行。如果账款不符，发现有待查明原因的现金短缺或溢余，应先通过"待处理财产损溢"科目核算，按管理权限经批准后，分以下情况进行处理：

（1）库存现金短缺的账务处理，属于由责任人赔偿的部分，借记"其他应收款——×××/库存现金"，贷记"待处理财产损溢——待处理流动资产损溢"；属于由保险公司赔偿的部分，借记"其他应收款——保险公司"，贷记"待处理财产损溢——待处理流动资产损溢"；无法查明原因的部分，借记"管理费用——现金短缺"，贷记"待处理财产损溢——待处理流动资产损溢"。

（2）库存现金溢余的账务处理，属于应支付给有关人员或单位的部分，借记"待处理财产损溢——待处理流动资产损溢"，贷记"其他应付款——×××"；无法查明原因的部分，借记"待处理财产损溢——待处理流动资产损溢"，贷记"营业外收入"。

📖 典例研习 2-3

晋铭航空科技股份有限公司 2023 年 5 月进行现金清查，发现现金短缺 200 元。经查明原因，现金短缺应由出纳员张三赔偿 100 元，其余 100 元经批准作为管理费用。

（1）批准前。

借：待处理财产损溢——待处理流动资产损溢　　　　　　　　　200
　　贷：库存现金　　　　　　　　　　　　　　　　　　　　　　　　200

（2）批准后。

借：其他应收款——张三　　　　　　　　　　　　　　　　　　　100
　　管理费用——现金短缺　　　　　　　　　　　　　　　　　　　100
　　贷：待处理财产损溢——待处理流动资产损溢　　　　　　　　　　200

📖 典例研习 2-4

晋铭航空科技股份有限公司 2023 年 6 月进行现金清查，发现现金多余 200 元。经调查，上述现金溢余无法查明原因。

（1）批准前。

借：库存现金　　　　　　　　　　　　　　　　　　　　　　　　200
　　贷：待处理财产损溢——待处理流动资产损溢　　　　　　　　　　200

（2）批准后。

借：待处理财产损溢——待处理流动资产损溢　　　　　　　　　　200
　　贷：营业外收入　　　　　　　　　　　　　　　　　　　　　　200

📖 知识链接

"财务会计实务"在线开放课程之库存现金的清查

✎ 二、任务实施

对于晋铭航空技术有限公司出现的现金盘亏情况，应分为批准前和批准后两阶段处理。

批准前：

借：待处理财产损溢——待处理流动资产损溢　　　　　　　　560
　　贷：库存现金　　　　　　　　　　　　　　　　　　　　　560

批准后：

借：其他应收款——王红　　　　　　　　　　　　　　　　560
　　贷：待处理财产损溢——待处理流动资产损溢　　　　　　　560

如果上述业务的现金盘亏无法查明原因，则要考虑是公司在经营管理方面不善所致，应记"管理费用"科目。

任务一　技能训练

任务二　银行存款的管理与核算

❀ 任务布置

晋铭航空公司在 2023 年 1 月 5 日购入 A 材料一批，该公司原材料采用实际成本法核算，A 材料尚未入库，并收到增值税专用发票注明货款 20 000 元，增值税 2 600 元，公司用银行转账支付。同学们请思考：该项经济业务应如何进行账务处理？

一、银行存款的管理

银行存款是企业存放在银行或其他金融机构的货币资金，包括人民币存款与外币存款。

（一）银行存款账户的管理

根据我国《支付结算办法》的规定，企业应在银行开立账户，用来办理存款、付款以及转账结算业务。中国人民银行制定的《人民币银行结算账户管理办法》将企业银行结算账户分为：基本存款账户、一般存款账户、临时存款账户和专用存款账户。

小贴士

为了加强对基本存款账户的管理，企业在银行开立基本存款账户时，必须填写开户申请书，提供"企业法人执照"或"营业执照"正本等有关证件，送交盖有企业印章的印鉴卡片，经银行审核同意，并凭中国人民银行当地分支机构核发的开户许可证开立账户。企业在银行开立基本存款账户后，可到开户银行购买各种银行往来使用的凭证，如送款簿、进账单、现金支票、转账支票等，用以办理银行存款收付等款项结算。2019年2月2日，中国人民银行发布《企业银行结算账户管理办法》，2019年年底前，完成取消企业银行账户许可，企业（在境内设立的企业法人、非法人企业和个体工商户）开立基本存款账户、临时存款账户取消核准制，实行备案制，不再颁发开户许可证。

（二）银行结算的规定

在我国，企业日常生产经营活动中所发生的各项经济往来，除现金收支范围内的可用现金结算外，其余都必须通过银行办理转账结算。为了保证银行结算业务的正常开展，使社会经济活动中各项资金得以顺畅流转，中国人民银行总行制定并颁发了统一的结算制度和结算方式。主要的银行结算方式有支票、银行汇票、银行本票、商业汇票、信用卡、托收承付、委托收款、汇兑和信用证。

特别提示

除上述结算方式外，实务中普遍采用网上银行支付方式。网上银行又称网络银行、在线银行或电子银行，它是各银行在互联网中设立虚拟柜台，利用网络技术、通过互联网向客户提供开户、销户、查询、对账、行内转账、跨行转账、信贷、网上证券、投资理财等金融服务的新型银行机构与服务形式。网上银行支付，是指在银联在线支付平台通过输入用户名和密码等方式登录网络银行，并完成支付。网上银行支付使客户足不出户就能安全、便捷地管理活期和定期存款、支票、信用卡及个人投资等。

（三）银行存款的收支管理

加强对银行存款的管理，对于银行存款的收、付及转账业务，要按照严格的审批手续，审核银行存款收支的合法性、合理性；建立内部控制制度，由出纳人员负责银行存款的收付业务、签发支票、登记银行存款日记账；会计人员负责相关业务的审核工作，并负责登记银行存款总分类账。

二、银行存款的核算

企业对于银行存款的收、付和转账业务，应制定严格的收付款凭证的编制与审批手续，建立一套严密的内部控制制度。企业发生的各项银行存款收付业务，都必须按规定填制或取得各种银行结算凭证，经过有关人员审核签字后，才能据以填制银行存款的收款或付款凭证，进行银行存款的收付核算。银行存款的核算与库存现金的核算一样，包括序时核算与总分类核算。

（一）银行存款的序时核算

为了及时核算银行存款的收入、支出和结存情况，加强对银行存款的管理与核算，企业除了要进行银行存款的总分类核算外，还要设置“银行存款日记账”进行序时核算，如图2－2所示。

银行存款日记账

年		凭证		摘要	对方科目	日页	借方金额	√	贷方金额	√	借或贷	余额	√
月	日	种类	号数				十亿千百十万千百十元角分		十亿千百十万千百十元角分			十亿千百十万千百十元角分	

财会主管

图2－2　银行存款日记账

银行存款日记账是反映和监督银行存款收入、支出和结存情况的序时账簿，一般设置三栏式账页的订本账账簿，由出纳人员根据审核无误的银行存款收付款凭证和现金付款凭证，按照银行存款业务发生的先后顺序逐日逐笔登记。每日终了，应当结出余额，定期与银行核对，保证账实相符。每月终了，应将银行存款日记账当月最后一天的余额与银行存款总分类账户借方余额进行核对，做到账账相符。

有外币银行存款的企业，应当分别以人民币和各种外币设置“银行存款日记账”进行明细核算。

（二）银行存款的总分类核算

为了总括核算银行存款的收入、支出和结存情况，应设置“银行存款”账户。该账户属于资产类账户，用来核算企业在开户银行收、支的各种款项。该账户借方登记企业存入开户银行的款项，贷方登记从开户银行提取或支付的款项，余额在借方，反映企业存在开户银行的各种款项的实有数额。

企业将款项存入开户银行时，借记“银行存款”科目，贷记有关科目；从开户银行付出款项时，借记有关科目，贷记“银行存款”科目。

1. 银行存款收入的核算

典例研习2－5

晋铭航空科技股份有限公司2023年5月发生下列银行存款收入业务：

（1）收到银行转来的A公司汇来的欠货款6 000元，根据银行转来的收款通知单，其账务处理如下：

借：银行存款　　　　　　　　　　　　　　　　　　　　6 000
　　贷：应收账款——A 公司　　　　　　　　　　　　　　　6 000

（2）本月销售产品一批，取得销售款 20 000 元，增值税 2 600 元，共计 22 600 元，填制"进账单"送存银行，其账务处理如下：

借：银行存款　　　　　　　　　　　　　　　　　　　　22 600
　　贷：主营业务收入　　　　　　　　　　　　　　　　　　20 000
　　　　应交税费——应交增值税（销项税额）　　　　　　　2 600

2. 银行存款支出业务

📖 **典例研习 2 - 6**

晋铭航空科技股份有限公司 2023 年 5 月发生下列银行存款支出业务：

（1）从 M 公司购入材料一批，价款 8 000 元，取得增值税专用发票注明增值税 1 040 元，签发转账支票付讫，材料尚未入库。其账务处理如下：

借：在途物资　　　　　　　　　　　　　　　　　　　　8 000
　　应交税费——应交增值税（进项税额）　　　　　　　　1 040
　　贷：银行存款　　　　　　　　　　　　　　　　　　　9 040

（2）公司购买办公用品，开出现金支票支付 1 400 元，其账务处理如下：

借：管理费用　　　　　　　　　　　　　　　　　　　　1 400
　　贷：银行存款　　　　　　　　　　　　　　　　　　　1 400

三、银行存款的清查

银行存款清查的方法是核对账目法。银行存款的核对是指将企业"银行存款日记账"的账面记录及余额与开户银行对账单的记录及余额定期进行核对。企业至少每月核对一次，以检查银行存款的收支及结存情况。企业进行账单核对时，往往会出现银行存款日记账余额与银行对账单同日余额不相符的情况，其原因可能有两种：一是记账错误，二是有未达账项。所谓未达账项，是指企业与开户银行之间由于取得有关凭证的时间不同，而发生的一方已经登记入账，另一方却由于凭证未达而尚未入账的款项。归纳起来，未达账项有以下四种情况：

（1）企业已收款入账，银行尚未收款入账的款项。例如，企业将收到的现金支票送存银行，并登记银行存款增加，而银行尚未入账。

（2）企业已付款入账，银行尚未付款入账的款项。例如，企业开出转账支票支付购货款，根据支票存根已登记银行存款减少，而对方尚未到银行办理转账，银行尚未入账。

（3）银行已收款入账，企业尚未收款入账的款项。例如，银行收到外单位款项并已入账，但企业尚未收到银行通知而未入账。

（4）银行已付款入账，企业尚未付款入账的款项。例如，银行代企业支付的水电费，已登记银行存款减少，但企业尚未收到银行转来的付款通知单而未入账。

为了确保银行存款账户记录的正确性，企业在银行存款日记账的账面余额与银行对账单余额核对存在差异时，应编制银行存款余额调节表进行调节。

📖 **典例研习 2 - 7**

晋铭航空科技股份有限公司 2023 年 6 月 30 日银行存款日记账余额为 20 000 元，而银行对账单的余额是 27 500 元，经逐笔核对后，发现有以下未达账项尚未作记录：

（1）6 月 28 日收到购货单位转账支票 5 500 元，已计入企业银行存款账，但支票尚未存入银行，因而银行尚未记账。

（2）6 月 28 日开出现金支票 3 600 元支付职工差旅费，企业已入账，但持票人尚未到银行取款，因而银行尚未记账。

（3）6 月 29 日银行收到企业委托代收的销货款 10 000 元，已收存银行，企业因未收到收款通知而未记账。

（4）6 月 30 日银行计算企业应付银行借款利息 600 元，银行已划账，企业因未收到付款通知而未记账。

编制银行余额调节表进行调节，如表 2 - 1 所示。

表 2 - 1 晋铭航空科技股份有限公司银行余额调节表

项目	金额/元	项目	金额/元
企业银行存款账户余额	20 000	银行对账单的存款余额	27 500
加：银行已收企业未收	10 000	加：企业已收银行未收	5 500
减：银行已付企业未付	600	减：企业已付银行未付	3 600
调节后余额	29 400	调节后余额	29 400

 特别提示

　　银行存款余额调节表中调节后的余额是企业可以动用的银行存款实有数额。但需要指出的是，银行存款余额调节表只是为了核对账目，并不能作为调整银行存款账面余额的原始凭证。只有在实际收到未达账项的有关原始凭证后，才可据以进行账务处理。

任务实施

　　在任务布置中，根据购货业务要求，账务处理如下所示：

```
借：在途物资                                    20 000
    应交税费——应交增值税（进项税额）          2 600
    贷：银行存款                                22 600
```

任务二　技能训练

<h1 style="text-align:center">任务三　其他货币资金的核算</h1>

❀ 任务布置

　　2023 年 1 月 7 日，晋铭航空公司存在外地购货业务，遂在外地开设临时存款账户，并向临时存款账户中打款 300 000 元，2023 年 1 月 28 日在外地购入 B 材料，材料尚未入库，收到增值税专用发票注明货款 100 000 元，增值税 13 000 元，随后，将多余款项打回至基本户中。请同学们思考该项业务的账务处理。

一、其他货币资金的内容

　　其他货币资金是指除现金、银行存款以外的其他各种货币资金。与库存现金和银行存款相比，其他货币资金由于存在形式及支付方式有其特殊性，应单独进行管理与核算。其他货币资金主要包括外埠存款、银行汇票存款、银行本票存款、存出投资款、信用证保证金存款和信用卡存款等。

二、其他货币资金的核算

　　企业的外埠存款、银行汇票存款、银行本票存款等具有专门的用途，为了单独反映这部分资金的增减及结余情况，应设置"其他货币资金"总账科目，并分设"外埠存款""银行汇票""银行本票"等明细科目。

📖 知识链接

其他货币资金核算原则

（一）外埠存款的账务处理

　　企业将款项委托当地银行汇往采购地银行开立采购专户时，借记"其他货币资金——外埠存款"科目，贷记"银行存款"科目。收到采购员交来的供应单位发票账单等报销凭证时，借记"在途物资""原材料""应交税费——应交增值税（进项税额）"等科目，贷记"其他货币资金——外埠存款"科目。将多余的外埠存款转回当地银行结算户时，根据银行的收账通知，借记"银行存款"科目，贷记"其他货币资金——外埠存款"科目。

📖 典例研习 2-8

　　晋铭航空科技股份有限公司因零星采购需要，将款项 400 000 元汇往外地并开立采购专户，会计部门应根据银行转来的回单联记账。其账务处理如下：

　　借：其他货币资金——外埠存款　　　　　　　　　　　　　　　400 000
　　　　贷：银行存款　　　　　　　　　　　　　　　　　　　　　　　　400 000

典例研习 2-9

承接典例研习 2-8 的资料。该企业的会计部门收到采购员寄来的采购材料的发票等凭证，货款 339 000 元，其中应交增值税 39 000 元，材料验收入库。其账务处理如下：

借：原材料　　　　　　　　　　　　　　　　　　　　300 000
　　应交税费——应交增值税（进项税额）　　　　　　 39 000
　　　贷：其他货币资金——外埠存款　　　　　　　　　　　　339 000

典例研习 2-10

承接典例研习 2-9 的资料。该企业采购结束，采购员将剩余采购资金 61 000 元转回，会计部门根据银行转来的收款通知填制记账凭证。其账务处理如下：

借：银行存款　　　　　　　　　　　　　　　　　　　 61 000
　　　贷：其他货币资金——外埠存款　　　　　　　　　　　　 61 000

（二）银行汇票存款的账务处理

企业在填送银行汇票委托书并将款项交存银行，取得银行汇票后，应根据银行盖章退回的委托书存根联，借记"其他货币资金——银行汇票"科目，贷记"银行存款"科目。企业使用银行汇票后，应根据发票账单及开户银行转来的银行汇票第四联等有关凭证，经核对无误后，借记"在途物资""原材料""应交税费——应交增值税（进项税额）"等科目，贷记"其他货币资金——银行汇票"科目。

典例研习 2-11

晋铭航空科技股份有限公司向银行提交银行汇票委托书，并交存款项 300 000 元，银行受理后签发银行汇票和解讫通知，企业根据银行汇票委托书存根联记账。其账务处理如下：

现金管理暂行条例

借：其他货币资金——银行汇票　　　　　　　　　　　300 000
　　　贷：银行存款　　　　　　　　　　　　　　　　　　　 300 000

典例研习 2-12

承接典例研习 2-11 的资料。该企业用银行签发的银行汇票支付采购款，其中，货款 200 000 元，取得增值税专用发票税额 26 000 元，材料尚未入库。其账务处理如下：

借：在途物资　　　　　　　　　　　　　　　　　　　200 000
　　应交税费——应交增值税（进项税额）　　　　　　 26 000
　　　贷：其他货币资金——银行汇票　　　　　　　　　　　　226 000

典例研习 2-13

承接典例研习 2-12 的资料。该企业采购完毕，收到银行退回的多余款项收账通知。其账务处理如下：

借：银行存款　　　　　　　　　　　　　　　　　　　 74 000
　　　贷：其他货币资金——银行汇票　　　　　　　　　　　　 74 000

（三）银行本票存款的账务处理

银行本票业务与银行汇票业务的账务处理相似，故不再举例。

（四）存出投资款的账务处理

存出投资款的账务处理主要包括企业在证券市场进行股票、债券投资时，应向证券公司申请资金账号划出资金和使用资金。

 **典例研习 2 – 14**

晋铭航空科技股份有限公司拟利用闲置资金进行股票投资，并将银行存款 210 万元划入某证券公司申请资金账号。其账务处理如下：

借：其他货币资金——存出投资款   2 100 000
     贷：银行存款   2 100 000

典例研习 2 – 15

承接典例研习 2 – 14 的资料。公司用存入证券公司的款项购入某股票作为以公允价值计量且其变动计入当期损益的金融资产，确认初始投资成本 200 万元，发生交易费用 2 万元，不考虑相关税费。其账务处理如下：

借：交易性金融资产——成本   2 000 000
     投资收益   20 000
     贷：其他货币资金——存出投资款   2 020 000

（五）信用证保证金存款的账务处理

企业申请使用信用证进行结算时，应向银行缴纳保证金，根据银行退回的进账单，借记"其他货币资金——信用证保证金"科目，贷记"银行存款"科目。根据开证行交来的信用证来单通知书及有关单据列明的金额，借记"在途物资""原材料""库存商品""应交税费——应交增值税（进项税额）"等科目，贷记"其他货币资金——信用证保证金"科目。

（六）信用卡存款的账务处理

企业申请使用信用卡时，应按规定填制申请表，连同支票和有关资料一并送交发卡银行，根据银行盖章退回的进账单第一联，借记"其他货币资金——信用卡"科目，贷记"银行存款"科目。企业用信用卡购物或支付有关费用时，借记有关科目，如"在途物资"等，贷记"其他货币资金——信用卡"科目。企业信用卡在使用过程中，需要向其账户续存资金时，借记"其他货币资金——信用卡"科目，贷记"银行存款"科目。

任务实施

任务布置中的临时存款账户实则属于其他货币资金的范畴，因此具体账务处理如下：

（1）从基本户转入 300 000 元至临时存款账户中。

借：其他货币资金——外埠存款   300 000
     贷：银行存款   300 000

（2）购入 B 材料。

借：在途物资   100 000
     应交税费——应交增值税（进项税额）   13 000
     贷：其他货币资金——外埠存款   113 000

（3）多余款项转回。

借：银行存款　　　　　　　　　　　　　　　　　　　　187 000

　　贷：其他货币资金——外埠存款　　　　　　　　　　　187 000

任务三　技能训练

任务四　应收及预付款项业务的核算

✿ 任务布置

2023 年 1 月 15 日，晋铭航空公司向甲公司赊销货物一批，开出增值税专用发票，注明货款 198 000 元，税款 25 740 元。针对上述业务的赊销处理，该如何进行会计核算呢？

应收及预付款项是指企业在日常生产经营过程中发生的各项债权，包括应收款项和预付款项。应收款项包括应收票据、应收账款和其他应收款等；预付款项是指企业按照合同规定预付的款项，如预付账款等。

一、应收票据

（一）应收票据的概念与分类

应收票据是指企业因销售商品、产品和提供劳务等持有的尚未到期兑现的票据，票据有的在销售商品或产品时直接收到，有的在抵付应收账款时收到。由于在我国的会计实务中，支票、银行本票及银行汇票均为见票即付的票据，无须将其列入应收票据处理，因此，我国的应收票据仅指尚未到期兑现的商业汇票。商业汇票主要有以下两种分类方法：

1. 按承兑人分类

商业汇票按承兑人不同，可分为商业承兑汇票和银行承兑汇票两种。

商业承兑汇票是指由收款人签发，经付款人承兑，或由付款人签发并承兑的汇票。商业承兑汇票必须经由付款人承兑，在汇票上签署"承兑"字样并加盖与在银行预留印鉴相符的印章，才具有法律效力。对其所承兑的汇票，付款人负有到期无条件支付票款的责任。而银行只负责在汇票到期日凭票将款项从付款人账户划转给收款人或贴现银行，不承担付款责任。如果付款人的银行存款余额不足以支付票款，银行则直接将汇票退还收款人，由双方自行处理。

银行承兑汇票是指由收款人或承兑申请人签发，并由承兑申请人向开户银行申请，经银行审查同意承兑的票据。银行根据有关政策规定对承兑申请人所持汇票和购销合同进行审查，符合承兑条件的，即与承兑申请人签订承兑协议，并在汇票上签章，同时向承兑申请人收取一定比例的承兑手续费。汇票到期时，无论承兑申请人是否将票款足额缴存至开户银行，承兑银行都应向收款人或贴现银行无条件履行付款责任。

2. 按是否计息分类

商业汇票按其是否计息可分为不带息商业汇票和带息商业汇票两种。

不带息商业汇票是指票据到期时，承兑人只按票面金额（即面值）向收款人或被背书人支付款项的汇票，票据到期值等于其面值。带息商业汇票是指票据到期时承兑人应按票面金额加上按票据规定利率计算的到期利息向收款人或被背书人支付款项的汇票。带息票据的到期值等于其面值加上到期应计利息。我国会计实务中主要使用不带息商业汇票。

（二）应收票据的计价

应收票据的计价是指确定其入账价值的标准。应收票据的计价方法一般有两种：一种是按票据到期值的现值计价，这种方法在理论上更为可取；另一种是按票据的面值计价，对于期限较短的票据，一般采用这种计价方法。我国目前允许使用的商业汇票最长期限为 6 个月，利息金额相对来说不大，用现值记账不但计算麻烦，而且折价的逐期摊销过于烦琐，因而在会计实务中都是按面值计价。对于带息和不带息票据，其会计处理不尽相同。

1. 不带息票据

不带息票据的到期值为其票面价值。企业因销售商品等而收到商业汇票时，应根据票面价值，借记"应收票据"科目，贷记"主营业务收入""应交税费"等科目。票据到期收到票据款时，借记"银行存款"科目，贷记"应收票据"科目。收到用于抵付以往应收账款的票据时，借记"应收票据"科目，贷记"应收账款"科目。

📖 典例研习 2－16

晋铭航空科技股份有限公司 2023 年 3 月销售一批产品给乙公司，开具的增值税专用发票上注明的商品价款为 50 000 元，增值税销项税额为 6 500 元。当日收到乙公司签发的不带息商业承兑汇票一张，该票据的期限为 3 个月。假定符合收入的确认条件，晋铭公司的账务处理如下：

（1）收到票据并确认收入。

借：应收票据   56 500

  贷：主营业务收入   50 000

    应交税费——应交增值税（销项税额） 6 500

（2）票据到期，收回款项。

借：银行存款   56 500

  贷：应收票据   56 500

2. 带息票据

带息票据的到期值为票面价值加上到期应计利息，即：

$$带息票据到期值 = 应收票据面值 \times (1 + 利率 \times 期限)$$

式中的利率是指票面规定的利率，一般以年利率表示；期限是指从票据生效之日起到票据到期日止的时间间隔。

带息票据到期，收到承兑人兑付的到期值票款时，按实际收到的款项，借记"银行存款"科目，按票据面值，贷记"应收票据"科目，实际收款额大于票据面值的差额即票据利息额，做冲减"财务费用"处理。

当企业应收票据到期，承兑人无力兑付票款而退票（一般发生在采用商业承兑汇票的结算方式中），且付款人不再签发新票据时，应将票据面值与应计未收利息之和一并转为应收账款，借记"应收账款"科目，贷记"应收票据"科目和"财务费用"科目。

📖 **典例研习2-17**

晋铭航空科技股份有限公司2023年12月收到甲公司为偿付当年11月购货款64 000元交来的当天签发、60天到期的商业承兑票据，利率为9%，在年末应确认该票据30天的应计利息480元。其账务处理如下：

（1）收到票据。

借：应收票据　　　　　　　　　　　　　　　　　　　　　　　　64 000
　　贷：应收账款——甲公司　　　　　　　　　　　　　　　　　　　64 000

（2）2023年年末计提利息。

借：应收票据　　　　　　　　　　　　　　　　　　　　　　　　　480
　　贷：财务费用　　　　　　　　　　　　　　　　　　　　　　　　　480

（3）票据到期，收到款项。

借：银行存款　　　　　　　　　　　　　　　　　　　　　　　　64 960
　　贷：应收票据　　　　　　　　　　　　　　　　　　　　　　　　64 480
　　　　财务费用　　　　　　　　　　　　　　　　　　　　　　　　　480

（三）应收票据的贴现

应收票据贴现是指银行买入未到期的票据，预先扣除自贴现日起至票据到期日止的利息，而将余额付给贴现者的一种交易行为。贴现是银行放贷的一种方式，银行买入未到期的票据所载金额的债权，放出现金以达到获利的目的。就贴现企业而言，是将未到期的票据所载金额转让给银行，以换取现金并贴以利息的交易。可以通过以下公式计算贴现所得：

$$贴现利息 = 票据到期价值 \times 贴现率 \times 贴现期$$
$$贴现所得金额 = 票据到期价值 - 贴现利息$$

📖 **典例研习2-18**

晋铭航空科技股份有限公司2023年7月将当天收到的面值40 000元，期限6个月的无息银行承兑汇票到银行办理贴现，年贴现率为5%。其贴现额的计算与账务处理如下：

贴现利息 = 40 000 × 5% × 6/12 = 1 000（元）

贴现所得金额 = 40 000 - 1 000 = 39 000（元）

借：银行存款　　　　　　　　　　　　　　　　　　　　　　　　39 000
　　财务费用　　　　　　　　　　　　　　　　　　　　　　　　　1 000
　　贷：应收票据　　　　　　　　　　　　　　　　　　　　　　　40 000

二、应收账款

（一）应收账款的定义与内容

应收账款是指企业在正常经营活动中，由于销售商品或提供劳务等而应向购货或接受劳务单位收取的款项，主要包括企业出售商品、材料，提供劳务等应向有关债务人收取的价款及代购货方垫付的运杂费等。应收账款是应收项目的重要组成部分。

应收账款的确认与收入的确认密切相关。当企业赊销的商品满足收入的确认条件后，但现金暂时尚未流入企业，企业应确认与此相关的应收账款。

> 在市场经济条件下，商业竞争激烈，除了依靠产品质量、价格、售后服务、广告等外，赊销也是扩大销售的手段之一。出于扩大销售的竞争需要，企业不得不以赊销或其他优惠方式招揽顾客，于是就产生了应收账款。

（二）应收账款的计价

应收账款通常按实际发生额计价入账。实际发生额包括：销售商品或提供劳务的价款、增值税，以及代购货方垫付的包装费、运杂费等。在确认应收账款的入账金额时，应当考虑折扣因素。

1. 正常赊销

正常赊销是指在没有任何销货折扣条件下的销售。企业在正常赊销的情况下，应按其应收款项的全部金额入账。

📖 典例研习 2-19

晋铭航空科技股份有限公司对外赊销商品一批，货款总计 30 000 元，适用的增值税税率为 13%，代购货方垫付运杂费 1 800 元已通过银行转账支付，且符合收入确认条件，晋铭航空科技股份有限公司的账务处理如下：

（1）确认赊销。

借：应收账款——广源公司	35 700	
贷：主营业务收入		30 000
应交税费——应交增值税（销项税额）		3 900
银行存款		1 800

（2）收到货款。

借：银行存款	35 700	
贷：应收账款——广源公司		35 700

2. 商业折扣

商业折扣是指企业为促进销售而在商品标价上给予的扣除。企业之所以对客户提供商业折扣，往往出于多种原因，如为不同的客户或不同的购货数量提供不同的价格，向竞争对手隐瞒真实的开票价格，等等。商业折扣通常以百分比来表示，如 5%，10% 等。

商业折扣一般在交易发生时即已确定，它仅仅是确定实际销售价格的一种手段，不需要在买卖双方任何一方的账上反映，因此，存在商业折扣的情况下，企业应收账款入账金额应按扣除商业折扣以后的实际售价确定。

📖 典例研习 2-20

晋铭航空科技股份有限公司赊销商品一批给乙公司，按商品价目表的价格计算，货款金额总计 50 000 元，给乙公司的商业折扣为 10%，适用的增值税税率为 13%。代垫运杂费 2 000 元。款项通过银行转账支付，符合收入确认条件。晋铭公司的账务处理如下：

（1）确认赊销。

借：应收账款——乙公司　　　　　　　　　　　　　　　　52 850

　　贷：主营业务收入　　　　　　　　　　　　　　　　　　　　　45 000

　　　　应交税费——应交增值税（销项税额）　　　　　　　　　5 850

　　　　银行存款　　　　　　　　　　　　　　　　　　　　　　　2 000

（2）收回货款。

借：银行存款　　　　　　　　　　　　　　　　　　　　　52 850

　　贷：应收账款——乙公司　　　　　　　　　　　　　　　　　52 850

3. 现金折扣

现金折扣是指债权人为鼓励债务人在规定的期限内付款，而向债务人提供的债务扣除。即销货企业为了鼓励客户在规定期限内及早偿还货款而从销售价格中让渡给客户的一定数额的款项。现金折扣通常用一定的术语来表示，如"2/10，1/20，N/30"（付款期 30 天，如果在 10 天内付款可享受 2% 的现金折扣，如果在 20 天内付款可享受 1% 的现金折扣，超过 20 天则无法享受折扣）。

销货方提供现金折扣，有利于早日收回货款，加速资金周转。而对于购货方来说，接受现金折扣无异于得到一笔理财收入。按照新收入准则，企业与客户约定的对价金额可能因折扣、价格折让、返利、退款、奖励积分、激励措施、业绩奖金、索赔等因素而变化，则认定该合同中存在可变对价。

📖 典例研习 2-21

2023 年 9 月 1 日，晋铭航空科技股份有限公司赊销商品一批，增值税专用发票上注明的不含税价款为 40 000 元，增值税税额 5 200 元，付款条件为"2/20，N/30"。假设现金折扣的计算不考虑增值税。基于对客户的了解，预计客户 20 天内付款的概率为 90%，20 天后付款的概率为 10%。9 月 18 日收到客户支付的货款。其账务处理如下：

本例中，晋铭航空科技股份有限公司认为按照最可能发生金额能够更好地预测其有权获取的对价金额。因此，甲公司应确认的销售商品收入的金额为 40 000 × (1 - 2%) = 39 200（元）。

（1）9 月 1 日，确认赊销。

借：应收账款　　　　　　　　　　　　　　　　　　　　　44 400

　　贷：主营业务收入　　　　　　　　　　　　　　　　　　　　　39 200

　　　　应交税费——应交增值税（销项税额）　　　　　　　　　5 200

（2）9 月 18 日，收回货款。

借：银行存款　　　　　　　　　　　　　　　　　　　　　44 400

　　贷：应收账款　　　　　　　　　　　　　　　　　　　　　　　44 400

📖 **知识链接**

可变对价最佳估计数的确定

三、预付账款

预付账款是指企业按照购货合同的规定预付给供货单位的款项。预付账款是企业暂时被供货单位占用的资金。企业预付货款后，有权要求对方按照购货合同的规定发货。预付账款必须以购销双方签订的购货合同为条件，按照规定的程序和方法进行核算。

在会计处理中一般应设置"预付账款"账户加以反映。但当企业的预付账款不多，或与供货单位往来以赊购为主时，也可以不设"预付账款"账户，而将预付账款直接计入"应付账款"账户的借方。

企业根据购货合同的规定向供货单位预付货款时，借记"预付账款"科目，贷记"银行存款"科目；企业收到所购货物时，根据有关发票账单金额，借记"原材料""应交税费——应交增值税（进项税额）"等科目，贷记"预付账款"科目；当预付货款小于采购货物所需支付的款项时，应补付不足部分货款，借记"预付账款"科目，贷记"银行存款"科目；当预付货款大于采购货物所需支付的款项时，对收回的多余货款应借记"银行存款"科目，贷记"预付账款"科目。

📖 **典例研习 2 - 22**

2023 年 5 月 5 日，晋铭航空科技股份有限公司向甲公司采购 A 材料 4 000 千克，每千克单价为 10 元，所需支付价款合计 40 000 元。按照合同约定向甲公司预付价款 50%，验收入库无误后补付剩余款项。6 月 10 日，收到甲公司发来的 A 材料，验收无误，增值税专用发票记载的价款为 40 000 元，税额 5 200 元。6 月 11 日，以银行存款补付欠款。

（1）预付货款。

借：预付账款——甲公司   20 000

    贷：银行存款   20 000

（2）收到货物。

借：原材料——A 材料   40 000

    应交税费——应交增值税（进项税额）   5 200

    贷：预付账款——甲公司   45 200

（3）补付剩余款项。

借：预付账款——甲公司   25 200

    贷：银行存款   25 200

特别提示

　　如有确凿证据表明企业的预付账款不符合预付款项的性质，或者因供货单位破产、撤销等而无望收到所购货物的，应将原计入预付账款的金额转入其他应收款，并按规定确定减值损失，计提坏账准备。

四、其他应收款

　　其他应收款是指除应收票据、应收账款、预付账款以外的其他各种应收暂付的款项，主要包括以下内容：

　　（1）应收的各种赔款、罚款，如因企业财产等遭受意外损失而应向有关保险公司收取的赔款等。

　　（2）应收的出租包装物租金。

　　（3）应向职工收取的各种垫付款项，如为职工垫付的水电费、医药费、房租等。

　　（4）存出保证金，如租入包装物支付的押金。

　　（5）其他各种应收、暂付的款项，如向企业各有关部门拨出的备用金。

　　为了反映和监督其他应收款的增减变动及结存情况，企业应当设置"其他应收款"科目进行核算。"其他应收款"科目借方登记其他应收款的增加，贷方登记其他应收款的收回，期末余额一般在借方，反映企业尚未收回的其他应收款项。

五、应收款项减值

（一）坏账的确认

　　坏账是指企业无法收回或者收回的可能性极小的应收款项。因坏账而产生的损失，称为坏账损失。

　　符合下列条件之一的应收款项，应当确认为坏账：债务人死亡，以其遗产清偿后仍然无法收回（无限责任）；债务人破产，以其破产财产清偿后仍然无法收回（有限责任）；债务人较长时间内未能履行偿债义务，并有足够证据表明无法收回或者收回可能性很小。企业应当定期或在年末对应收款项进行检查，并预计可能发生的坏账损失，对于预期不能收回的应收款项，应当计提坏账准备。

📖 素养之窗

坏账的产生

（二）坏账准备的计量

　　企业应于资产负债表日对应收款项进行减值测试，有客观证据表明其发生了减值的，应当根据其账面价值与预计未来现金流量现值之间的差额确认减值损失，计提坏账准备。

（三）坏账准备的核算

企业应当在期末对应收账款进行检查，并预计可能产生的预期信用损失。应收款项的预期信用损失应当按照应收取的合同现金流量与预期收取的现金流量二者之间的差额计量，即按照预期不能收回的应收款项金额计量。应收款项的减值有两种核算方法，即直接转销法和备抵法。我国企业会计准则规定，应收款项减值的核算应采用备抵法。小企业会计准则规定，应收款项减值采用直接转销法。

1. 账户设置

企业应当设置"坏账准备"科目和"信用减值损失"科目来核算和监督应收款项的减值情况。

信用减值损失是指因资产的账面价值高于其可收回金额而造成的损失。"信用减值损失"科目在会计核算中属于损益类科目，其借方登记企业根据准则确定资产发生的减值应减记的金额，贷方登记企业计提坏账准备后，相关资产的价值又得以恢复，在原已计提的减值准备金额内恢复增加的金额。期末将"信用减值损失"账户余额转入"本年利润"账户后，"信用减值损失"账户没有余额。

企业应当设"坏账准备"科目，核算坏账准备的计提、转销等情况。企业当期计提的坏账准备应计入资产减值损失。"坏账准备"科目的贷方登记当期计提（补提）的坏账准备金额以及已转销的坏账当期又收回的金额，借方登记实际发生的坏账损失金额和冲减的坏账准备金额，期末余额一般在贷方，反映企业已计提但尚未转销的坏账准备。

2. 直接转销法

按照小企业会计准则规定，采用直接转销法时，日常核算中应收款项可能发生的坏账损失不予考虑，只将实际发生的坏账作为坏账损失计入当期损益，同时直接冲减应收款项，即借记"营业外支出"科目，贷记"应收账款"科目。

📖 典例研习 2 - 23

某小企业 2014 年发生的一笔 40 000 元的应收账款长期无法收回，于 2023 年年末确认为坏账。其账务处理如下：

其他货币资金（视频）

借：营业外支出　　　　　　　　　　　　　　40 000

　　贷：应收账款　　　　　　　　　　　　　　　　　　40 000

3. 备抵法

备抵法是采用一定的方法按期估计坏账损失，计入当期损益，同时建立坏账准备，待坏账实际发生时，冲减已计提的坏账准备和相应的应收款项。采用备抵法，在报表中列示应收款项的净额，使报表使用者能了解企业应收款项的可收回金额。在备抵法下，企业应当根据实际情况合理估计当期的坏账损失金额。

（1）应收款项余额百分比法。

应收款项余额百分比法是指按应收款项的期末余额和预期信用损失率计算确定应收款项预期信用损失，据以计提坏账准备的一种方法。预期信用损失率，是指应收款项的预期信用损失金额占应收款项账面余额的比例。

企业应在资产负债表日，按下列公式计算确定当期应计提的坏账准备金额：

本期应计提的坏账准备金额＝本期预期信用损失金额－"坏账准备"科目原有贷方余额

本期预期信用损失金额 = 本期应收款项期末余额 × 预期信用损失率

根据上列公式，如果计提坏账准备前，"坏账准备"科目无余额，应按本期预期信用损失金额计提坏账准备，借记"信用减值损失"科目，贷记"坏账准备"科目。如果计提坏账准备前，"坏账准备"科目已有贷方余额，应按本期预期信用损失金额大于"坏账准备"科目原有贷方余额的差额补提坏账准备，借记"信用减值损失"科目，贷记"坏账准备"科目；按本期预期信用损失金额小于"坏账准备"科目原有贷方余额的差额冲减已计提的坏账准备，借记"坏账准备"科目，贷记"信用减值损失"科目；本期预期信用损失金额等于"坏账准备"科目原有贷方余额时，不计提坏账准备。

📖 典例研习 2 – 24

晋铭航空科技股份有限公司根据以往的营业经验、债务单位的财务状况和现金流量情况，并结合当前的市场状况、企业的赊销政策等相关资料，确定应收账款预期信用损失5%。公司各年应收账款期末余额、坏账转销、坏账收回的有关资料以及相应的账务处理如下（金额单位：万元）：

①2019 年 12 月 31 日，应收账款余额为 4 000 万元，"坏账准备"科目期初无余额。

当期计提坏账准备金额 = 4 000 × 5% = 200（万元）

借：信用减值损失　　　　　　　　　　　　　　　　　200
　　贷：坏账准备　　　　　　　　　　　　　　　　　　　200

②2020 年 8 月 20 日，确认应收甲公司货款 69 万元已无法收回，予以转销。

借：坏账准备　　　　　　　　　　　　　　　　　　　69
　　贷：应收账款——甲公司　　　　　　　　　　　　　　69

③2020 年 12 月 31 日，应收账款余额为 4 240 万元。

"坏账准备"科目原有贷方余额 = 200 – 69 = 131（万元）

当期计提坏账准备金额 = 4 240 × 5% – 131 = 81（万元）

借：信用减值损失　　　　　　　　　　　　　　　　　81
　　贷：坏账准备　　　　　　　　　　　　　　　　　　　81

"坏账准备"科目年末贷方余额 = 131 + 81 = 212（万元）

④2021 年 6 月 15 日，确认应收乙公司的账款 40 万元已无法收回，予以转销。

借：坏账准备　　　　　　　　　　　　　　　　　　　40
　　贷：应收账款——乙公司　　　　　　　　　　　　　　40

⑤2021 年 12 月 31 日，应收账款余额为 2 200 万元。

"坏账准备"科目原有贷方余额 = 212 – 40 = 172（万元）

当期计提坏账准备金额 = 2 200 × 5% – 172 = –62（万元）

借：坏账准备　　　　　　　　　　　　　　　　　　　62
　　贷：信用减值损失　　　　　　　　　　　　　　　　　62

"坏账准备"科目年末贷方余额 = 172 – 62 = 110（万元）

⑥2022 年 10 月 15 日，曾作为坏账予以转销的应收甲公司账款 69 万元又全部收回。

借：应收账款——甲公司　　　　　　　　　　　　　　69
　　贷：坏账准备　　　　　　　　　　　　　　　　　　　69

借：银行存款　　　　　　　　　　　　　　　　　　　69

贷：应收账款——甲公司　　　　　　　　　　　　　　　　　　　69

⑦2022 年 12 月 31 日，应收账款余额为 4 100 万元。

"坏账准备"科目原有贷方余额 = 110 + 69 = 179（万元）

当期计提坏账准备金额 = 4 100 × 5% − 179 = 26（万元）

借：信用减值损失　　　　　　　　　　　　　　　　　　　　　　26

　　贷：坏账准备　　　　　　　　　　　　　　　　　　　　　　　26

"坏账准备"科目年末贷方余额 = 179 + 26 = 205（万元）

（2）账龄分析法。

账龄分析法是指对应收账款按账龄的长短进行分组并分别确定预期信用损失率，据以计算确定预期信用损失金额、计提坏账准备的一种方法。账龄是指客户所欠账款时间的长短。企业为了加强应收账款的管理，在期末一般都要编制应收账款账龄分析表。将账龄分析表中各账龄段应收账款的余额乘以相应的预期信用损失率，就可计算出期末应计提的坏账准备。

 任务实施

> 任务布置中的销售业务是日常经济活动中最为常见的赊销行为，具体账务处理如下所示：
>
> 借：应收账款——甲公司　　　　　　　　　　　　　223 740
> 　　贷：主营业务收入　　　　　　　　　　　　　　　198 000
> 　　　　应交税费——应交增值税（销项税额）　　　　25 740

任务四　技能训练

 案例导引解析

> 开篇晋铭航空科技股份有限公司出纳员李强的现金清查的处理方式是不恰当的。因为根据《企业会计准则》规定，对于现金清查的盘盈盘亏金额，无论金额大小，都需履行两个步骤：首先，为确保账实一致，批准前应调整库存现金账面金额。其次，去查找盘盈盘亏的原因。对于无法查明原因的现金盘盈，不应自己收走，而是作为公司"营业外收入"进行处理；对于无法查明原因的现金盘亏，应作为公司"管理费用"。
>
> 出纳员李强对于第二件事情的处理也是不恰当的，主要原因在于：编制银行余额调节表的主要目的是对银行存款进行清查，而双方之间的未达账项也主要是由时间差所导致，因此，银行余额调节表不能作为做账的原始凭证，只有收到原始凭证后，才能进行入账。

项目二　综合训练

项目三 金融资产的核算

学习目标

知识目标

1. 了解金融工具含义,理解金融资产概念;
2. 理解金融资产的划分标准;
3. 理解金融资产减值的计提原理及处置思路。

能力目标

1. 能根据实际业务准确划分金融资产类别;
2. 能对三类金融资产业务进行正确的初始及后续计量;
3. 掌握预期信用损失法,能对金融资产减值进行正确的会计处理。

素养目标

1. 在金融资产分类中以问题为导向,提升学生的职业判断能力;
2. 在金融资产业务处理中养成自主学习、独立思考的习惯;
3. 从金融资产准则的不断更新中体会国家的强大以及政策的指向性,激发学生刻苦学习、报效祖国的爱国情怀,并从中感受会计的变化,激发学生的创新意识。

重难点

任务	重难点	重要程度
任务一	金融工具和金融资产的概念、金融资产的分类及如何判定	★★★
任务二	实际利率法的应用,分期付息一次还本及一次还本付息债权投资的具体会计处理	★★★★★
任务三	其他债权投资及其他权益工具投资的具体会计处理	★★★★★
任务四	交易性金融资产的具体会计处理	★★★★★
任务五	金融资产减值的范围、预期信用损失法、金融资产减值的具体会计处理	★★★★

📖知 识 结 构 导 图

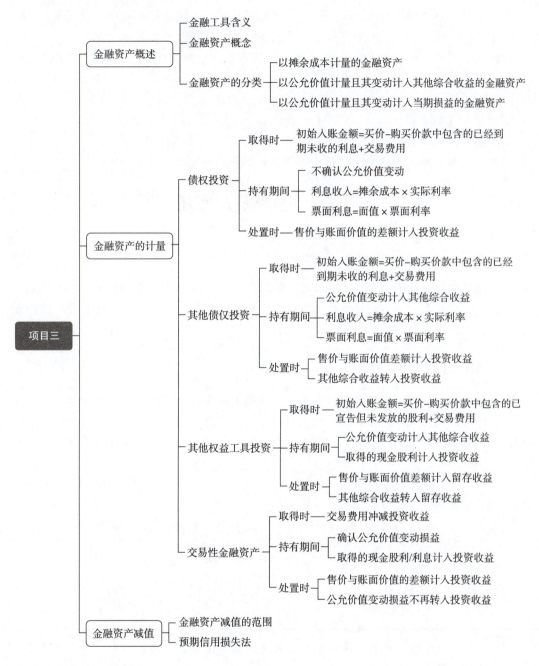

📦案 例 导 引

　　雅戈尔公司创建于 1979 年，总部位于浙江宁波，以纺织服装起家。作为"男装大王"，它却完成了一个在证券市场上进行金融资产投资的神话。同花顺数据显示，从 1998 年上市到 2023 年的 25 年来，雅戈尔的投资收益高达 423 亿元，且每年的收益都是正的。

　　雅戈尔的经典案例是投资中信证券。据媒体报道，1999 年，雅戈尔斥资 3.2 亿元参股中信证券，获得 9.61% 的股份，成为其第二大股东。雅戈尔初始投资单位成本为 1.60 元/股，后经过股改、送股，投资成本降到 0.87 元/股。2003 年，中信证券上市，2007 年，雅戈尔减持中信证券股份 4 506.56 万股，一举获得 16.51 亿元的投资收益。除了中信证券，雅戈尔陆续对广博股份、宁波银行等进行了股权投资，同样赚得盆满钵满。

2021 年 2 月初，雅戈尔炒股获利上百亿元的话题登上微博热搜榜。当时，宁波银行公告，股东雅戈尔减持计划完成，共减持 2.96 亿股，减持均价 33.73 元，大概套现 100 亿元。

【思考】

1. 什么是金融资产？
2. 金融资产有哪些种类？
3. 雅戈尔投资的股票属于哪类的金融资产？如何进行会计核算？

任务一　金融资产概述

❀ 任务布置

深圳市晋铭航空技术有限公司从 2023 年 7 月 1 日开始，拟利用闲置资金 300 万元，从二级市场上购进股票，并实时根据证券市场行情适时进行处理。请问，晋铭公司所做的金融资产投资应如何进行分类？

一、金融工具含义

学习金融资产，我们先要了解金融工具。所谓金融工具，是指形成一方的金融资产并形成其他方的金融负债或权益工具的合同。也就是说，金融工具本质上是一个合同，其中拥有权利的一方确认为金融资产，对应方则确认为金融负债或权益工具。本项目所讲内容只涉及金融资产。

✎ 小贴士

以股票发行为例（股票本身就是一个合同）。

发行方会计处理　　　　　　　　　　购买方会计处理

借：银行存款　　　　　　　　　　　借：交易性金融资产等

　　贷：股本　　　　　　　　　　　　　贷：银行存款

　　　　资本公积——股本溢价

从上面可以看到，对于股票这个合同来说，购买方确认为金融资产，发行方则确认为权益工具（股本）。

二、金融资产概念

金融资产是拥有合同的权利一方，具体是指企业拥有的现金、其他方的权益工具以及符合一些条件的资产。

 **知识点拨**

（1）从金融工具定义的角度，长期股权投资也属于金融资产。但从会计计量的角度，《企业会计准则第22号——金融工具确认和计量》中没有包含长期股权投资，也就是说本项目所讲金融资产中不包含长期股权投资，它的确认和计量遵循《企业会计准则第2号——长期股权投资》。

（2）预付账款不是金融资产，因为其产生的未来经济利益是商品或服务，不是收取现金或其他金融资产的权利。

三、金融资产的分类

企业应当根据其管理金融资产的业务模式和金融资产的合同现金流量特征，将金融资产划分为三类：

（1）以摊余成本计量的金融资产。

（2）以公允价值计量且其变动计入其他综合收益的金融资产。

（3）以公允价值计量且其变动计入当期损益的金融资产。

（一）管理金融资产的业务模式

企业管理金融资产的业务模式，是指企业如何管理其金融资产以产生现金流量。企业管理金融资产的业务模式，应当以企业关键管理人员决定对金融资产进行管理的特定业务目标为基础确定。

（1）以收取合同现金流量为目标的业务模式（仅收取）。

 **知识点拨**

通俗理解，就是该合同是否符合基本借贷安排，是否像贷款一样，就是借钱收利息，如果承担多于借钱收利息的风险，可以理解为是一种投资性质，而非债权性质，而对于这种具有投资性质的，准则目前是严格要求以公允价值计量。

（2）以收取合同现金流量和出售金融资产为目标的业务模式（收取＋出售）。

在以收取合同现金流量和出售金融资产为目标的业务模式下，企业的关键管理人员认为收取合同现金流量和出售金融资产对于实现其管理目标而言都是不可或缺的。

（3）其他业务模式（仅出售）。

如果企业管理金融资产的业务模式，不是以收取合同现金流量为目标，也不是既以收取合同现金流量又出售金融资产来实现其目标，该金融资产应当分类为以公允价值计量且其变动计入当期损益的金融资产。

（二）金融资产的合同现金流量特征

企业分类为以摊余成本计量的金融资产和以公允价值计量且其变动计入其他综合收益的金融资产，其合同现金流量在特定日期产生的合同现金流量仅为对本金和以未偿付本金金额为基础的利息的支付。

（三）金融资产的具体分类

企业金融资产的分类如表 3 - 1 所示。

表 3 - 1　企业金融资产的分类

类别	判定条件	科目设置
1. 以摊余成本计量的金融资产	同时符合：①业务模式是以收取合同现金流量为目标；②合同条款规定，在特定日期产生的现金流量，仅为对本金和以未偿付本金金额为基础的利息的支付	银行存款/贷款/应收账款/债权投资等
2. 以公允价值计量且其变动计入其他综合收益的金融资产	同时符合：①业务模式既以收取合同现金流量为目标，又以出售该金融资产为目标；②合同条款规定，在特定日期产生的现金流量，仅为对本金和以未偿付本金金额为基础的利息的支付	其他债权投资/其他权益工具投资
3. 以公允价值计量且其变动计入当期损益的金融资产	除 1 和 2 分类之外的金融资产	交易性金融资产

 任务实施

　　根据金融资产的分类标准，深圳市晋铭航空技术有限公司从二级市场上购进股票300 万元，是为了赚取差价，其业务模式不是以收取合同现金流量为目标，因此，晋铭公司所做的金融资产投资应划分为以公允价值计量且其变动计入当期损益的金融资产。

任务一　技能训练

任务二　以摊余成本计量的金融资产的核算

◎ 任务布置

　　深圳市晋铭航空技术有限公司（以下简称"晋铭航空"）从 2023 年 7 月 1 日开始，拟利用闲置资金200 万元，从证券市场购买当日发行的三年期国债，年化收益率4%，拟持有至到期。

　　请问：晋铭航空所做的金融资产投资应如何进行分类？如何进行会计处理？

一、科目设置

对于分类为以摊余成本计量的金融资产，企业应当设置"银行存款""贷款""应收账款""债权投资"等科目进行核算（以下内容以债权投资为例）。

对于债权投资取得的利息收入同时设置"应收利息""投资收益"科目。

二、处理思路

（一）债权投资科目设置

债权投资应分别设置"成本""利息调整""应计利息"等明细科目进行核算，如表3-2所示。

表3-2　债权投资二级科目核算内容

债权投资二级科目	核算内容
债权投资——成本	核算债券投资的面值
债权投资——利息调整	核算其面值与实际支付的购买价款和相关税费之间的差额，以及实际利率法下后续计量的折价或者溢价摊销额
债权投资——应计利息	核算一次还本付息其他债券投资按票面利率计算确定的应收未收的利息

（二）会计处理（实际利率法）

1. 取得

借：债权投资——成本（面值）
　　　　　　——利息调整（或贷方）
　　应收利息/债权投资——应计利息
　　贷：银行存款

2. 确认利息收入

借：债权投资——应计利息（到期一次还本付息）
　　或应收利息（分次付息，一次还本）
　　贷：投资收益（摊余成本×实际利率）
　　　　债权投资——利息调整（或借方）

3. 到期收回投资

（1）分次付息，到期还本。
借：银行存款
　　贷：应收利息
借：银行存款
　　贷：债权投资——成本
（2）到期一次还本付息。
借：银行存款
　　贷：债权投资——成本
　　　　　　——应计利息

4. 出售

借：银行存款

　　债权投资减值准备

　　　贷：债权投资（成本、应计利息）

　　　　　债权投资——利息调整（或借方）

　　　　　投资收益（或借方）

5. 减值

（1）计提。

借：信用减值损失

　　　贷：债权投资减值准备

（2）转回。

借：债权投资减值准备

　　　贷：信用减值损失

可变对价最佳估计数的
确定（视频）

📖 典例研习 3-1（分期付息方式）

2023 年 1 月 1 日，甲公司支付价款 860 万元（含交易费用）从深圳证券交易所购入乙公司同日发行的 5 年期公司债券 10 000 份，债券票面价值总额为 1 000 万元，票面年利率为 4.5%，于年末支付本年度债券利息（即每年利息为 45 万元），本金在债券到期时一次性偿还。甲公司根据其管理该债券的业务模式和该债券的合同现金流量特征，将该债券分类为以摊余成本计量的金融资产。

假定不考虑所得税、减值损失等其他因素，计算该债券的实际利率 r：

$$45 \times (1+r)^{-1} + 45 \times (1+r)^{-2} + 45 \times (1+r)^{-3} + 45 \times (1+r)^{-4} + (45+1\,000) \times (1+r)^{-5} = 860$$

采用插值法，可以计算得出 $r = 8\%$。计算过程如表 3-3 所示。

表 3-3　利息收入与摊余成本计算（实际利率法）　　　　单位：万元

年份	期初摊余成本 （A）	实际利息收入 （B = A×8%）	现金流入 （C）	期末摊余成本 （D = A + B − C）
2023 年	860	69	45	884
2024 年	884	71	45	910
2025 年	910	73	45	938
2026 年	938	75	45	968
2027 年	968	77*	1 045	0

注：尾数调整 77* = 1 045 − 968

根据表 3-3 中的数据，甲公司的有关账务处理如下：

（1）2023 年 1 月 1 日，购入乙公司债券。

借：债权投资——成本　　　　　　　　　　　　　　　　　　　10 000 000

　　　贷：银行存款　　　　　　　　　　　　　　　　　　　　　8 600 000

　　　　　债权投资——利息调整　　　　　　　　　　　　　　　1 400 000

（2）2023 年 12 月 31 日，确认乙公司债券实际利息收入、收到债券利息。

借：应收利息　　　　　　　　　　　　　　　　　　　　　　450 000

　　债权投资——利息调整　　　　　　　　　　　　　　　　240 000

　　　贷：投资收益　　　　　　　　　　　　　　　　　　　　　　690 000

借：银行存款　　　　　　　　　　　　　　　　　　　　　　450 000

　　　贷：应收利息　　　　　　　　　　　　　　　　　　　　　　450 000

（3）2024 年 12 月 31 日，确认乙公司债券实际利息收入、收到债券利息。

借：应收利息　　　　　　　　　　　　　　　　　　　　　　450 000

　　债权投资——利息调整　　　　　　　　　　　　　　　　260 000

　　　贷：投资收益　　　　　　　　　　　　　　　　　　　　　　710 000

借：银行存款　　　　　　　　　　　　　　　　　　　　　　450 000

　　　贷：应收利息　　　　　　　　　　　　　　　　　　　　　　450 000

（4）2025 年 12 月 31 日，确认乙公司债券实际利息收入、收到债券利息。

借：应收利息　　　　　　　　　　　　　　　　　　　　　　450 000

　　债权投资——利息调整　　　　　　　　　　　　　　　　280 000

　　　贷：投资收益　　　　　　　　　　　　　　　　　　　　　　730 000

借：银行存款　　　　　　　　　　　　　　　　　　　　　　450 000

　　　贷：应收利息　　　　　　　　　　　　　　　　　　　　　　450 000

（5）2026 年 12 月 31 日，确认乙公司债券实际利息收入、收到债券利息。

借：应收利息　　　　　　　　　　　　　　　　　　　　　　450 000

　　债权投资——利息调整　　　　　　　　　　　　　　　　300 000

　　　贷：投资收益　　　　　　　　　　　　　　　　　　　　　　750 000

借：银行存款　　　　　　　　　　　　　　　　　　　　　　450 000

　　　贷：应收利息　　　　　　　　　　　　　　　　　　　　　　450 000

（6）2027 年 12 月 31 日，确认乙公司债券实际利息收入、收到债券利息和本金。

借：应收利息　　　　　　　　　　　　　　　　　　　　　　450 000

　　债权投资——利息调整　　　　　　　　　　　　　　　　320 000

　　　贷：投资收益　　　　　　　　　　　　　　　　770 000（倒挤）

借：银行存款　　　　　　　　　　　　　　　　　　　　　　450 000

　　　贷：应收利息　　　　　　　　　　　　　　　　　　　　　　450 000

借：银行存款　　　　　　　　　　　　　　　　　　　　　10 000 000

　　　贷：债权投资——成本　　　　　　　　　　　　　　　　10 000 000

二　素养之窗

金边债券——中国国债

对于国债，许多老年人更爱用"国库券"这个词，大家都知道国库券安全，利息比定期存款高，居民买国库券也是支持国家建设。党的二十大报告强调，贯彻新发展理念是新时代我国发展壮大的必由之路。多年来，我国债券市场建立的多项机制安排全球领先，兼具安全与效率，符合国际标准与中国实际，充分展现了道路自信、理论自信、制度自信、文化自信，值得长期坚持并积极推广。1981—2023年，无论是年度发行规模、存量规模，还是期限结构品种，中国国债早已今非昔比。2022年年底中国国债余额达26万亿元。其中债券市场基础设施积极贯彻新发展理念，深度参与债券市场建设，支持金融高质量发展。

✎ 一 任务实施

根据金融资产的分类标准，深圳市晋铭航空技术有限公司购买的国债其管理方式是持有至到期，其业务模式是以收取合同现金流量为目标，因此，晋铭航空技术有限公司金融资产投资应划分为以摊余成本计量的金融资产。此项业务的会计处理可以参考典例研习3-1。

任务二 技能训练

任务三 以公允价值计量且其变动计入
其他综合收益的金融资产的核算

❀ 任务布置

深圳市晋铭航空技术有限公司是一家生产型企业。从2023年7月1日开始，公司拟利用闲置资金200万元，从证券市场购买当日发行的三年期国债，年化收益率4%，拟根据国债市场行情和公司现金流需要来进行持有。

请问：深圳市晋铭航空技术有限公司的金融资产投资应如何进行分类？如何进行会计处理？

一、科目设置

对于分类为以公允价值计量且其变动计入其他综合收益的金融资产，企业应当设置"其他债权投资"和"其他权益投资"科目进行核算。

二、处理思路

（一）其他债权投资

1. 其他债权投资明细科目

其他债权投资（债务工具）应分别设置"成本""利息调整""应计利息""公允价值

思政之窗（视频）——坏账

变动"明细科目进行核算。

2. 会计处理

（1）取得。

借：其他债权投资——成本（面值）

　　　　　　　　——利息调整（或贷方）

　　应收利息/其他债权投资——应计利息

　　　贷：银行存款

（2）确认利息收入。

借：其他债权投资——应计利息（到期一次还本付息）

　　或应收利息（分次付息，一次还本）

　　　贷：投资收益（摊余成本×实际利率计算）

　　　　　其他债权投资——利息调整（或借方）

注意：投资收益（实际利息收入）的计算与"债权投资"相同。

（3）资产负债表日公允价值变动。

①升值。

借：其他债权投资——公允价值变动

　　　贷：其他综合收益——其他债权投资公允价值变动

②贬值（正常情况）。

借：其他综合收益——其他债权投资公允价值变动

　　　贷：其他债权投资——公允价值变动

（4）减值。

借：信用减值损失

　　　贷：其他综合收益

（5）出售。

①借：银行存款

　　　贷：其他债权投资（成本、应计利息）

　　　　　　——利息调整（或借方）

　　　　　　——公允价值变动（或借方）

　　　　　投资收益（或借方）

②借：其他综合收益——其他债权投资公允价值变动

　　　贷：投资收益（或反之）

 **小贴士**

　　"其他债权投资"持有期间形成的"其他综合收益"终止确认时转入投资收益，而"其他权益工具投资"持有期间形成的"其他综合收益"终止确认时转入留存收益。

典例研习 3-2

2023 年 1 月 1 日，甲公司支付价款 860 万元（含交易费用）从深圳证券交易所购入乙公司同日发行的 5 年期公司债券 10 000 份，债券票面价值总额为 1 000 万元，票面年利率为 4.5%，于年末支付本年度债券利息（即每年利息为 45 万元），本金在债券到期时一次性偿还。甲公司根据其管理该债券的业务模式和该债券的合同现金流量特征，将该债券分类为以公允价值计量且其变动计入其他综合收益的金融资产。

其他资料如下：

（1）2023 年 12 月 31 日，乙公司债券的公允价值为 900 万元（不含利息）。

（2）2024 年 12 月 31 日，乙公司债券的公允价值为 1 100 万元（不含利息）。

（3）2025 年 12 月 31 日，乙公司债券的公允价值为 1 000 万元（不含利息）。

（4）2026 年 12 月 31 日，乙公司债券的公允价值为 980 万元（不含利息）。

（5）2026 年 1 月 20 日，通过上海证券交易所出售了乙公司债券 10 000 份，取得价款 1 050 万元。

假定不考虑所得税、减值损失等其他因素，计算该债券的实际利率 r：

$$45 \times (1+r)^{-1} + 45 \times (1+r)^{-2} + 45 \times (1+r)^{-3} + 45 \times (1+r)^{-4} + (45+1\,000) \times (1+r)^{-5} = 860$$

采用插值法，可以计算得出 $r = 8\%$。计算过程如表 3-4 所示。

表 3-4　摊余成本及公允价值变动计算　　　　　　单位：万元

日期	现金流入（A）	实际利息收入（B = 期初 D×8%）	已收回的本金（C = A - B）	摊余成本余额（D = 期初 D - C）	公允价值（E）	公允价值变动额（F = E - D - 期初 G）	公允价值变动累计金额（G = 期初 G + F）
2023 年 1 月 1 日				860	860	0	0
2023 年 12 月 31 日	45	69	−24	884	900	16	16
2024 年 12 月 31 日	45	71	−26	910	1 100	174	190
2025 年 12 月 31 日	45	73	−28	938	1 000	−128	62
2026 年 12 月 31 日	45	75	−30	968	980	−50	12

甲公司的有关账务处理如下：

（1）2023 年 1 月 1 日，购入乙公司债券。

借：其他债权投资——成本　　　　　　　　　　　　　　　　10 000 000

　　贷：银行存款　　　　　　　　　　　　　　　　　　　　　　8 600 000

　　　　其他债权投资——利息调整　　　　　　　　　　　　　　1 400 000

（2）2023 年 12 月 31 日，确认乙公司债券实际利息收入、公允价值变动，收到债券利息。

借：应收利息　　　　　　　　　　　　　　　　　　　　　　450 000

　　其他债权投资——利息调整　　　　　　　　　　　　　　240 000

　　贷：投资收益　　　　　　　　　　　　　　　　　　　　　　690 000

借：银行存款　　　　　　　　　　　　　　　　　　　　　　450 000

　　贷：应收利息　　　　　　　　　　　　　　　　　　　　　　450 000

借：其他债权投资——公允价值变动　　　　　　　　　　　　160 000

　　　　　贷：其他综合收益——其他债权投资公允价值变动　　　　　　　　　160 000

　　（3）2024 年 12 月 31 日，确认乙公司债券实际利息收入、公允价值变动，收到债券利息。

　　　　借：应收利息　　　　　　　　　　　　　　　　　　　　　　　　　450 000
　　　　　其他债权投资——利息调整　　　　　　　　　　　　　　　　　　260 000
　　　　　贷：投资收益　　　　　　　　　　　　　　　　　　　　　　　　　710 000
　　　　借：银行存款　　　　　　　　　　　　　　　　　　　　　　　　　450 000
　　　　　贷：应收利息　　　　　　　　　　　　　　　　　　　　　　　　　450 000
　　　　借：其他债权投资——公允价值变动　　　　　　　　　　　　　　1 740 000
　　　　　贷：其他综合收益——其他债权投资公允价值变动　　　　　　　1 740 000

　　（4）2025 年 12 月 31 日，确认乙公司债券实际利息收入、公允价值变动，收到债券利息。

　　　　借：应收利息　　　　　　　　　　　　　　　　　　　　　　　　　450 000
　　　　　其他债权投资——利息调整　　　　　　　　　　　　　　　　　　280 000
　　　　　贷：投资收益　　　　　　　　　　　　　　　　　　　　　　　　　730 000
　　　　借：银行存款　　　　　　　　　　　　　　　　　　　　　　　　　450 000
　　　　　贷：应收利息　　　　　　　　　　　　　　　　　　　　　　　　　450 000
　　　　借：其他综合收益——其他债权投资公允价值变动　　　　　　　　1 280 000
　　　　　贷：其他债权投资——公允价值变动　　　　　　　　　　　　　1 280 000

　　（5）2026 年 12 月 31 日，确认乙公司债券实际利息收入、公允价值变动，收到债券利息。

　　　　借：应收利息　　　　　　　　　　　　　　　　　　　　　　　　　450 000
　　　　　其他债权投资——利息调整　　　　　　　　　　　　　　　　　　300 000
　　　　　贷：投资收益　　　　　　　　　　　　　　　　　　　　　　　　　750 000
　　　　借：银行存款　　　　　　　　　　　　　　　　　　　　　　　　　450 000
　　　　　贷：应收利息　　　　　　　　　　　　　　　　　　　　　　　　　450 000
　　　　借：其他综合收益——其他债权投资公允价值变动　　　　　　　　　500 000
　　　　　贷：其他债权投资——公允价值变动　　　　　　　　　　　　　　500 000

　　（6）2027 年 1 月 20 日，确认出售乙公司债券实现的损益。

　　　　借：银行存款　　　　　　　　　　　　　　　　　　　　　　　10 500 000
　　　　　其他综合收益——其他债权投资公允价值变动　　　　　　　　　120 000
　　　　　其他债权投资——利息调整
　　　　　　　　320 000（1 400 000 − 240 000 − 260 000 − 280 000 − 300 000）
　　　　　贷：其他债权投资——成本　　　　　　　　　　　　　　　　10 000 000
　　　　　　　　　　　　　——公允价值变动　　　　　　　　　　　　　120 000
　　　　　　投资收益　　　　　　　　　　　　　　　　　　　　　　　820 000
　　或：
　　　　借：银行存款　　　　　　　　　　　　　　　　　　　　　　　10 500 000
　　　　　其他债权投资——利息调整
　　　　　　　　320 000（1400 000 − 240 000 − 260 000 − 280 000 − 300 000）

    贷：其他债权投资——成本   10 000 000
                  ——公允价值变动   120 000
        投资收益   700 000
借：其他综合收益——其他债权投资公允价值变动   120 000
    贷：投资收益   120 000

（二）其他权益工具投资

1. 其他权益工具投资明细科目

其他权益工具投资应分别设置"成本""公允价值变动"明细科目进行核算。

2. 会计处理

（1）取得。

借：其他权益工具投资——成本（公允价值与交易费用之和）
    应收股利
    贷：银行存款等

（2）确认利息收入。

借：应收股利
    贷：投资收益

（3）资产负债表日公允价值变动。

①升值。

借：其他权益工具投资——公允价值变动
    贷：其他综合收益——其他权益工具投资公允价值变动

②贬值。

借：其他综合收益——其他权益工具投资公允价值变动
    贷：其他权益工具投资——公允价值变动

（4）出售。

借：银行存款
    贷：其他权益工具投资——成本
                  ——公允价值变动（或借方）
        盈余公积（或借方）
        利润分配——未分配利润（或借方）
借：其他综合收益——其他权益工具投资公允价值变动
    贷：盈余公积
        利润分配——未分配利润（或反之）

 小贴士

> 其他权益投资（权益工具）不计提减值。

📖 **典例研习 3-3**

2023 年 5 月 6 日，甲公司支付价款 1 016 万元（含交易费用 1 万元和已宣告发放现金股

利 15 万元），购入乙公司发行的股票 200 万股，占乙公司有表决权股份的 0.5%。甲公司将其指定为以公允价值计量且其变动计入其他综合收益的非交易性权益工具投资。

2023 年 5 月 10 日，甲公司收到乙公司发放的现金股利 15 万元。

2023 年 6 月 30 日，该股票市价为每股 5.2 元。

2023 年 12 月 31 日，甲公司仍持有该股票；当日，该股票市价为每股 5 元。

2024 年 5 月 9 日，乙公司宣告发放股利 4 000 万元。

2024 年 5 月 13 日，甲公司收到乙公司发放的现金股利。

2024 年 5 月 20 日，甲公司由于某特殊原因，以每股 4.9 元的价格将股票全部转让。

假定不考虑其他因素，甲公司的账务处理如下：

（1）2023 年 5 月 6 日，购入股票。

借：其他权益工具投资——成本　　　　　　　　　　　　　　　 10 010 000
　　应收股利　　　　　　　　　　　　　　　　　　　　　　　　 150 000
　　　贷：银行存款　　　　　　　　　　　　　　　　　　　　　　　 10 160 000

（2）2023 年 5 月 10 日，收到现金股利。

借：银行存款　　　　　　　　　　　　　　　　　　　　　　　 150 000
　　　贷：应收股利　　　　　　　　　　　　　　　　　　　　　　　 150 000

（3）2023 年 6 月 30 日，确认股票价格变动。

借：其他权益工具投资——公允价值变动

　　　　　　　　　　　　 390 000（2 000 000 × 5.2 − 10 010 000）
　　　贷：其他综合收益——其他权益工具投资公允价值变动　　　 390 000

（4）2023 年 12 月 31 日，确认股票价格变动。

借：其他综合收益——其他权益工具投资公允价值变动　　　　 400 000
　　　贷：其他权益工具投资——公允价值变动　　　　　　　　　　 400 000

（5）2024 年 5 月 9 日，确认应收现金股利。

借：应收股利　　　　　　　　 200 000（40 000 000 × 0.5%）
　　　贷：投资收益　　　　　　　　　　　　　　　　　　　　　　 200 000

（6）2024 年 5 月 13 日，收到现金股利。

借：银行存款　　　　　　　　　　　　　　　　　　　　　　　 200 000
　　　贷：应收股利　　　　　　　　　　　　　　　　　　　　　　　 200 000

（7）2024 年 5 月 20 日，出售股票。

借：银行存款　　　　　　　　　　　　　　　　　　　　　　 9 800 000
　　其他权益工具投资——公允价值变动　　　　　　　　　　　　 10 000
　　盈余公积——法定盈余公积　　　　　　　　　　　　　　　　 20 000
　　利润分配——未分配利润　　　　　　　　　　　　　　　　　 180 000
　　　贷：其他权益工具投资——成本　　　　　　　　　　　　　 10 010 000
借：盈余公积——法定盈余公积　　　　　　　　　　　　　　　　 1 000
　　利润分配——未分配利润　　　　　　　　　　　　　　　　　　 9 000
　　　贷：其他综合收益——其他权益工具投资公允价值变动　　　　 10 000

二　任务实施

　　深圳市晋铭航空技术有限公司管理其所购国债的目的很摇摆，是一种见机行事的投资行为，有可能持有至到期，也有可能中途出售，根据金融资产的分类标准，晋铭航空技术有限公司的金融资产投资应划分为以公允价值计量且其变动计入综合收益的金融资产。具体会计处理可以参考典例研习 3－2。

任务三　技能训练

任务四　以公允价值计量且其变动计入当期损益的金融资产的核算

任务布置

　　深圳市晋铭航空技术有限公司是一家生产性企业。从 2023 年 7 月 1 日开始，公司拟利用闲置资金 100 万元，从 A 股市场上购买股票进行投资，拟积极关注股市行情，以赚取差价为目的。

　　请问，晋铭公司所做的金融资产投资应如何进行分类？如何进行会计处理？

一、科目设置

　　对于分类为以公允价值计量且其变动计入当期损益的金融资产，企业应当设置"交易性金融资产"科目进行核算。

二、处理思路

（一）交易性金融资产明细科目

交易性金融资产科目应分别设置"成本""公允价值变动"明细科目进行核算。

（二）会计处理

1. 取得

　　借：交易性金融资产——成本（扣除已宣告但尚未发放的现金股利或已到付息期但尚未领取的利息）

　　　　　应收股利/应收利息（价款中包含了已宣告但尚未发放的现金股利或已到付息期但尚未领取的利息）

　　　　　投资收益（交易费用）

应交税费——应交增值税（进项税额）

　　贷：银行存款等（支付的总价款）

2. 持有期间取得的现金股利和利息

（1）取得时包含的现金股利或应付利息实际发放时。

借：银行存款等

　　贷：应收股利/应收利息等

（2）宣告分红或利息到期及实际发放时。

宣告或到期时：

借：应收股利/应收利息

　　贷：投资收益

发放时：

借：银行存款等

　　贷：应收股利/应收利息

3. 资产负债表日，公允价值变动损益

借：交易性金融资产——公允价值变动

　　贷：公允价值变动损益（或相反）

4. 处置

借：银行存款等

　　贷：交易性金融资产——成本

　　　　　　　　　　——公允价值变动（或借方）

　　　投资收益（或借方）

📖 典例研习 3-4

承接典例研习 3-3。如果甲公司根据其管理乙公司股票的业务模式和乙公司股票的合同现金流量特征，将乙公司股票分类为以公允价值计量且其变动计入当期损益的金融资产，且 2023 年 12 月 31 日乙公司股票市价为每股 4.8 元，其他资料不变，则甲公司应做如下账务处理：

（1）2023 年 5 月 6 日，购入股票。

借：交易性金融资产——成本　　　　　　　　　　　　　　　　10 000 000

　　应收股利　　　　　　　　　　　　　　　　　　　　　　　 150 000

　　投资收益　　　　　　　　　　　　　　　　　　　　　　　　 10 000

　　贷：银行存款　　　　　　　　　　　　　　　　　　　　　10 160 000

（2）2023 年 5 月 10 日，收到现金股利。

借：银行存款　　　　　　　　　　　　　　　　　　　　　　　 150 000

　　贷：应收股利　　　　　　　　　　　　　　　　　　　　　　 150 000

（3）2023 年 6 月 30 日，确认股票价格变动。

借：交易性金融资产——公允价值变动　　　　　　　　　　　　 400 000

　　贷：公允价值变动损益　　　　　　　　　　　　　　　　　　 400 000

（4）2023 年 12 月 31 日，确认股票价格变动。

借：公允价值变动损益　　　　　　　　　　　　　　　　　　　 800 000

　　　　贷：交易性金融资产——公允价值变动　　　　　　　　　800 000

注：公允价值变动 $= 200 \times (4.8 - 5.2) = -80$（万元）

（5）2024 年 5 月 9 日，确认应收现金股利。

　　借：应收股利　　　　　　　　　　　　　　　　　　　200 000

　　　　贷：投资收益　　　　　　　　　　　　　　　　　　200 000

（6）2024 年 5 月 13 日，收到现金股利。

　　借：银行存款　　　　　　　　　　　　　　　　　　　200 000

　　　　贷：应收股利　　　　　　　　　　　　　　　　　　200 000

（7）2024 年 5 月 20 日，出售股票。

　　借：银行存款　　　　　　　　　　　　　　　　　　9 800 000

　　　　交易性金融资产——公允价值变动　　　　　　　　400 000

　　　　贷：交易性金融资产——成本　　　　　　　　　10 000 000

　　　　　　投资收益　　　　　　　　　　　　　　　　　200 000

任务实施

　　晋铭航空技术有限公司从 A 股市场上购买股票仅以出售为目的，应分类为以公允价值计量且其变动计入当期损益的金融资产，具体会计处理可以参考典例研习 3-4。

素养之窗

　　自 1990 年上海证券交易所成立以来，作为资本市场的核心，中国股票市场已经达到了许多国家几十年甚至上百年才达到的规模。数据显示：截至 2023 年 1 月底，中国共有 4 644 家上市公司。中国股市总市值 839 227 亿元，比 2021 年 1 月末增加 37 598 亿元。2023 年 1 月，中国股票总成交值为 200 638 亿元，比 2021 年 12 月增加 18 076 亿元。

　　股票市场不断提高服务实体经济的质量和效率，在促进经济转型升级、支持扶贫乡村振兴，以及推动创新驱动发展等方面发挥了积极作用，有力支撑了经济社会发展。在 2022 年中宣部的新闻发布会上，证监会表示在过去的十年里，债市上涨了 444.3%，股市上涨了 238.9%，两个市场都位居全球第二。市场上有超过 2 亿的股票投资者，为服务高质量发展做出了重要贡献。

📖 知识链接

"财务会计实务"在线开放课程之交易性金融资产会计处理

任务四　技能训练

任务五　金融资产减值

🏵 任务布置

　　深圳市晋铭航空技术有限公司是一家生产性企业。在前面的任务二到任务四中，从2023年7月1日起公司分别投资了三类金融资产。

　　请问，在资产负债表日以上三类金融资产是否都有可能存在减值问题？

　　从前面的任务学习中，我们已经知道，金融资产是金融工具的一部分。《企业会计准则》对金融工具减值的规定称为预期信用损失法。该方法与过去规定的、根据实际已发生减值损失确认损失准备的方法有着根本性不同。在预期信用损失法下，减值准备的计提不以减值的实际发生为前提，而是以未来可能的违约事件造成的损失的期望值来计量当前（资产负债表日）应当确认的损失准备。

一、金融资产减值的范围

　　企业应当以预期信用损失为基础，对下列项目进行减值会计处理并确认损失准备：

　　（1）分类为以摊余成本计量的金融资产和以公允价值计量且其变动计入其他综合收益的金融资产。

✏ 小贴士

　　在前面所学的三类金融资产中，减值只涉及了其中两类，其中以公允价值计量且其变动计入当期损益的金融资产（交易性金融资产）没有涉及减值问题。因为交易性金融资产是通过公允价值计量的，并不是历史成本。因此在期末时，它的账面价值必须调整为市场公允价值。而计提减值准备的目的是使账面价值不被高估并进行调整。所以，通过公允价值调整，就不存在减值准备了。

　　（2）租赁应收款。
　　（3）合同资产。

二、相关概念

　　损失准备，是指针对按照以摊余成本计量的金融资产、租赁应收款和合同资产的预期信用损失计提的准备，按照以公允价值计量且其变动计入其他综合收益的金融资产的累计减值金额以及针对贷款承诺和财务担保合同的预期信用损失计提的准备。

信用损失，是指企业按照原实际利率折现的、根据合同应收的所有合同现金流量与预期收取的所有现金流量之间的差额，即全部现金短缺的现值。其中，对于企业购买或源生的已发生信用减值的金融资产，应按照该金融资产经信用调整的实际利率折现。由于预期信用损失考虑付款的金额和时间分布，因此即使企业预计可以全额收款但收款时间晚于合同规定的到期期限，也会产生信用损失。

预期信用损失，是指以发生违约的风险为权重的金融工具信用损失的加权平均值。

三、金融资产减值的三阶段

一般情况下，企业应当在每个资产负债表日评估相关金融工具的信用风险自初始确认后是否已显著增加，可以将金融资产发生信用减值的过程分为三个阶段，并按照下列情形分别计量其损失准备、确认预期信用损失及其变动：

第一阶段：信用风险自初始确认后未显著增加。

对于处于该阶段的金融资产，企业应当按照未来12个月的预期信用损失计量损失准备，并按其账面余额（即未扣除减值准备）和实际利率计算利息收入。

第二阶段：信用风险自初始确认后已显著增加但尚未发生信用减值。

对处于该阶段的金融资产，企业应当按照该工具整个存续期的预期信用损失计量损失准备，并按其账面余额和实际利率计算利息收入。

第三阶段：初始确认后发生信用减值。

对处于该阶段的金融资产，企业应当按照该工具整个存续期的预期信用损失计量损失准备，但对利息收入的计算不同于处于前两阶段的金融资产。对于已发生信用减值的金融资产，企业应当按其摊余成本（账面余额减已计提减值准备）和实际利率计算利息收入。

上述三阶段的划分，适用于购买或原生时未发生信用减值的金融资产。对于购买或原生时已发生信用减值的金融资产，企业应当仅将初始确认后整个存续期内预期信用损失的变动确认为损失准备，并按其摊余成本和经信用调整的实际利率计算利息收入。

四、处理思路

1. 计提
借：信用减值损失
　　贷：债权投资减值准备
　　　　其他综合收益 – 信用减值准备
　　　　坏账准备
　　　　租赁应收款减值准备
借：资产减值损失
　　贷：合同资产减值准备

2. 转回
转回时做以上相反的分录。

 **小贴士**

　　在预期信用损失模型下，对"其他债权投资"要确认预期信用损失，借记"信用减值损失"科目，"其他债权投资"期末按公允价值计量，计提减值时不能影响"其他债权投资"的账面价值，因"其他债权投资"公允价值变动计入"其他综合收益"科目，所以计提减值时应贷记"其他综合收益"科目，即借记"信用减值损失"科目，贷记"其他综合收益——信用减值准备"科目。

📖 典例研习 3-5

　　2023 年 12 月 15 日，甲公司按面值购买了公允价值 3 000 万元的债券，作为以公允价值计量且其变动计入其他综合收益的金融资产核算。该债券的合同期限为 10 年，票面年利率为 5%，实际年利率同为 5%。初始确认时，该公司确认该资产不是所购买或原生的已发生信用减值的资产。2023 年 12 月 31 日（即首个报告日），由于市场利率变化，该债券的公允价值下降至 2 800 万元。该债券的惠誉评级为 AA+，通过采用低信用风险简化操作，甲公司确定信用风险自初始确认后没有显著增加，应计量 12 个月预期信用损失。为了计算预期信用损失，甲公司采用了 AA+ 级中隐含的 12 个月违约率（假设为 2%）和 60% 的违约损失率，因此 12 个月预期信用损失为 36 万元。（会计分录金额单位为万元）

　　（1）甲公司 2023 年 12 月 15 日购入债券投资的会计分录。

　　借：其他债权投资——成本　　　　　　　　　　　　　　　　　3 000
　　　　贷：银行存款　　　　　　　　　　　　　　　　　　　　　　　3 000

　　（2）甲公司 2023 年 12 月 31 日确认债券投资公允价值变动及预期损失准备的会计分录。

　　借：其他综合收益——其他债权投资公允价值变动　　　　　　　　200
　　　　贷：其他债权投资——公允价值变动　　　　　　　200（3 000 － 2 800）
　　借：信用减值损失　　　　　　　　　　　　　　　　　　　　　　36
　　　　贷：其他综合收益——信用减值准备　　　　　　　　　　　　　36

✎ **任务实施**

　　晋铭航空技术有限公司投资的三类金融资产，不是每一类都存在减值问题，其中分类为以公允价值计量且其变动计入当期损益的金融资产（交易性金融资产）是通过公允价值计量的，在期末时它的账面价值已经调整为了公允价值。而计提减值准备的目的是使账面价值不被高估并进行调整。所以，通过公允价值调整，就不需要计提减值了。

任务五　技能训练

 案例导引解析

1. 金融资产是拥有合同的权利一方，具体是指企业拥有的现金、其他方的权益工具以及符合部分条件的资产。

2. 金融资产主要有三类：以摊余成本计量的金融资产、以公允价值计量且其变动计入其他综合收益的金融资产、以公允价值计量且其变动计入当期损益的金融资产。

3. 雅戈尔公司以炒股出名，其所获得的大部分收益来源于出售，因此其购买的股票应划分为以公允价值计量且其变动计入当期损益的金融资产，具体的会计处理可以参考任务四中相关例题。

项目三　综合训练

项目四 存货业务的核算

学习目标

知识目标

1. 了解存货的概念与分类；
2. 理解存货取得的价值构成；
3. 熟悉包装物及低值易耗品的内容；
4. 理解委托加工物资的成本构成内容；
5. 理解存货期末计价、计提存货跌价准备的原理及处理思路。

能力目标

1. 能准确对存货进行确认和计量；
2. 熟练使用先进先出法、月末一次加权平均法、移动加权平均法、个别计价法，正确核算发出存货的成本和期末存货的价值；
3. 熟练运用实际成本法和计划成本法对取得和发出的原材料进行核算；
4. 掌握存货盘盈、盘亏的账务处理。

素养目标

1. 通过与日常生活的结合增强学生学习存货的兴趣；
2. 提升学生综合计算成本的能力；
3. 帮助学生养成定期盘点清查财产的良好习惯。

重难点

任务	重难点	重要程度
任务一	存货的初始计量，发出存货的计量	★★★★★
任务二	原材料按实际成本和计划成本的核算	★★★★★
任务三	库存商品的核算	★★★
任务四	周转材料、委托加工物资及消耗性生物资产的核算	★★★
任务五	存货盘盈与盘亏的账务处理，存货的期末计量	★★★

知识结构导图

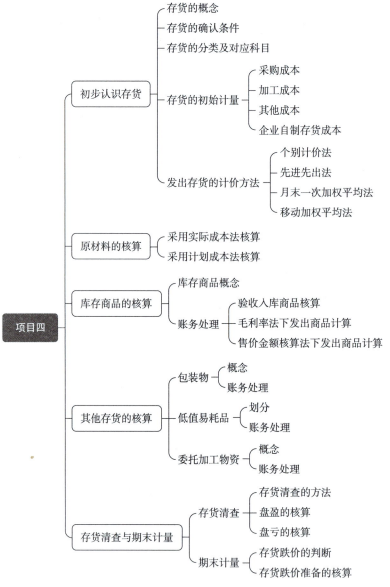

案例导引

森马服饰发布的业绩快报显示，截至 2019 年年底，公司新增存货跌价准备 6.48 亿元，同时库存商品转销额 6.56 亿元，期末整体存货跌价准备同比减少近 1 000 万元。然而在 2020 年年初，门店客流骤减，线下实体店多数按下暂停键，2020 年全年营业收入减少 15%，滞销的冬装使存货突增，代理存货减值损失恐将为业绩"埋雷"。

【思考】

1. 森马服饰的存货严重积压，请思考：什么是存货减值？

2. 森马服饰如何计提存货减值，如何在存货方面应对大环境的变化？

3. 作为会计人员，在处理存货问题时应该注意哪些问题？

任务一 初步认识存货

 **任务布置**

深圳市晋铭航空技术有限公司的存货包括航空航天类零部件、汽车零部件及配件、医疗器械、芯片、不锈钢、铝合金、塑料、纸盒、纸箱、圆盘锯、曲线锯、开孔器、螺丝刀等。同学们能分别区分上述存货的分类及对应使用的会计科目是什么吗?

素养之窗

> 党的二十大确立"善于建设一个新世界"的目标,点燃激情昂扬的岁月。学习党的二十大精神,关键在于学用转化,要勇挑重担、奉献担当。《中国制造2025》提出,坚持"创新驱动、质量为先、绿色发展、结构优化、人才为本"的基本方针,通过"三步走"实现制造强国的战略目标。我国航空航天发展已经进入到一个新的高度,在国际上有着举足轻重的地位,世界很多国家在航空航天事业上都依赖中国的贡献,中国已帮助很多发展中国家,甚至是发达国家发射了很多空间卫星及飞行器,从这点来看,其在国际上已经排名前三。

一、存货的概念

存货是指企业在日常活动中持有以备出售的产品或商品、处在生产过程中的在产品、在生产过程或提供劳务过程中储备的材料和物料等。

小贴士

> 工程物资、在建工程和固定资产不属于存货。

二、存货的确认条件

按照《企业会计准则第1号——存货》的规定,某一项目只有在符合存货概念的前提下,同时满足以下两个条件时,才能确认为存货:第一,与该存货有关的经济利益很可能流入企业;第二,存货的成本或价值能够可靠地计量。

三、存货的分类及对应科目（见表4-1）

表4-1 存货的分类及对应科目

存货项目	会计科目
原材料,包括构成产品主体的各种原料及主要材料、辅助材料、外购半成品（外购件）、修理用备品备件、包装材料及燃料等	原材料

续表

存货项目	会计科目
在产品，包括正在各个生产工序加工的产品和已加工完毕但尚未检验或已检验但尚未办理入库手续的产品	生产成本
半成品，即可单独转让的在产品	生产成本
产成品，即完成待售品	库存商品
商品，即商品流通企业的流转商品	库存商品
包装物，即各种用于盛装、装潢产品或商品的容器	周转材料
低值易耗品，即工具、管理用具、玻璃器皿、劳保用品以及经营过程中周转使用的容器等	周转材料
委托代销商品，即企业委托其他单位代销的商品	发出商品

四、存货的初始计量

（一）存货的采购成本

企业的外购存货主要包括原材料和商品。存货的采购成本，包括购买价款、相关税费、运输费、装卸费、保险费以及其他可归属于存货采购成本的费用。

📖 知识链接

存货采购成本的总结

（二）加工取得存货的成本

企业通过进一步加工取得的存货，主要包括产成品、在产品、半成品、委托加工物资等，其成本由采购成本、加工成本构成。

（三）存货的其他成本

存货的其他成本是指除采购成本、加工成本以外的，使存货达到目前场所和状态所发生的其他支出。为特定客户设计产品所发生的、可直接确定的产品设计费用应计入存货的成本，但是企业设计产品发生的设计费用通常应计入当期损益。

（四）企业自制存货成本

企业自制的存货，包括自制原材料、自制包装物、自制低值易耗品、自制半成品及库存商品等，其成本包括直接材料、直接人工和制造费用等各项实际支出。

📖 **知识链接**

"财务会计实务"在线开放课程之存货的初始计量

五、发出存货的计价方法

企业发出的存货既可以按实际成本核算，也可以按计划成本核算。在实际成本核算方式下，企业应当采用的发出存货成本的计价方法有个别计价法、先进先出法、月末一次加权平均法和移动加权平均法。计价方法一经选用，不得随意变更。

（一）个别计价法

个别计价法是假设存货具体项目的实物流转与成本流转相一致，按照各种存货逐一辨认各批发出存货和期末存货所属的购进批别或生产批别，分别按其购入或生产时所确定的单位成本计算各批发出存货和期末存货成本的方法。在这种方法下，把每一种存货的实际成本作为计算发出存货成本和期末存货成本的基础。

📖 **典例研习4-1**

宜佳公司3月甲商品的收入、发出及购进资料如表4-2所示。

表4-2　甲商品购销明细账　　　　　　　　　　金额单位：元

日期		摘要	收入			支出			结存		
月	日		数量	单价	金额	数量	单价	金额	数量	单价	金额
3	1	期初余额							100	12	1 200
	10	购入	200	15	3 000				300		
	15	销售				200			100		
	20	购入	300	18	5 400				400		
	25	销售				300			100		
	31	本期合计	500	—	8 400	500	—		100		

📖 **典例研习4-2**

假设宜佳公司发出商品采用个别计价法。

（1）3月15日发出的200件存货中，已知50件成本为12元/件，150件成本为15元/件。

则3月15日存货发出成本=50×12+150×15=2 850（元）。

（2）3月25日发出的300件存货中，已知50件成本为12元/件，250件成本为18元/件。

则 3 月 25 日存货发出成本 $= 50 \times 12 + 250 \times 18 = 5\,100$（元）。

期末结存的存货成本 $= 50 \times 15 + 50 \times 18 = 1\,650$（元）。

个别计价法的成本计算准确，符合实际情况，但在存货收发频繁的情况下，其发出成本分辨的工作量较大。因此，这种方法通常适用于一般不能替代使用的存货、为特定项目专门购入或制造的存货以及提供的劳务，如珠宝、名画等贵重物品。

（二）先进先出法

先进先出法是指以先购入的存货应先发出（销售或耗用）这样一种存货实物流动假设为前提，对发出存货进行计价的一种方法。采用这种方法，先购入的存货成本在后购入存货成本之前转出，据此确定发出存货和期末存货的成本。具体方法是：收入存货时，逐笔登记收入存货的数量、单价和金额；发出存货时，按照先进先出的原则逐笔登记存货的发出成本和结存金额。

📖 典例研习 4 - 3

承接典例研习 4 - 1，假设宜佳公司发出商品采用先进先出法。

（1）3 月 15 日发出的 200 件存货中，100 件为期初存货（成本为 12 元/件），另 100 件为 3 月 10 日购入存货（成本为 15 元/件）。

则 3 月 15 日存货发出成本 $= 100 \times 12 + 100 \times 15 = 2\,700$（元）。

（2）3 月 25 日发出的 300 件存货中，确定 100 件为 3 月 10 日购入的存货（成本为 15 元/件），另 200 件为 3 月 20 日购入的存货（成本为 18 元/件）。

则 3 月 25 日存货发出成本 $= 100 \times 15 + 200 \times 18 = 5\,100$（元）。

（3）期末结存的存货成本 $= 100 \times 18 = 1\,800$（元）。

先进先出法可以随时结转存货发出成本，但较烦琐，如果存货收发业务较多，且存货单价不稳定时，其工作量较大。在物价持续上升时，期末存货成本接近于市价，而发出成本偏低，会高估企业当期利润和库存存货价值；反之，会低估企业存货价值和当期利润。

（三）月末一次加权平均法

月末一次加权平均法是指以本月全部进货数量加上月初存货数量作为权数，去除本月全部进货成本加上月初存货成本，计算出存货的加权平均单位成本，以此为基础计算本月发出存货的成本和期末结存存货的成本的一种方法。计算公式如下：

存货单位成本 $=$ [月初结存存货成本 $+ \sum$（本月各批进货的实际单位成本 $\times$ 本月各批
进货的数量）] $\div$（月初结存存货的数量 $+$ 本月各批进货数量之和）

本月发出存货的成本 $=$ 本月发出存货的数量 $\times$ 存货单位成本

本月月末结存存货成本 $=$ 月末结存存货的数量 $\times$ 存货单位成本

或：

本月月末结存存货成本 $=$ 月初结存存货成本 $+$ 本月收入存货成本 $-$ 本月发出存货成本

采用月末一次加权平均法只在月末一次计算加权平均单价，可以简化成本计算工作。但由于月末一次计算加权平均单价和发出存货成本，不便于存货成本的日常管理与控制。

📖 典例研习 4 - 4

承接典例研习 4 - 1，宜佳公司发出商品采用月末一次加权平均法。

（1）存货（月末）单位成本=总成本÷总数量=（月初结存存货成本+本月购入存货的成本）÷（月初结存存货的数量+本月购入存货数量）

$$=（100×12+200×15+300×18）÷（100+200+300）$$
$$=16（元）$$

（2）本月月末结存存货成本=月末结存存货的数量×存货单位成本

$$=100×16=1\ 600（元）$$

（3）本月发出存货的成本=月初结存存货的实际成本+本月购入存货的实际成本-月末结存存货成本

$$=9\ 600-1\ 600=8\ 000（元）$$

或=本月发出存货的数量×存货单位成本

$$=（200+300）×16=8\ 000（元）$$

（四）移动加权平均法

移动加权平均法是指以每次进货的成本加上原有结存存货的成本的合计额，除以每次进货数量加上原有结存存货的数量的合计数，据以计算加权平均单位成本，作为在下次进货前计算各次发出存货成本依据的一种方法。计算公式如下：

$$存货单位成本=（原有结存存货成本+本次进货的成本）÷$$
$$（原有结存存货数量+本次进货数量）$$

$$本次发出存货成本=本次发出存货数量×本次发货前存货的单位成本$$

$$本月月末结存存货成本=月末结存存货的数量×本月月末存货单位成本$$

或：

本月月末结存存货成本=月初结存存货成本+本月收入存货成本-本月发出存货成本

采用移动加权平均法能够使企业管理层及时了解存货的结存情况，计算的平均单位成本以及发出和结存的存货成本比较客观。但由于每次收货都要计算一次平均单位成本，计算工作量较大，对收发货较频繁的企业不太适用。

知识点拨

2023年以后，企业越来越重视寻求可靠的供应链，会计师们则有机会再次扩大影响力，英国财务会计师公会（IFA）首席执行官兼国际集团执行官约翰·爱德华兹表示："大多数企业不愿采用中间商集中采购的传统模式，而是直接与供应商建立联系。这使许多人在资源或知识缺乏的情况下难以正确应对这种变化，即便他们知道正确应对这种变化可能会使他们收到回报。然而会计师有机会提供独特的见解和强大的变革管理模型，确保这些变化不会产生负面影响。"

任务实施

（1）芯片、不锈钢、铝合金、塑料分别是该公司产品的原材料，对应使用的会计科目即为原材料；

（2）航空航天类零部件、汽车零部件及配件、医疗器械为该公司的产成品，对应使用的会计科目为库存商品；

（3）纸盒、纸箱为该公司的包装物，对应使用的会计科目为周转材料；

（4）圆盘锯、曲线锯、开孔器、螺丝刀为该公司的低值易耗品，对应使用的会计科目为周转材料。

任务一　技能训练

任务二　原材料的核算

任务布置

深圳市晋铭航空技术有限公司为增值税一般纳税人，增值税税率为13%，材料按计划成本法核算。2023年1月初有关账户余额如下：

"材料采购"科目余额：218万元；"原材料"科目余额：980万元；"材料成本差异"科目余额30万元（贷方余额）；材料计划单价每千克5万元。材料验收入库时，材料成本差异即时结转。本月发生下列有关业务：

（1）5日购进材料100千克，增值税专用发票注明的价款为500万元、进项税额65万元；运杂费5万元，材料已验收入库，货款已经支付。

（2）10日购进材料60千克，账单已到，增值税专用发票注明的价款为302万元，增值税为39.26万元，签发并承兑商业汇票，票面金额341.26万元，材料尚未到达。

（3）15日，购入材料60千克，已验收入库，当日未收到结算凭证，款项未支付。

（4）20日，月初在途材料全部到达共计44千克，已验收入库。货款已于上月支付。

（5）31日，根据领料凭证汇总表，共领用320千克，其中产品生产耗用220千克，车间一般耗用100千克。

（6）31日，本月15日购入60千克材料结算凭证仍未到达，按计划成本暂估料款入账。

（7）31日，结转发出材料应负担的材料成本差异。

企业应如何进行账务处理呢？（金额单位：万元）

一、采用实际成本法核算

（一）会计科目的设置

企业采用实际成本法核算，主要应设置的会计科目有"原材料""在途物资""应付账款"等科目。

"原材料"科目核算企业库存各种材料的收入、发出与结存情况，借方登记入库材料的实际成本，贷方登记发出材料的实际成本，期末余额在借方，反映企业库存材料的实际成本。"原材料"科目应按照材料的保管地点（仓库）以及材料的类别、品种和规格等设置明细账进行明细核算。

"在途物资"科目核算企业采用实际成本（进价）进行材料、商品等物资的日常核算、价款已付尚未验收入库的各种物资（即在途物资）的采购成本，借方登记企业购入的在途物资的实际成本，贷方登记验收入库的在途物资的实际成本，期末余额在借方，反映企业在途物资的采购成本。"在途物资"科目应按照供应单位和物资品种设置明细账进行明细核算。

"应付账款"科目核算企业因购买材料、商品或接受劳务等经营活动应支付的款项，贷方登记企业因购入材料、商品或接受劳务等尚未支付的款项，借方登记支付的应付账款，期末余额一般在贷方，反映企业尚未支付的应付账款。"应付账款"科目应按照债权人设置明细科目进行明细核算。

（二）原材料的账务处理

1. 购入材料

（1）材料已验收入库，货款已经支付或已开出、汇兑商业汇票。

📖 典例研习 4 - 5

星辉制衣厂购入亚麻布一批，增值税专用发票上注明的价款为 500 000 元，增值税税额为 65 000 元，款项已用转账支票付讫，材料已验收入库。星辉制衣厂为增值税一般纳税人，采用实际成本进行材料日常核算，应编制如下会计分录：

借：原材料——亚麻布　　　　　　　　　　　　　　　　　　　500 000
　　应交税费——应交增值税（进项税额）　　　　　　　　　　65 000
　　贷：银行存款　　　　　　　　　　　　　　　　　　　　　　565 000

本例属于发票账单与材料同时到达的采购业务，企业材料已验收入库，因此，应通过"原材料"科目核算，对于增值税专用发票上注明的可抵扣的进项税额，应借记"应交税费——应交增值税（进项税额）"科目。

（2）货款已经支付或已开出、承兑商业汇票，材料尚未到达或尚未验收入库。

📖 典例研习 4 - 6

星辉制衣厂采用汇兑结算方式购入棉布一批，发票及账单已收到，取得的增值税专用发票上注明的价款为 20 000 元，增值税税额为 2 600 元，材料尚未到达。星辉制衣厂为增值税一般纳税人，采用实际成本进行材料日常核算，应编制如下会计分录：

借：在途物资——棉布　　　　　　　　　　　　　　　　　　　20 000
　　应交税费——应交增值税（进项税额）　　　　　　　　　　2 600
　　贷：银行存款　　　　　　　　　　　　　　　　　　　　　　22 600

📖 典例研习 4 - 7

承接典例研习 4 - 6，上述购入的棉布已收到，并验收入库。星辉制衣厂应编制如下会计分录：

| 借：原材料——棉布 | 20 000 | |
| 贷：在途物资 | | 20 000 |

（3）材料已经验收入库，货款尚未支付。

📖 典例研习 4-8

星辉制衣厂采用托收承付结算方式购入化纤一批，增值税专用发票上注明的价款为 50 000 元，增值税税额为 6 500 元。银行转来的结算凭证已到，款项尚未支付，材料已验收入库。星辉制衣厂为增值税一般纳税人，采用实际成本进行材料日常核算，应编制如下会计分录：

借：原材料——化纤	50 000	
应交税费——应交增值税（进项税额）	6 500	
贷：应付账款		56 500

📖 典例研习 4-9

星辉制衣厂购入羊毛面料一批，材料已验收入库，月末发票账单尚未收到也无法确定其实际成本，暂估价值为 30 000 元。星辉制衣厂为增值税一般纳税人，采用实际成本进行材料日常核算，应编制如下会计分录：

| 借：原材料——羊毛 | 30 000 | |
| 贷：应付账款——暂估应付账款 | | 30 000 |

下月初，用红字冲销原暂估入账金额。

| 借：原材料——羊毛 | 30 000 | |
| 贷：应付账款——暂估应付账款 | | 30 000 |

（4）货款已经预付，材料尚未验收入库。

📖 典例研习 4-10

星辉制衣厂为增值税一般纳税人，根据与布料供应商（为增值税一般纳税人）的购销合同规定，为购买针织面料向布料供应商预付 100 000 元价款的 80%，计 80 000 元，已通过汇兑方式汇出。星辉制衣厂采用实际成本进行材料日常核算，应编制如下会计分录：

| 借：预付账款——××布料供应商 | 80 000 | |
| 贷：银行存款 | | 80 000 |

📖 典例研习 4-11

星辉制衣厂收到布料供应商发运来的针织面料，已验收入库。取得的增值税专用发票上注明的价款为 100 000 元，增值税税额为 13 000 元，所欠款项以银行存款付讫。星辉制衣厂应编制如下会计分录：

（1）材料入库时。

借：原材料——针织	100 000	
应交税费——应交增值税（进项税额）	13 000	
贷：预付账款		113 000

（2）补付货款时。

借：预付账款　　　　　　　　　　　　　　　　　　　　33 000
　　　贷：银行存款　　　　　　　　　　　　　　　　　　　　33 000

2. 发出材料

企业采用实际成本进行材料日常核算的，发出材料的实际成本，可以采用先进先出法、月末一次加权平均法、移动加权平均法或个别计价法计算确定。

📖 典例研习 4 - 12

兴安建筑有限公司库存材料采用实际成本法核算，按先进先出法计算发出材料成本：4月1日结存型钢3 000千克，每千克实际成本为10元；4月5日和4月21日分别购入该材料9 000千克和6 000千克，每千克实际成本分别为11元和12元；4月10日和4月25日分别发出型钢10 500千克和6 000千克，全部用于生产车间生产产品。4月，型钢发出和结存成本计算结果如下：

4月10日发出型钢成本 = 3 000 × 10 + 7 500 × 11 = 112 500（元）

4月25日发出型钢成本 = (9 000 - 7 500) × 11 + 4 500 × 12 = 70 500（元）

4月发出型钢成本合计 = 112 500 + 70 500 = 183 000（元）

4月结存型钢成本合计 = (6 000 - 4 500) × 12 = 18 000（元）

📖 知识链接

实际成本法的流转路径

二、采用计划成本法核算

（一）原材料核算应设置的会计科目

采用计划成本核算材料，材料的收入、发出及结存，无论是总分类核算还是明细分类核算，均按照计划成本计价。企业应设置的会计科目有"原材料""材料采购""材料成本差异"等。材料实际成本与计划成本的差异，通过"材料成本差异"科目核算。月末，计算本月发出材料应负担的成本差异并进行分摊，根据领用材料的用途计入相关资产的成本或者当期损益，从而将发出材料的计划成本调整为实际成本。

（二）原材料的账务处理

1. 购入材料

（1）货款已经支付，同时材料验收入库。

📖 典例研习 4 - 13

鑫美公司为增值税一般纳税人，购入着色剂一批，增值税专用发票上注明的价款为3 000 000元，增值税税额为390 000元，发票账单已收到，计划成本3 200 000元，材料已验收入库，全部款项以银行存款支付。鑫美公司采用计划成本进行材料日常核算，应编制如下会计分录：

借：材料采购——着色剂   3 000 000

  应交税费——应交增值税（进项税额）   390 000

   贷：银行存款   3 390 000

同时：

借：原材料——着色剂   3 200 000

   贷：材料采购——着色剂   3 200 000

借：材料采购   200 000

   贷：材料成本差异——着色剂   200 000

（2）货款已经支付，材料尚未验收入库。

📖 典例研习 4 - 14

鑫美公司为增值税一般纳税人，采用商业承兑汇票支付方式购入香精用于生产化妆品，账单已收到，增值税专用发票上注明的价款为 500 000 元，增值税税额为 65 000 元，计划成本为 490 000 元，材料已验收入库。鑫美公司采用计划成本进行材料日常核算，应编制如下会计分录：

借：材料采购——香精   500 000

  应交税费——应交增值税（进项税额）   65 000

   贷：应付票据   565 000

同时：

借：原材料——香精   490 000

   贷：材料采购——香精   490 000

借：材料成本差异——香精   10 000

   贷：材料采购——香精   10 000

企业购入并已验收入库的材料，按计划成本，借记"原材料"科目，贷记"材料采购"科目，二者的差额计入"材料成本差异"科目。在实务中，企业也可以集中在月末一次性对本月已付款或已开出并承兑商业汇票的入库材料汇总核算，计入"原材料"科目，同时结转材料成本差异。

📖 典例研习 4 - 15

承接典例研习 4 - 13 和 4 - 14，假设月末，鑫美公司汇总本月已付款，或已开出并承兑商业汇票的入库材料的计划成本 3 690 000 元（3 200 000 + 490 000）。鑫美公司应编制如下会计分录：

（1）结转原材料成本时。

借：原材料——着色剂   3 200 000

     ——香精   490 000

   贷：材料采购——着色剂   3 200 000

        ——香精   490 000

（2）结转材料成本差异时。

上述入库材料的实际成本为 3 500 000 元（3 000 000 + 500 000），入库材料的成本差异为节约 190 000 元（3 500 000 - 3 690 000）。

借：材料采购——着色剂　　　　　　　　　　　　　　　　　200 000

　　材料成本差异——香精　　　　　　　　　　　　　　　　 10 000

　　贷：材料采购——着色剂　　　　　　　　　　　　　　　　　200 000

　　　　材料采购——香精　　　　　　　　　　　　　　　　　　 10 000

2. 发出材料

在实务中，为了简化核算，企业平时发出原材料不编制会计分录，通常在月末，根据领料单等编制"发料凭证汇总表"结转发出材料的计划成本，按计划成本分别计入"生产成本""制造费用""销售费用""管理费用""其他业务成本""委托加工物资"等科目，贷记"原材料"科目，同时结转材料成本差异。

📖 典例研习 4 – 16

鑫美公司为增值税一般纳税人，根据"发料凭证汇总表"的记录，4 月着色剂的消耗（计划成本）为：基本生产车间领用 2 000 000 元，辅助生产车间领用 600 000 元，车间管理部门领用 250 000 元，企业行政管理部门领用 50 000 元。鑫美公司采用计划成本进行材料日常核算，应编制如下会计分录：

借：生产成本——基本生产成本　　　　　　　　　　　　　 2 000 000

　　　　　　——辅助生产成本　　　　　　　　　　　　　　 600 000

　　制造费用　　　　　　　　　　　　　　　　　　　　　　 250 000

　　管理费用　　　　　　　　　　　　　　　　　　　　　　　 50 000

　　贷：原材料——着色剂　　　　　　　　　　　　　　　　 2 900 000

根据《企业会计准则第 1 号——存货》的规定，企业日常采用计划成本核算的，发出的材料成本应由计划成本调整为实际成本，通过"材料成本差异"科目进行结转，按照所发出材料的用途，分别计入"生产成本""制造费用""销售费用""管理费用""其他业务成本""委托加工物资"等科目。发出材料应负担的成本差异应当按期（月）分摊，不得在季末或年末一次计算。年度终了，企业应对材料成本差异率进行核实调整。

材料成本差异率的计算公式如下：

　材料成本差异率 =（月初结存材料的成本差异 + 本月验收入库材料的成本差异）÷

　　　　　　　　　　（月初结存材料的计划成本 + 本月验收入库材料的计划成本）

　　　　　　　　　　×100%

本月发出材料应负担的成本差异 = 本月发出材料的计划成本 × 本月材料成本差异率

📖 典例研习 4 – 17

承接典例研习 4 – 13 和 4 – 14，鑫美公司为增值税一般纳税人，某月初结存着色剂的计划成本为 1 000 000 元，成本差异为超支 30 740 元；当月入库着色剂的计划成本为 3 200 000 元，成本差异为节约 200 000 元。则：

材料成本差异率 =（30 740 - 200 000）÷（1 000 000 + 3 200 000）×100% = -4.03%

结转发出材料的成本差异，鑫美公司应编制如下会计分录：

借：材料成本差异——着色剂　　　　　　　　　　　　　　　 116 870

贷：生产成本——基本生产成本	80 600
——辅助生产成本	24 180
制造费用	10 075
管理费用	2 015

✎ 任务实施

（1）借：材料采购 　　　　　　　　　　　　　　505

　　　应交税费——应交增值税（进项税额）　　 65

　　　　贷：银行存款 　　　　　　　　　　　　　　570

借：原材料 　　　　　　　　　　　　　　　　 500

　　材料成本差异 　　　　　　　　　　　　　　 5

　　　贷：材料采购 　　　　　　　　　　　　　　505

（2）借：材料采购 　　　　　　　　　　　　　　302

　　　应交税费——应交增值税（进项税额）　39.26

　　　　贷：应付票据 　　　　　　　　　　　　 341.26

借：在途物资 　　　　　　　　　　　　　　　 300

　　　贷：材料采购 　　　　　　　　　　　　　　300

（3）暂不处理。

（4）借：原材料 　　　　　　　　　　　　　　　220

　　　　贷：材料采购 　　　　　　　　　　　　　218

　　　　　　材料成本差异 　　　　　　　　　　　 2

（5）借：生产成本 　　　　　　　　　　　　　1 100

　　　　制造费用 　　　　　　　　　　　　　　500

　　　　贷：原材料 　　　　　　　　　　　　　1 600

（6）借：原材料 　　　　　　　　　　　　　　　300

　　　　贷：应付账款——暂估应付账款 　　　　　300

（7）（－30＋5＋2－2）/（980＋500＋220＋300）＝－1.35%（节约）

借：材料成本差异 　　　　　　　　　　　　 21.60

　　　贷：生产成本 　　　　　　　　　　　　 14.85

　　　　　制造费用 　　　　　　　　　　　　 6.75

任务二　技能训练

任务三　库存商品的核算

任务布置

深圳市晋铭航空技术有限公司将 50 台医疗器械作为福利分配给本公司行政管理人员。该医疗器械每台生产成本为 1 500 元，市场售价为 2 000 元（不含增值税）。其正确的会计处理应该是怎样的？

一、库存商品概念

库存商品是指企业完成全部生产过程并已验收入库、合乎标准规格和技术条件，可以按照合同规定的条件送交订货单位，或可以作为商品对外销售的产品，以及外购或委托加工完成验收入库用于销售的各种商品。

为了反映和监督库存商品的增减变动及其结存情况，企业应当设置"库存商品"科目，借方登记验收入库的库存商品成本，贷方登记发出的库存商品成本，期末余额在借方，反映各种库存商品的实际成本。"库存商品"科目应按库存商品的种类、品种和规格设置明细科目进行核算。

素养之窗

学习这一知识点时，可通过全面了解白象方便面的品牌故事，感受国货崛起，了解企业责任与担当，增强民族自豪感和自信心。再列举其他"我的爱用好物"，谈一谈你心目中的国货之光。结合案例公司具体业务，认识存货中的原材料、半成品和库存商品变现净值的计算。结合方便面的价格变动，讲解存货可变现净值的计算。

二、库存商品的账务处理

（一）验收入库商品

对于库存商品采用实际成本核算的企业，当产品完成生产并验收入库时，应按实际成本，借记"库存商品"科目，贷记"生产成本——基本生产成本"科目。

典例研习 4 – 18

铭鼎医药制造公司商品入库汇总表记载，某月已验收入库 A 药品 1 000 盒，实际单位成本 50 元，共计 50 000 元；B 药品 2 000 盒，实际单位成本 100 元，共计 200 000 元。铭鼎医药公司应编制如下会计分录：

借：库存商品——A 药品　　　　　　　　　　　　　　　　50 000
　　　　　　——B 药品　　　　　　　　　　　　　　　　200 000
　　贷：生产成本——基本生产成本——A 药品　　　　　　　50 000
　　　　　　　　　　　　　　　　——B 药品　　　　　　　200 000

（二）发出商品

企业销售产成品按规定确认收入的同时，应计算、结转与收入相关的产成品成本。产成品销售成本的计算与结转，通常是在期（月）末进行。采用实际成本进行产成品日常核算的，应根据本期（月）销售产品数量及其相应的单位生产成本计算确定本期产品销售成本总额，借记"主营业务成本"科目，贷记"库存商品"科目。

📖 **典例研习 4 – 19**

铭鼎医药制造公司月末汇总的发出商品中，当月已实现销售的 A 药品 500 盒，B 药品1 500 盒。该月采用加权平均法计算的 A 药品实际单位成本 50 元，B 药品实际单位成本 100元。结转销售成本应编制如下会计分录：

借：主营业务成本　　　　　　　　　　　　　　　　　　　　　　　175 000
　　贷：库存商品——A 药品　　　　　　　　　　　　　　　　　　　　25 000
　　　　　　　　——B 药品　　　　　　　　　　　　　　　　　　　 150 000

对于商品流通企业发出商品的核算，除采用上述方法外，还可以采用以下方法：

1. 毛利率法

毛利率法是指根据本期销售净额乘以上期实际（或本期计划）毛利率匡算本期销售毛利，并据以计算发出存货和期末存货成本的一种方法。其计算公式如下：

$$毛利率 = 销售毛利 \div 销售额 \times 100\%$$
$$销售净额 = 商品销售收入 - 销售退回与折让$$
$$销售毛利 = 销售净额 \times 利率$$
$$销售成本 = 销售净额 - 销售毛利$$
$$期末存货成本 = 期初存货成本 + 本期购货成本 - 本期销售成本$$

这一方法是商品流通企业，尤其是商业批发企业常用的计算本期商品销售成本和期末库存商品成本的方法。商品流通企业由于经营商品的品种繁多，分品种计算商品成本的工作量较大，在企业同类商品的毛利率差异不大的情况下，采用该计价方法既能减轻工作量，也能满足销售毛利管理的需要。

2. 售价金额核算法

售价金额核算法是指平时商品的购入、加工收回、销售均按售价记账，售价与进价的差额通过"商品进销差价"科目核算，期末计算进销差价率和本期已销售商品应分摊的进销差价，据以调整本期销售成本的一种方法。计算公式如下：

$$商品进销差价率 = （期初库存商品进销差价 + 本期购入商品进销差价） \div （期初库存$$
$$商品售价 + 本期购入商品售价） \times 100\%$$
$$本期销售商品应分摊的商品进销差价 = 本期商品销售收入 \times 商品进销差价率$$
$$本期销售商品的成本 = 本期商品销售收入 - 本期销售商品应分摊的商品进销差价$$
$$期末结存商品的成本 = 期初库存商品的进价成本 + 本期购进商品的进价成本 -$$
$$本期销售商品的成本$$

如果企业的商品进销差价率各期之间比较均衡，也可以采用上期商品进销差价率分摊本期的商品进销差价。年度终了，应对商品进销差价进行核实调整。

企业购入商品采用售价金额核算，按验收入库商品的售价，借记"库存商品"科目，按商品进价，贷记"银行存款""在途物资""委托加工物资"等科目，按商品售价与进价之间的差额，贷记"商品进销差价"等科目。

对外销售发出商品时，按售价结转销售成本，借记"主营业务成本"科目，贷记"库存商品"科目。期末分摊已销商品的进销差价，借记"商品进销差价"科目，贷记"主营业务成本"科目。

✎ 任务实施

借：管理费用	113 000
贷：应付职工薪酬	113 000
借：应付职工薪酬	113 000
贷：主营业务收入	100 000
应交税费——应交增值税（销项税额）	13 000
借：主营业务成本	75 000
贷：库存商品	75 000

注意：企业自产产品用于职工福利应视同销售，确认收入和销项税额并结转成本。

任务三 技能训练

任务四 其他存货的核算

❀ 任务布置

深圳市晋铭航空技术有限公司销售航空航天类零部件时领用单独计价的包装物纸箱一批，随同零部件出售。深圳市晋铭航空技术有限公司开具的增值税专用发票上注明的纸箱价款为 2 万元，增值税税额为 0.26 万元；全部款项已收到并存入银行，纸箱的实际成本为 1 万元。应该如何进行会计处理呢？

其他存货主要包括周转材料和委托加工物资。周转材料，是指企业能够多次使用，不符合固定资产定义，逐渐转移其价值但仍保持原有形态的材料物品。企业的周转材料包括包装物和低值易耗品，以及小企业（建筑业）的钢模板、木模板、脚手架等。委托加工物资是指企业委托外单位加工的各种材料、商品等物资。

一、包装物

（一）包装物的概念

包装物，是指为了包装商品而储备的各种包装容器，如桶、箱、瓶、坛、袋等。按照小企业会计准则规定，小企业的各种包装材料，如纸、绳、铁丝、铁皮等，应在"原材料"科目内核算；用于储存和保管产品、材料而不对外出售的包装物，应按照价值大小和使用年限长短，分别在"固定资产"科目或"原材料"科目核算。

（二）包装物的账务处理

1. 生产领用包装物

生产领用包装物，应按照领用包装物的实际成本，借记"生产成本"科目，按照领用包装物的计划成本，贷记"周转材料——包装物"科目，按照其差额，借记或贷记"材料成本差异"科目。

📖 典例研习 4 - 20

益客食品加工厂为增值税一般纳税人，对包装物采用计划成本核算，某月生产产品领用包装物的计划成本为 100 000 元，材料成本差异率为 -3%。益客食品加工厂应编制如下会计分录：

领用包装物时。

借：生产成本		97 000
材料成本差异		3 000
贷：周转材料——包装物		100 000

2. 随同商品出售包装物

随同商品出售包装物具体包括两种情形，其账务处理不尽相同。

（1）随同商品出售不单独计价的包装物，应按其实际成本计入销售费用，借记"销售费用"科目，按其计划成本，贷记"周转材料——包装物"科目，按其差额，借或贷记"材料成本差异"科目。

（2）随同商品出售单独计价的包装物，按照实际取得的金额，借记"银行存款"等科目，按照其销售收入，贷记"其他业务收入"科目，按照增值税专用发票上注明的增值税销项税额，贷记"应交税费——应交增值税（销项税额）"科目；同时，结转所销售包装物的成本，应按其实际成本计入其他业务成本，借记"其他业务成本"科目，按其计划成本，贷记"周转材料——包装物"科目，按其差额，借或贷记"材料成本差异"科目。

 **画龙点睛**

计入其他业务收入（成本）的情况：

（1）出租包装物、固定资产、无形资产等；

（2）销售原材料；

（3）随同商品出售单独计价的包装物。

速记：猪吃包装的饲料。

二、低值易耗品

（一）低值易耗品的划分

低值易耗品一般划分为一般工具、专用工具、替换设备、管理用具、劳动保护用品和其他用具等。

（二）低值易耗品的账务处理

为了反映和监督低值易耗品的增减变动及其结存情况，企业应当设置"周转材料——低值易耗品"科目。低值易耗品等企业的周转材料符合存货定义和条件的，按照使用次数分次计入成本费用。金额较小的，可在领用时一次计入成本费用。为加强实物管理，应当在备查簿中采用分次摊销法摊销低值易耗品，低值易耗品在领用时摊销其账面价值的单次平均摊销额。分次摊销法适用于可供多次反复使用的低值易耗品。在采用分次摊销法的情况下，要单独设置"周转材料——低值易耗品——在库""周转材料——低值易耗品——在用""周转材料——低值易耗品——摊销"明细科目。其中，"周转材料——低值易耗品——摊销"明细科目为"周转材料——低值易耗品——在用"明细科目的备抵科目，核算使用中低值易耗品的累计摊销额。设置"在库""在用""摊销"三级明细科目核算有利于明确低值易耗品的库存保管、领用和耗费等相关部门的经营责任，有利于保护低值易耗品的安全，提高会计核算的真实、准确、完整性。

三、委托加工物资

（一）委托加工物资的概念

委托加工物资是指企业委托外单位加工的各种材料、商品等物资。与材料或商品销售不同，委托加工材料发出后，其保管地点发生位移，但仍属企业存货范畴。经过加工，材料或商品实物形态、性能和使用价值将发生变化，加工过程中需要消耗其他材料，发生加工费、税费等加工成本。因此，加强委托加工物资的合同管理和准确完整核算加工成本，是企业委托加工物资会计核算与监督的主要任务。

（二）委托加工物资的账务处理

为了反映和监督委托加工物资增减变动及其结存情况，企业应当设置"委托加工物资"科目，借方登记委托加工物资的实际成本，贷方登记加工完成验收入库的物资的实际成本和剩余物资的实际成本，期末余额在借方，反映企业尚未完工的委托加工物资的实际成本等。本科目应按照加工合同、受托加工单位以及加工物资的品种等进行明细核算。委托加工物资也可以采用计划成本或售价进行核算，其方法与库存商品相关业务会计处理基本相同。

📖 知识链接

"应交税费——应交消费税"科目的解析说明

委托加工物资的成本构成，如表4-3所示。

表4-3　委托加工物资的成本构成

成本内容	收回后直接出售	收回后继续加工应税消费品
加工耗用物资的成本	√	√
支付的加工费用	√	√
应负担的运杂费	√	√
支付的消费税	√	×
加工支付的增值税	×	×

二　任务实施

随同商品出售而单独计价的包装物，其销售的收入计入"其他业务收入"科目的贷方；结转的成本计入"其他业务成本"科目的借方。故：

```
借：银行存款                                        22 600
    贷：其他业务收入                                        20 000
        应交税费——应交增值税（销项税额）                      2 600
借：其他业务成本                                    10 000
    贷：周转材料——包装物                                  10 000
```

任务四　技能训练

任务五　存货清查与期末计量

✿ 任务布置

深圳市晋铭航空技术有限公司为生产航空零部件购入驱动板一批，支付价款8 000元，驱动板可用于生产4件航空零部件，截至12月31日，驱动板尚未领用。12月31日，航空零部件的市场价格下跌为每件3 000元，预计销售费用每件50元，假定驱动板全部加工成航空零部件尚需发生加工成本4 000元，驱动板以前未计提存货跌价准备，那么12月31日应计提的存货跌价准备金额为多少元？

一、存货清查

（一）存货清查的方法

存货清查是指通过对存货的实地盘点，确定存货的实有数量，并与账面结存数核对，从而确定存货实存数与账面结存数是否相符的一种专门方法。

对于存货的盘盈、盘亏，应填写存货盘点报告（见表4-4），及时查明原因，按照规定程序报批处理。填写时须注明盘盈盘亏的真实原因，提出处理意见，同时按规定程序报请有关部门批准。

表4-4　存货盘点报告

存货类别	名称与规格	计量单位	结存数量		单价	盘盈		盘亏		原因
			账存	实存		数量	金额	数量	金额	
原材料	甲	吨	20	22	140	2	280			计量错误
	乙	吨	55	50	1 000			5	5 000	管理不善，自然灾害
合计						2	280	5	5 000	

（二）存货盘盈的账务处理

企业发生存货盘盈时，借记"原材料""库存商品"等科目，贷记"待处理财产损溢"科目；按管理权限报经批准后，借记"待处理财产损溢"科目，贷记"管理费用"科目。

📖 典例研习4-21

天河公司在财产清查中盘盈材料1 000千克，实际单位成本60元，经查属于材料收发计量方面的错误。天河公司应编制如下会计分录：

（1）批准处理前。

借：原材料　　　　　　　　　　　　　　　　　　　　　　　　60 000

　　　贷：待处理财产损溢　　　　　　　　　　　　　　　　　　　　60 000

（2）批准处理后。

借：待处理财产损溢　　　　　　　　　　　　　　　　　　　　60 000

　　　贷：管理费用　　　　　　　　　　　　　　　　　　　　　　　60 000

（三）存货盘亏及毁损的账务处理

企业发生存货盘亏及毁损时，借记"待处理财产损溢"科目，贷记"原材料""库存商品"等科目。在按管理权限报经批准后应做如下账务处理：对于入库的残料价值，计入"原材料"等科目；对于应由保险公司和过失人赔偿的部分，计入"其他应收款"科目；扣除残料价值和应由保险公司、过失人赔款后的净损失，属于一般经营损失的部分，计入"管理费用"科目，属于非常损失的部分，计入"营业外支出"等科目。

📖 典例研习4-22

天河公司在财产清查中发现毁损材料300千克，实际成本为30 000元，相关增值税专用发票上注明的增值税税额为3 900元。经查属于材料保管员的过失造成，按规定由其个人赔偿 20 000 元。天河公司应编制如下会计分录：

（1）批准处理前。

借：待处理财产损溢		33 900
贷：原材料		30 000
应交税费——应交增值税（进项税额转出）		3 900

（2）批准处理后。

①由过失人赔款部分。

借：其他应收款		20 000
贷：待处理财产损溢		20 000

②材料毁损净损失。

借：管理费用		13 900
贷：待处理财产损溢		13 900

二、存货的期末计量

在会计期末，存货应当按照成本与可变现净值孰低进行计价。

（一）存货跌价准备的计提和转回

当存货成本低于可变现净值时，存货按成本计价；当存货成本高于可变现净值时，存货按可变现净值计价，表明存货可能发生跌价损失，应在存货销售之前确认跌价损失，计入当期损益，并相应减少存货的账面价值。以前减记存货价值的影响因素已经消失的，减记的金额应当予以恢复，并在原已计提的存货跌价准备金额内转回，转回的金额计入当期损益。

（二）存货跌价准备的账务处理

为了反映和监督存货跌价准备的计提、转回和转销情况，企业应当设置"存货跌价准备"科目，贷方登记计提的存货跌价准备金额，借方登记实际发生的存货跌价损失金额和转回的存货跌价准备金额，期末余额一般在贷方，反映企业已计提但尚未转销的存货跌价准备。

存货采购成本的总结

当存货成本高于其可变现净值时，企业应当按照存货可变现净值低于账面价值的差额，借记"资产减值损失——计提的存货跌价准备"科目，贷记"存货跌价准备"科目。转回已计提的存货跌价准备金额时，按企业会计准则允许恢复增加的金额，借记"存货跌价准备"科目，贷记"资产减值损失——计提的存货跌价准备"科目。

企业结转存货销售成本时，对于已计提存货跌价准备的，应当一并结转，同时调整销售成本，借记"存货跌价准备"科目，贷记"主营业务成本""其他业务成本"等科目。

📖 典例研习 4 - 23

辰欣日用品加工厂 2022 年 12 月 31 日毛巾的账面余额（成本）为 10 000 元。由于市场价格下跌，预计可变现净值为 8 000 元，假定毛巾以前未计提存货跌价准备，由此年末应计提的存货跌价准备为 2 000 元（10 000 - 8 000），辰欣日用品加工厂应编制如下会计分录：

借：资产减值损失——计提的存货跌价准备		2 000
贷：存货跌价准备		2 000

2023 年 6 月 30 日，毛巾的账面余额（成本）为 10 000 元，已计提存货跌价准备金额为

2 000 元。由于市场价格有所上升，使毛巾的预计可变现净值为 9 500 元，应转回的存货跌价准备为 1 500 元［（10 000－9 500）－2 000］。辰欣日用品加工厂应编制如下会计分录：

借：存货跌价准备　　　　　　　　　　　　　　　　　　　　　　1 500
　　贷：资产减值损失——计提的存货跌价准备　　　　　　　　　　　1 500

 素养之窗

　　针对存货计提跌价准备符合会计信息质量要求的谨慎性原则，会计人员在对存货进行账务处理时，应该严格遵守会计准则与会计信息质量的要求。当有证据表明企业的存货确实已经减值时，企业会计人员应及时进行相关业务处理，本着诚实守信的原则，在计提减值时保证数据真实有效，并及时将会计信息传递给相关部门，使企业相关利益者及时掌握企业动态，做出合理决策。

　　在对存货期末减值进行判断时，会计人员需保持应有的职业怀疑态度，有迹象表明企业存货发生减值时，应及时对存货进行减值测试。学生在学习过程中应扎实掌握会计知识基础，在工作中不断积累经验，使自己具备精准的职业判断。

 任务实施

　　12 月 31 日，驱动板的成本为 8 000 元，可变现净值＝3 000×4－4 000－50×4＝7 800（元）；成本高于可变现净值，应计提存货跌价准备＝8 000－7 800＝200（元）。

任务五　技能训练

 案例导引解析

　　资产负债表日，存货应当按照成本与可变现净值孰低计量，就是按照存货的成本与可变现净值两者之中的较低者对期末存货进行计量。

　　在对存货进行定期检查时，如果存在下列情况之一，表明存货的可变现净值低于成本：

　　①该存货的市场价格持续下跌，并且在可预见的未来无回升的希望；②企业使用该项原材料生产的产品的成本高于产品的销售价格；③企业因产品更新换代，原有库存原材料已不适应新产品的需要，而该原材料的市场价格又低于其账面成本；④因企业所提

供的商品或劳务过时或消费者偏好改变而使市场的需求发生变化，导致市场价格逐渐下跌。

面对市场需求的变化，森马服饰应及时对积压的存货计提减值准备，确保按照会计准则的要求进行，保证数据真实、可靠。

项目四　综合训练

项目五　固定资产业务的核算

学习目标

知识目标

1. 理解并掌握固定资产的概念；
2. 熟悉固定资产的分类；
3. 掌握固定资产增加、减少以及折旧的核算方法。

能力目标

1. 通过学习，能够独立地进行固定资产增加的核算；
2. 培养学生举一反三的能力，能根据具体业务选择恰当的折旧方法；
3. 能正确区分固定资产改扩建中资本化支出和费用化支出。

素养目标

1. 通过学习，培养学生独立思考、分析问题的能力以及不怕困难的精神；
2. 提高学生的学习兴趣，帮助学生树立学习信心，体验成功的喜悦；
3. 培养学生的合作精神、责任感和专业理性的良好职业思维模式；
4. 学生初步形成职业人的理性专业的思维方式。

重难点

任务	重难点	重要程度
任务一	固定资产的确认	★★★
任务二	外购固定资产取得的核算	★★★
任务三	固定资产的折旧方法；固定资产的后续支出	★★★★
任务四	固定资产盘亏的处理	★★★

知识结构导图

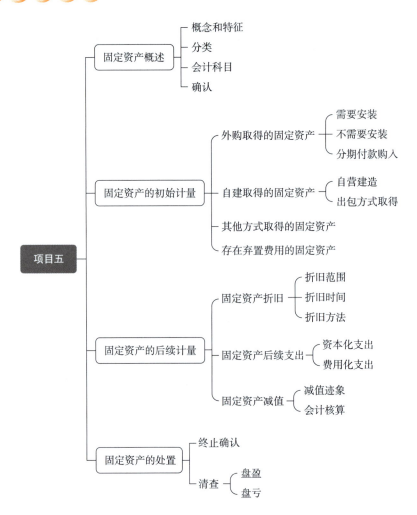

案例导引

深圳晋铭航空技术有限公司因业务发展需要于 2023 年 1 月 20 日购入一辆公务用车，采购员递交的凭证有购车款增值税专用发票、购置税票、车船税发票、交强险发票、汽车商业险发票和汽车装饰款发票。会计李强将上述款项全部计入公务车成本。2 月底，司机拿来加油票要求报销 2 月油费 1 000 元，李强将其入账，归入公务车使用成本。3 月，深圳晋铭航空技术有限公司因业务需要更换经营用车，决定将原有车辆变卖处置。财务人员该如何同其他部门配合办理此业务？

【思考】

1. 李强对上述业务的处理是否恰当？为什么？
2. 试想该车辆当月相关用车成本应该等于 1 000 元还是大于 1 000 元？

任务一　固定资产概述

任务布置

因企业持有资产目的不同，其确认也可能不同，以经营租赁方式出租的机器设备属于固定资产，但是以经营租赁方式出租的房屋、建筑物不属于固定资产，应确认为企业的投资性房地产。同学们可以想一想：房地产企业持有的以备出售的房屋是否属于固定资产？安全设备、抗灾设备是否确认为固定资产？维修设备、备品备件属于存货还是固定资产？

一、固定资产的概念和特征

固定资产，是指企业为生产商品、提供劳务或经营管理而持有的，且使用寿命超过一个会计年度的有形资产。必须同时具备以下特征：第一，固定资产是有形资产；第二，企业持有固定资产的目的，是用于生产商品、提供劳务、出租或经营管理，而不是直接用于出售；第三，企业使用固定资产的期限超过一个会计年度；第四，固定资产具有可衡量的未来经济利益。

二、固定资产的分类

企业固定资产的种类繁多，规格不一。为了加强对固定资产的管理，企业有必要对固定资产进行合理地分类。

（一）按固定资产的经济用途分类

固定资产按其经济用途可分为生产经营用固定资产和非生产经营用固定资产。

生产经营用固定资产，是指直接服务于企业生产、经营过程的各种固定资产，如生产经营用的房屋、建筑物、机器、设备、器具、工具等。

非生产经营用固定资产，是指不直接服务于生产、经营过程的各种固定资产，如职工宿舍等使用的房屋、设备和其他固定资产等。

（二）按固定资产的使用情况分类

固定资产按其使用情况可分为使用中固定资产、未使用固定资产、不需用固定资产、租出固定资产和封存固定资产。

（1）使用中固定资产，是指正在使用中的生产用固定资产和非生产用固定资产，还包括由于季节性生产和大修理等正常原因暂时停止使用，以及存放在车间备用的机器设备等。

（2）未使用固定资产，是指尚未投入生产的新增固定资产和因非正常原因暂时停止使用的固定资产。

（3）不需用固定资产，是指不适合本企业需要，已报请上级等待调配处理的固定资产。

（4）租出固定资产，是指出租给外单位使用的固定资产。

（5）封存固定资产，是指按规定经企业主管部门和同级财政部门批准封存不用的固定资产。

（三）综合分类

按固定资产的经济用途及其使用情况等综合分类，企业的固定资产可划分为七大类：

（1）生产经营用固定资产；

（2）非生产经营用固定资产；

（3）租出固定资产（企业在经营租赁方式下出租给外单位使用的固定资产）；

（4）不需用固定资产；

（5）未使用固定资产；

（6）土地（过去已经估价单独入账的土地）；

（7）融资租入的固定资产。

三、固定资产核算的会计科目

为了反映和监督固定资产的取得、计提折旧和处置等情况，企业一般需要设置"固定资产""累计折旧""在建工程""工程物资""固定资产清理"等科目。

此外，企业固定资产、在建工程、工程物资发生减值的，还应当设置"固定资产减值准备""在建工程减值准备""工程物资减值准备"等科目进行核算。

四、固定资产的确认

固定资产的确认是指企业在什么时候和以多少金额将固定资产作为企业所拥有或控制的资源进行反映。一般来说，固定资产只有同时具备以下两个条件时才能确认：

（1）与该固定资产有关的经济利益很可能流入企业；

（2）该固定资产的成本能够可靠计量。

任务实施

固定资产应同时满足两个条件：该固定资产相关的经济利益很可能流入企业，固定资产的成本能够可靠计量。房地产企业持有的以备出售的房屋属于该企业的存货，不应确认为固定资产。环保设备和安全设备虽然不能直接导致企业经济利益流入，但有助于企业在相关资产中获取经济利益，净化环境，保证员工安全，减少未来经济利益流出，因此应确认为固定资产。对于与固定资产组合才能发挥功效的备品备件和维修设备也应当确认为固定资产，而不是确认为存货。

任务一　技能训练

任务二　固定资产的初始计量

任务布置

深圳晋铭航空技术有限公司新建一项资产，价值30多亿元，投入使用一年了，但以没有竣工决算为由，迟迟不估价入账。后来，审计发现了，要求估价入账，并按照规定计提了折旧。一年后审计发现，竣工决算数大于估价入账数大约3亿元，由于年初预算时候没有考虑这个因素，如果补提折旧，当年影响利润2千万元左右，因此没有补提折旧。有的人说了，如果执行新准则，就不需要补提折旧了。请问：根据新准则要求，是否需要补提折旧？

固定资产的初始计量是指固定资产初始成本的确认。固定资产应当按照成本进行初始计量。固定资产的成本，是指企业构建某项固定资产达到预定可使用状态前所发生的一切必要支出。

企业取得固定资产的方式一般包括外购、自行建造、接受投资、融资租入、接受捐赠、盘盈等。取得方式不同，初始计量的方法也各不相同。

一、外购固定资产的成本

外购固定资产的成本，为实际支付的全部价款，包括买价、为取得固定资产而缴纳的相关税费以及为使固定资产达到预定可使用状态前所发生的可归属于该资产的运输费、安装费、专业人员服务费等。企业购入不需要安装的固定资产，应按实际支付款借记"固定资产"科目，贷记"银行存款"等科目。

企业购入需要安装的固定资产，应在购入的固定资产取得成本的基础上加上安装调试成本等，作为购入固定资产的成本，先通过"在建工程"科目归集其成本，待达到预定可使用状态时，再由"在建工程"科目转入"固定资产"科目，具体如表5-1所示。

表5-1　外购固定资产的会计处理

不需要安装的固定资产	需要安装的固定资产
借：固定资产 　　应交税费——应交增值税（进项税额） 　贷：银行存款/其他应付款等	借：在建工程 　　应交税费——应交增值税（进项税额） 　贷：银行存款/应付职工薪酬 借：固定资产 　贷：在建工程

典例研习5-1

2023年1月1日，深圳晋铭航空技术有限公司购入一台需要安装的生产用机器设备，取得的增值税专用发票上注明的设备价款为200 000元，增值税进项税额为26 000元，款项已通过银行存款支付；安装时，支付安装工人的工资为5 000元。假定不考虑其他相关税费，深圳晋铭航空技术有限公司账务处理如下：

（1）支付设备价款、增值税。

借：在建工程　　　　　　　　　　　　　　　　　　　　　　　　200 000

应交税费——应交增值税（进项税额）	26 000	
贷：银行存款		226 000

（2）支付安装工人工资。

借：在建工程　　　　　　　　　　　　　　　　　　　　　5 000
　　贷：应付职工薪酬　　　　　　　　　　　　　　　　　　　　　5 000

（3）设备安装完毕达到预定可使用状态。

借：固定资产　　　　　　　　　　　　　　　　　　　　　205 000
　　贷：在建工程　　　　　　　　　　　　　　　　　　　　　205 000

根据企业购买固定资产方式的不同，有两种特殊情况需要特别注意。

（一）一笔款项同时购入多项没有单独标价的固定资产

《企业会计准则第 4 号——固定资产》规定：企业以一笔款项购入多项没有单独标价的固定资产，企业应当按照各项固定资产公允价值比例对总成本进行分配，分别确定各项固定资产的成本。捆绑销售固定资产的价值，没有确定的单价，那么就以固定资产的公允价值来确定每项固定资产占购入固定资产总额的比例，再乘以支付的价款就可以得到相应的价值。

📖 典例研习 5 - 2

2023 年 1 月 1 日，深圳晋铭航空技术有限公司购入未单独标价的 A 设备和 B 设备总共支付款项 60 000 元，增值税 7 800 元，并支付运杂费 1 000 元。市场上同型号 A 设备为 36 000 元，B 设备为 44 000 元。深圳晋铭航空技术有限公司为增值税一般纳税人。深圳晋铭航空技术有限公司的账务处理如下：

（1）确定固定资产成本 = 60 000 + 1 000 = 61 000（元）。

（2）确定分配比例。

A 设备应分配的固定资产价值比例 = 36 000 ÷（36 000 + 44 000）× 100% = 45%

B 设备应分配的固定资产价值比例 = 44 000 ÷（36 000 + 44 000）× 100% = 55%

（3）确定 A 设备和 B 设备各自的成本。

A 设备的成本 = 61 000 × 45% = 27 450（元）

B 设备的成本 = 61 000 × 55% = 33 550（元）

（4）编制会计分录。

借：固定资产——A 设备	27 450	
——B 设备	33 550	
应交税费——应交增值税（进项税额）	7 800	
贷：银行存款		68 800

（二）采用分期付款方式购买固定资产

购买固定资产的价款超过正常信用条件延期支付，实质上具有融资性质，固定资产的成本以购买价款的现值为基础确定。实际支付的价款与购买价款的现值之间的差额，除按照《企业会计准则第 17 号——借款费用》应予资本化的以外，应当在信用期间内计入当期损益。

小贴士

什么是"摊余成本法"？

所谓的摊余成本，通俗来说，就是"你真正欠人家多少钱"。

摊余成本 = 期初摊余成本 ×（1 + 实际利率）− 当期应当收到（或支付）的现金

典例研习 5 – 3

2023 年 1 月 1 日，深圳晋铭航空技术有限公司与金乌公司签订一项购货合同，购入一台不需要安装的大型设备。合同约定，深圳晋铭航空技术有限公司采用分期付款的方式支付价款，每年支付 100 万元，分十年支付。该设备价款为 1 000 万元。当日，设备如期运抵深圳晋铭航空技术有限公司并开始使用。

假定深圳晋铭航空技术有限公司适用的折现率为 10%，（P/A，10%，10）= 6.144 6；1 000 000 ×（P/A，10%，10）= 6 144 600。

2023 年 1 月 1 日账务处理如下：

借：固定资产 6 144 600

　　未确认融资费用 3 855 400

　　贷：长期应付款 10 000 000

2023 年 12 月 31 日账务处理如下：

借：财务费用 614 460

　　贷：未确认融资费用 614 460

借：长期应付款 1 000 000

　　贷：银行存款 1 000 000

未确认融资费用分摊如表 5 – 2 所示。

表 5 – 2　未确认融资费用分摊　　　　　　　　　　　　单位：元

日期	期初摊余成本（A）	财务费用（B = A×10%）	长期应付款（C）	期末摊余成本（D = A + B − C）
2023 年 12 月 31 日	6 144 600.00	614 460.00	1 000 000.00	5 759 060.00
2024 年 12 月 31 日	5 759 060.00	575 906.00	1 000 000.00	5 334 966.00
2025 年 12 月 31 日	5 334 966.00	533 496.60	1 000 000.00	4 868 462.60
2026 年 12 月 31 日	4 868 462.60	486 846.26	1 000 000.00	4 355 308.86
2027 年 12 月 31 日	4 355 308.86	435 530.89	1 000 000.00	3 790 839.75
2028 年 12 月 31 日	3 790 839.75	379 083.98	1 000 000.00	3 169 923.73
2029 年 12 月 31 日	3 169 923.73	316 992.37	1 000 000.00	2 486 916.10
2030 年 12 月 31 日	2 486 916.10	248 691.61	1 000 000.00	1 735 607.71
2031 年 12 月 31 日	1 735 607.71	173 560.77	1 000 000.00	909 168.48
2032 年 12 月 31 日	909 168.48	90 831.52	1 000 000.00	0

特别提示

　　因为在前九年的计算中都会四舍五入，所以最后一期的财务费用一般采取"倒挤法"，即"未确认融资费用－前期已经确认的费用"。

二、自行建造固定资产

　　自行建造的固定资产，其成本包括该项资产至交付使用前所发生的全部必要支出。

　　自行建造的固定资产应先通过"在建工程"科目核算，工程达到预定可使用状态时，再从"在建工程"科目转入"固定资产"科目。自行建造的固定资产分为自营方式建造固定资产和出包方式建造固定资产两种情况。

（一）自营方式建造固定资产

　　企业以自营方式建造固定资产，其成本应当按照实际发生的材料、人工、机械施工费等计量。企业为建造固定资产准备的各种物资，包括工程用材料、尚未安装的设备以及为生产准备的工器具等，通过"工程物资"科目进行核算。借记"工程物资"科目，贷记"银行存款"等科目。企业为建造固定资产准备的各类物资应当按照实际支付的买价、运输费、保险费等相关税费作为实际成本；企业领用的工程物资、原材料或库存商品，应按其实际成本转入在建工程。自营方式建造固定资产应负担的职工薪酬、辅助生产部门为之提供的水、电、修理、运输等劳务，以及其他必要支出等也应计入所建工程项目的成本。建造期间发生的工程物资盘亏、报废、毁损的，减去残料价值以及保险公司、过失人等赔款后的差额，计入在建工程成本；盘盈的工程物资或处置净收益，冲减所建工程项目的成本。完工后发生的工程物资盘盈、盘亏、报废、毁损计入当期损益。

　　建造的固定资产已达到预定可使用状态，但尚未办理竣工结算的，应当自达到预定可使用状态之日起，根据工程预算、造价或者工程实际成本等，按暂估价值转入固定资产，并按有关计提固定资产折旧的规定，计提固定资产折旧。待办理竣工决算手续后再调整原来的暂估价值，但不需要调整原已计提的折旧额。

📖 典例研习 5－4

　　深圳晋铭航空技术有限公司于 2023 年年初开始自行建造厂房一栋，购入为工程准备的各种物资 200 万元，增值税 26 万元，全部用于工程建设。领用本企业生产的 A 产品一批，实际成本为 50 万元（售价 80 万元），应计工程人员工资 30 万元。支付安装费 100 万元，增值税 9 万元。第一年年末工程完工。相关账务处理如下（金额单位：万元）：

　　（1）购买工程物资时。

借：工程物资　　　　　　　　　　　　　　　　　　　　　　　　　　200
　　应交税费——应交增值税（进项税额）　　　　　　　　　　　　　　26
　　　贷：银行存款　　　　　　　　　　　　　　　　　　　　　　　　　　226

　　（2）领用工程物资时。

借：在建工程　　　　　　　　　　　　　　　　　　　　　　　　　　200
　　　贷：工程物资　　　　　　　　　　　　　　　　　　　　　　　　　　200

（3）领用本企业生产的产品时。

借：在建工程　　　　　　　　　　　　　　　　　　　　　50

　　贷：库存商品——A　　　　　　　　　　　　　　　　　　　50

（4）分配工程人员薪酬时。

借：在建工程　　　　　　　　　　　　　　　　　　　　　30

　　贷：应付职工薪酬　　　　　　　　　　　　　　　　　　　30

（5）支付工程发生的安装费用时。

借：在建工程　　　　　　　　　　　　　　　　　　　　　100

　　应交税费——应交增值税（进项税额）　　　　　　　　9

　　贷：银行存款　　　　　　　　　　　　　　　　　　　　　109

（6）工程完工并达到预定可使用状态时。

借：固定资产　　　　　　　　　　　　　　　　　　　　　380

　　贷：在建工程　　　　　　　　　　　　　　　　　　　　　380

（二）出包方式建造固定资产

企业以出包方式建造固定资产，其成本由建造该项固定资产达到预定可使用状态前所发生的必要支出构成，包括发生的建筑工程支出、安装工程支出，以及需分摊计入的待摊支出。

待摊支出，是指在建设期间发生的、不能直接计入某项固定资产价值，而应由所建造固定资产共同负担的相关费用，包括为建造工程发生的管理费、可行性研究费、临时设施费、公证费、监理费、应负担的税金、符合资本化条件的借款费用、建设期间发生的工程物资盘亏、报废及毁损净损失，以及负荷联合试车费等。

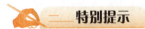 特别提示

> 企业为建造固定资产通过出让方式取得土地使用权而支付的土地出让金不计入在建工程成本，应确认为无形资产（土地使用权）。

📖 典例研习 5-5

深圳晋铭航空技术有限公司为增值税一般纳税人，2023 年 1 月 1 日，金乌公司将一栋厂房的建造工程出包给深圳晋铭航空技术有限公司承建，按合理估计的发包工程进度和合同规定向深圳晋铭航空技术有限公司结算进度款 500 000 元。2023 年 4 月 1 日，工程完工后，收到深圳晋铭航空技术有限公司有关工程结算单据，补付工程款 500 000 元。不考虑增值税，金乌公司应编制如下会计分录：

（1）按合理估计的发包工程进度和合同规定向深圳晋铭航空技术有限公司结算进度款时。

借：在建工程　　　　　　　　　　　　　　　　　　　　　500 000

　　贷：银行存款　　　　　　　　　　　　　　　　　　　　　500 000

（2）补付工程款时。

借：在建工程　　　　　　　　　　　　　　　　　　　　　500 000

　　贷：银行存款　　　　　　　　　　　　　　　　　　　　　　　　500 000

（3）工程完工并达到预定可使用状态时。

借：固定资产　　　　　　　　　　　　　　　　　　　　　　　1 000 000

　　贷：在建工程　　　　　　　　　　　　　　　　　　　　　　1 000 000

三、其他方式取得的固定资产

（1）接受固定资产投资的企业，在办理了固定资产移交手续之后，应按投资合同或协议约定的价值加上应支付的相关税费作为固定资产的入账价值，但合同或协议约定价值不公允的除外。

（2）非货币性资产交换、债务重组等方式取得的固定资产的成本，应当按照《企业会计准则第 7 号——非货币性资产交换》《企业会计准则第 12 号——债务重组》的有关规定进行会计处理。

（3）盘盈的固定资产，作为前期差错处理，通过"以前年度损益调整"科目核算。

四、存在弃置费用的固定资产

特殊行业的特定固定资产，对其进行初始计量时，还应当考虑弃置费用。弃置费用通常是指根据国家法律和行政法规、国际公约等规定，企业承担的环境保护和生态恢复等义务所确定的支出，如油气资产、核电站核设施等的弃置和恢复环境义务。弃置费用的金额与其现值差异通常较大，需要考虑货币的时间价值，应当按照现值计算确定应计入固定资产成本的金额和相应的预计负债。在固定资产使用寿命内按照预计负债的摊余成本和实际利率计算确定的利息费用应当在发生时计入财务费用。

借：固定资产

　　贷：在建工程（实际发生的建造成本）

　　　　预计负债（弃置费用的现值）

借：财务费用（每期期初预计负债的摊余成本实际利率）

　　贷：预计负债

借：预计负债

　　贷：银行存款等（发生弃置费用支出时）

📖 知识链接

"财务会计实务"在线开放课程之固定资产的初始计量

　任务实施

新准则规定，估计入账的固定资产，竣工后不补提折旧，是隐含一个前提的，即你

的估价入账没有重大的差错，如果你估价的时候低估了或者遗漏了一些固定资产明细项目，这属于重大会计差错，还是应该补提折旧的，不能算是会计估计变更，采用未来适用法处理。已经投入使用的估价入账的固定资产价值和竣工决算的固定资产价值差距太大是不符合常识的。必须找出差距大的真实原因，做会计差错处理。

任务二　技能训练

任务三　固定资产的后续计量

⚛ 任务布置

上市钢铁企业鞍钢股份有限公司，自 2011 年 7 月起，调整部分固定资产折旧年限，房屋、建筑物折旧年限由 20 年调整为 30 年，机械设备折旧年限由 10 年调整到 15 年，使当年固定资产折旧额减少 10.36 亿元，所有者权益及净利润增加 7.77 亿元；2013 年 1 月起，企业再次调整固定资产折旧年限，房屋、建筑物由 30 年调整为 40 年，传导、机械设备由 15 年调整为 19 年，动力设备由 10 年调整为 12 年，使 2013 年企业固定资产折旧减少 12 亿元，所有者权益及净利润增加 9 亿元。该公司频繁调整部分固定资产折旧年限进行会计估计变更，是否属于利用会计准则和政策操纵会计利润？

一、固定资产折旧

固定资产折旧，是指在固定资产使用寿命内，按照确定的方法对应计折旧额进行系统分摊。其中，应计折旧额是指应当计提折旧的固定资产的原价扣除其预计净残值后的金额。如果是已计提减值准备的固定资产，还应当扣除已计提的固定资产减值准备累计金额。

预计净残值是指假定固定资产预计使用寿命已满并处于使用寿命终了时的预期状态，企业目前从该项资产处置中获得的扣除预计处置费用后的金额。预计净残值预期能够在固定资产使用寿命终了后收回，计算折旧时应将其扣除。企业应当根据固定资产的性质和使用情况，合理确定固定资产的使用寿命和预计净残值。固定资产的使用寿命、预计净残值一经确定，不得随意变更。

（一）固定资产折旧范围

《企业会计准则第 4 号——固定资产》规定，企业应对所有的固定资产计提折旧；但是，下列资产不用计提折旧：

（1）已提足折旧仍继续使用的固定资产；

（2）单独计价入账的土地。

（二）影响固定资产折旧的因素

（1）固定资产的原价；

（2）固定资产的使用寿命；

（3）预计净残值；

（4）固定资产减值准备。

（三）固定资产折旧时间

当月增加的固定资产，当月不计提折旧，从下月起计提折旧；当月减少的固定资产，当月仍计提折旧，从下月起不计提折旧。

（四）固定资产折旧方法

企业应当根据与固定资产有关的经济利益的预期消耗方式，合理选择折旧方法。固定资产折旧方法包括年限平均法、工作量法、双倍余额递减法和年数总和法等（见表5-3）。企业不同的固定资产折旧方法，将影响固定资产使用寿命期间内不同时期的折旧费用，固定资产的折旧方法一经确定，不得随意变更。

表5-3　固定资产折旧方法

折旧方法	详细计算
年限平均法，又称直线法，是指将固定资产的应计折旧额均衡地分摊到固定资产预计使用寿命内的一种方法。采用这种方法计算的每期折旧额相等	年折旧率 = $\dfrac{1-预计净残值率}{预计使用寿命（年）} \times 100\%$ 月折旧率 = 年折旧率 ÷ 12 月折旧额 = 固定资产原价 × 月折旧率
工作量法，是根据实际工作量计算每期应计提折旧额的一种方法	单位工作量折旧额 = 固定资产原价 × $\dfrac{1-预计净残值率}{预计总工作量}$
双倍余额递减法，是指在不考虑固定资产预计净残值的情况下，根据每期期初固定资产原价减去累计折旧后的金额和双倍的直线法折旧率计算固定资产折旧的一种方法	年折旧率 = 2 ÷ 预计使用寿命（年）× 100% 月折旧率 = 年折旧率 ÷ 12 月折旧额 = （固定资产原价 - 累计折旧）× 月折旧率 最后两年，将双倍递减法改成年限平均法： 最后2年折旧额 = $\dfrac{原值-折旧-减值-净残值}{2}$
年数总和法，又称年限合计法，是指将固定资产的原价减去预计净残值后的余额，乘以一个以固定资产尚可使用寿命为分子、以预计使用寿命逐年数字之和为分母的逐年递减的分数计算每年的折旧额	年折旧率 = 尚可使用寿命 ÷ 预计使用寿命的年数总和 × 100% 月折旧率 = 年折旧率 ÷ 12 月折旧额 = （固定资产原价 - 预计净残值）× 月折旧率

📖 典例研习5-6

深圳晋铭航空技术有限公司购买一台机器设备，购买价格为100万元，另外支付保险费7万元，机器于2022年12月20日安装完毕，预计净残值5万元，预计使用年限5年。该设备预计可以工作3.5万个小时，第1年该设备工作了8 500个小时，第2年工作了7 500个小时，第3~4年每年工作7 000个小时。根据不同的方法计算2023年的折旧额。假设不考虑税费问题。

首先，该机器初始入账价值为 107 万元（100 + 7）。

其次，2022 年 12 月 20 日该机器安装完毕，计提折旧应从 2023 年开始。

（1）平均年限法。

年折旧额 = （107 - 5）÷ 5 = 20.4（万元）

（2）工作量法。

单位工作量折旧额 = （107 - 5）/3.5 = 29.14（万元/万小时）

第 1 年的年折旧额：29.14 × 0.85 = 24.77（万元）

第 2 年的年折旧额：29.14 × 0.75 = 21.86（万元）

第 3 ~ 4 年的年折旧额：29.14 × 0.7 = 20.40（万元）

第 5 年的年折旧额：29.14 × （3.5 - 0.87 - 0.75 - 0.7 - 0.7）= 14.57（万元）

（3）双倍余额递减法。

第 1 年的年折旧额：107 × 2/5 = 42.8（万元）

2/5 就是年折旧率。

第 2 年的年折旧额：（107 - 42.8）× 2/5 = 25.68（万元）

第 3 年的年折旧额：（107 - 42.8 - 25.68）× 2/5 = 15.41（万元）

最后两年应改为平均年限法，并且需考虑残值。

最后 2 年的年折旧额：（107 - 42.8 - 25.68 - 15.41 - 5）÷ 2 = 9.06（万元）

（4）年数总和法。

第 1 年的年折旧率：5/（1 + 2 + 3 + 4 + 5）= 1/3

第 1 年的年折旧额：（107 - 5）× 1/3 = 34（万元）

第 2 年的年折旧率：4/（1 + 2 + 3 + 4 + 5）= 4/15

第 2 年的年折旧额：（107 - 5）× 4/15 = 27.20（万元）

以此类推，可计算出第 3 ~ 5 年的折旧额。

（五）固定资产折旧的处理

借：制造费用（生产车间使用的固定资产计提折旧）

　　管理费用（企业管理部门使用的固定资产计提折旧）

　　销售费用（企业专设销售部门的固定资产计提折旧）

　　其他业务成本（企业出租固定资产计提折旧）

　　研发支出（企业研发无形资产时使用固定资产计提折旧）

　　在建工程（在建工程中使用固定资产计提折旧）

　　贷：累计折旧

 素养之窗

党的二十大提出全面依法治国是国家治理的一场深刻革命，关系党执政兴国，关系人民幸福安康，关系党和国家长治久安。要在法治轨道上全面建设社会主义现代化国家，需要强化学生法律意识，完善诚信机制，健全征信体系，加强失信惩戒。

学生应当理解在遵纪守法的前提下合理选择折旧方法，不得随意改变折旧方法来财务造假。

二、固定资产后续支出

固定资产后续支出是指固定资产使用过程中发生的更新改造支出、修理费用等。凡符合固定资产确认条件的（资本化），应当计入固定资产成本或其他相关资产的成本，同时将被替换部分的账面价值扣除；不符合固定资产确认条件的，应当计入当期损益（费用化）。

（一）资本化的后续支出

固定资产发生可资本化的后续支出时：

首先，企业一般先将该固定资产的原价、已计提的累计折旧和减值准备转销，将其账面价值转入在建工程，并停止计提折旧；

其次，发生的可资本化的后续支出，通过"在建工程"科目核算；

最后，在固定资产发生的后续支出完工并达到预定可使用状态时，再从在建工程转为固定资产，并按重新确定的使用寿命、预计净残值和折旧方法计提折旧。

📖 典例研习 5 - 7

深圳晋铭航空技术有限公司对其所属的仓库进行更新改造，该仓库原值 2 000 万元，累计折旧 1 000 万元，共花费改造资金 500 万元，会计分录如下：

（1）将仓库账面价值转入在建工程。

借：在建工程　　　　　　　　　　　　　　　　　　　　　　　　10 000 000
　　累计折旧　　　　　　　　　　　　　　　　　　　　　　　　10 000 000
　　　贷：固定资产　　　　　　　　　　　　　　　　　　　　　　　20 000 000

（2）支付更新改造款。

借：在建工程　　　　　　　　　　　　　　　　　　　　　　　　 5 000 000
　　　贷：银行存款　　　　　　　　　　　　　　　　　　　　　　　 5 000 000

（3）完工后转入固定资产。

借：固定资产　　　　　　　　　　　　　　　　　　　　　　　　15 000 000
　　　贷：在建工程　　　　　　　　　　　　　　　　　　　　　　　15 000 000

企业发生的一些固定资产后续支出可能涉及替换原固定资产的某组成部分。当发生的后续支出符合固定资产确认条件时，应将其计入固定资产成本，同时将被替换部分的账面价值扣除，以避免将替换部分的成本和被替换部分的成本同时计入固定资产成本，导致固定资产成本重复计算。

📖 典例研习 5 - 8

晋铭航空公司 2014 年 12 月购入一架飞机，总计花费 9 000 万元（含发动机），发动机当时的购买价款为 800 万元。公司未将发动机作为一项单独的固定资产入账。2023 年年初，公司为延长飞机的飞行时间，决定更换一部性能更佳的发动机。新发动机购价为 1 000 万元，增值税 130 万元，银行存款支付，另需支付安装费 50 000 元。假定飞机的年折旧率为 5%，不考虑相关税费的影响，公司的账务处理如下：

（1）2023 年年初飞机的累计折旧金额为：

$90\ 000\ 000 \times 5\% \times 8 = 36\ 000\ 000$（元）

借：在建工程　　　　　　　　　　　　　　　　　　　　　　　　54 000 000

	累计折旧	36 000 000
	贷：固定资产	90 000 000

（2）购入工程物资。

	借：工程物资	10 000 000
	应交税费——应交增值税	1 300 000
	贷：银行存款	11 300 000

（3）安装新发动机。

	借：在建工程	10 050 000
	贷：工程物资	10 000 000
	银行存款	50 000

（4）2023年年初老发动机的账面价值为：

$8\ 000\ 000 - 8\ 000\ 000 \times 5\% \times 8 = 4\ 800\ 000$（元）

终止确认老发动机的账面价值，假定按报废处理，无残值。

	借：营业外支出	4 800 000
	贷：在建工程	4 800 000

（5）发动机安装完毕，飞机投入使用。

	借：固定资产	59 250 000
	贷：在建工程	59 250 000

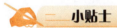　小贴士

　　很多同学纠结一个问题，那就是被替换的部分如果卖掉有收益，那会不会影响在建工程的账面金额？答案是不会。我们来看分录：

　　借：营业外支出
　　　　银行存款
　　　　贷：在建工程

　　在这里我们可以看出，贷方"在建工程"的金额是固定的，如果卖掉了有收益，计入银行存款，会减少营业外支出的金额，并不会冲减在建工程。

（二）费用化的后续支出

　　一般情况下，固定资产投入使用之后，由于固定资产磨损、各组成部分耐用程度不同，可能导致固定资产的局部损坏，为了维护固定资产的正常运转和使用，充分发挥其使用效能，企业会对固定资产进行必要的维护。通常情况下这类支出不满足固定资产确认条件，我们称其为费用化支出。具体会计分录如表5-4所示。

表5-4　固定资产费用化后续支出会计分录

分类	情形	处理办法
固定资产日常修理费用	行政管理部门等	计入"管理费用"
	专设销售机构	计入"销售费用"

续表

分类	情形	处理办法
不满足固定资产确认条件的固定资产更新改造支出		计入"当期损益"
不满足固定资产确认条件的固定资产大修理支出		

三、固定资产减值

固定资产减值是指当固定资产发生损坏、技术陈旧或其他经济原因时，将会导致其可收回金额低于其账面价值。如果固定资产的可收回金额低于其账面价值，应当按可收回金额低于其账面价值的差额计提减值准备，并计入当期损益。

应交税费

《企业会计准则》规定，企业的固定资产应当在期末时按照账面价值与可收回金额进行比较，对可收回金额（资产的销售净价与预期从该资产的持续使用和使用寿命结束时的处置中形成的预计未来现金流量的现值进行比较，两者之间较高者）低于账面价值的差额，应计提固定资产减值准备。

因此计提减值基本思路是，固定资产的账面价值与可收回金额相比，如果账面价值大于可收回金额，需要计提资产减值准备；如果账面价值小于可收回金额，则无须计提资产减值准备。

小贴士

账面价值是指账面余额减去相关的备抵项目后的净额。账面价值不等于净值，固定资产原价扣除累计折旧后为净值，净值再扣除减值准备后为账面价值（净额）。

账面余额是指账面实际余额，不扣除作为备抵的项目，如累计折旧、减值准备等。

固定资产减值准备的会计处理：

计提固定资产减值准备。

借：资产减值损失——固定资产减值准备

　　贷：固定资产减值准备

固定资产减值损失一经确认，在以后会计期间不得转回。

素养之窗

民无信不立，国无信不威。诚信，几千年来一直是中国传统文化中的重要内容，是中国人为人处世的重要的价值观和基本的道德标准，更是商业往来中至高的行为标准。无论是一个人还是一家企业，如果没有诚信，就失去了在这个社会立足的基本条件。

任务实施

鞍钢股份两次固定资产折旧调整，让鞍钢股份获益匪浅，2013 年鞍钢股份最终实现财务账面归属于上市公司股东净利润增加 7.77 亿元，固定资产折旧年限调整立下了

"汗马功劳"。就鞍钢股份后两次增加折旧年限而言，如不考虑可能造成的退市问题，显然并不符合中央加快企业设备更新和科研创新的有关精神，伴随折旧年限调增，企业还同时放弃了作为东北老工业基地的一些所得税优惠，经济损失也是巨大的。由此可见，国有企业包括上市公司，往往因为内部人控制，企业董事会做出的决定多出于经营者自身动因，经营决策行为往往出于个人或小团体的利益需要，最终社会公众和小股东的利益难以得到保障。

任务三　技能训练

任务四　固定资产的处置

✿ 任务布置

深圳晋铭航空技术有限公司一台机器发生故障无法正常工作，经维修发现多处部件烧毁已无法修理。A 员工认为这台机器已无法提供生产服务，处于处置阶段，要终止确认固定资产身份。B 员工认为该机器还可以作为废品出售增加经济利益，不应终止固定资产身份。该机器是否应该终止确认固定资产身份？

一、固定资产的终止确认

固定资产处置，即固定资产的终止确认，包括固定资产的出售、报废、毁损、对外投资、非货币性资产交换、债务重组等。企业处置固定资产应通过"固定资产清理"科目核算。通常包括以下环节：

（一）转入固定资产清理

企业因出售、报废、毁损、对外投资、非货币性资产交换、债务重组等转出的固定资产，按该项固定资产的账面价值，借记"固定资产清理"科目，按已计提的累计折旧，借记"累计折旧"科目，按已计提的减值准备，借记"固定资产减值准备"科目，按其账面原价，贷记"固定资产"科目。

借：固定资产清理
　　累计折旧
　　固定资产减值准备
　　贷：固定资产

（二）结算清理费用

固定资产清理过程中，支付的清理费用及其可抵扣的增值税进项税额。

借：固定资产清理
　　应交税费——应交增值税（进项税额）
　　贷：银行存款

（三）收回出售固定资产的价款、残料价值和变价收入

1. 收回出售固定资产的价款和税款

借：银行存款
　　贷：固定资产清理
　　　　应交税费——应交增值税（销项税额）

2. 残料按残料价值入库

借：原材料
　　贷：固定资产清理

（四）确认应收责任单位（或个人）赔偿损失

应由保险公司或过失人赔偿的损失：

借：其他应收款
　　银行存款
　　贷：固定资产清理

（五）结转清理净损益

固定资产清理完成后，对清理净损益，应区分不同情况进行账务处理。

（1）因固定资产已丧失使用功能或因自然灾害发生毁损等原因而报废清理产生的利得或损失应计入营业外收支。属于生产经营期间正常报废清理产生的处理净损失，借记"营业外支出——非流动资产损毁报废损失"科目，贷记"固定资产清理"科目；属于生产经营期间由于自然灾害等非正常原因造成的损失，借记"营业外支出——非常损失"科目，贷记"固定资产清理"科目；如为净收益，借记"固定资产清理"科目，贷记"营业外收入——非流动资产损毁报废利得"科目。

（2）因出售、转让等原因产生的固定资产处置利得或损失应计入资产处置收益。确认处置净损失，借记"资产处置损益"科目，贷记"固定资产清理"科目；如为净收益，借记"固定资产清理"科目，贷记"资产处置损益"科目。

📖 典例研习 5-9

深圳晋铭航空技术有限公司有一台设备，因使用期满经批准报废。该设备原价 200 000 元，累计折旧 180 000 元，减值准备 2 000 元。在清理过程中，支付清理费用 3 000 元，另支付相关税费 270 元，收到残料变价收入 5 400 元。

深圳晋铭航空技术有限公司的相关会计分录如下：

（1）固定资产转入固定资产清理。

借：固定资产清理　　　　　　　　　　　　　　　　　　　　　　　　18 000
　　累计折旧　　　　　　　　　　　　　　　　　　　　　　　　　　180 000
　　固定资产减值　　　　　　　　　　　　　　　　　　　　　　　　　2 000
　　贷：固定资产　　　　　　　　　　　　　　　　　　　　　　　　200 000

（2）发生清理费用和相关税费。

借：固定资产清理　　　　　　　　　　　　　　　　　　　　　　　　3 000
　　　应交税费——应交增值税（进项税额）　　　　　　　　　　　　270
　　　　　贷：银行存款　　　　　　　　　　　　　　　　　　　　　　　　3 270
（3）收到残料变价收入。
借：银行存款　　　　　　　　　　　　　　　　　　　　　　　　　　5 400
　　　　　贷：固定资产清理　　　　　　　　　　　　　　　　　　　　　　5 400
（4）结转固定资产净损益。
借：营业外支出——非流动资产损毁报废损失　　　　　　　　　　　　15 600
　　　　　贷：固定资产清理　　　　　　　　　　　　　　　　　　　　　　15 600
注意：这里是报废，所以借记"营业外支出"科目。

二、固定资产清查

企业应当定期或者至少于每年年末对固定资产进行清查盘点，以保证固定资产核算的真实性。

（一）固定资产盘盈

固定资产盘盈一般是指在盘点过程中发现的未入账或超过账面数量的固定资产。盘盈的固定资产，应作为前期会计差错处理，会计处理如下：
（1）按重置成本确定其入账价值。
借：固定资产
　　　　　贷：以前年度损益调整
（2）计提应交未交的所得税。
借：以前年度损益调整
　　　　　贷：应交税费——应交所得税
（3）计提法定盈余公积。
借：以前年度损益调整
　　　　　贷：盈余公积——法定盈余公积
（4）调整未分配利润。
借：以前年度损益调整
　　　　　贷：利润分配——未分配利润

（二）固定资产盘亏

企业在财产清查中盘亏的固定资产，按照盘亏固定资产的账面价值，借记"待处理财产损溢"科目，按照已计提的累计折旧，借记"累计折旧"科目，按照已计提的减值准备，借记"固定资产减值准备"科目，按照固定资产的原价，贷记"固定资产"科目。企业按照管理权限报经批准后处理时，按照可收回的保险赔偿或过失人赔偿，借记"其他应收款"科目，按照应计入营业外支出的金额，借记"营业外支出——盘亏损失"科目，贷记"待处理财产损溢"科目。

任务实施

固定资产满足下列条件之一的，应当予以终止确认：

该固定资产处于处置状态。处于处置状态的固定资产不再用于生产商品、提供劳务、出租或经营管理，因此不再符合固定资产的定义，应予终止确认。

该固定资产预期通过使用或处置不能产生经济利益。

案例中的固定资产已满足第一个条件，应当终止确认其固定资产。

任务四　技能训练

 案例导引解析

1. 李强对上述业务的处理不恰当：保险、车船税费用等不属于该项资产达到预定可使用状态前发生的相关费用，在发生时应当计入当期损益。

2. 成本等于油费加汽车的磨损价值，而汽车的磨损价值即通过折旧来体现。该车辆当月用车成本应该在 1 000 元油费的基础上加上当月折旧费，所以该车辆当月相关用车成本应该大于 1 000 元。

项目五　综合训练

项目六　无形资产业务的核算

学习目标

知识目标

1. 了解无形资产的概念和分类；
2. 掌握无形资产初始成本的确定和会计核算；
3. 熟悉无形资产研究阶段和开发阶段的会计核算；
4. 掌握无形资产使用寿命的确定和摊销。

能力目标

1. 能够准确地确认无形资产；
2. 掌握无形资产初始取得的账务处理；
3. 能够对无形资产做出减值测试，并准确计提减值准备；
4. 掌握无形资产处置的会计核算。

素养目标

1. 通过无形资产学习，提高学生的资产评估能力和职业判断能力；
2. 培养学生与专利机构、资产评估机构等中介服务机构及其他企业、银行等部门人员的交流与合作能力；
3. 在无形资产业务学习中，培养学生的创新意识以及独立思考的能力。

重难点

任务	重难点	重要程度
任务一	无形资产特征、分类和确认条件	★★★
任务二	初始成本的确定和会计核算	★★★★★
任务三	研究阶段和开发阶段的会计核算	★★★★★
任务四	无形资产使用寿命的确定和摊销	★★★★★
任务五	减值、出租、出售和报废的会计核算	★★★★

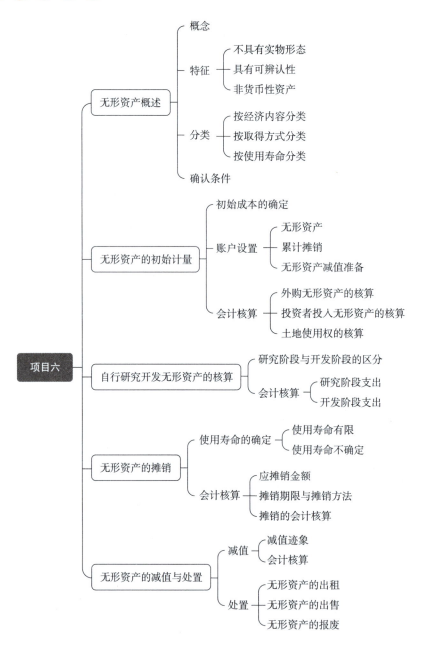

知 识 结 构 导 图

案 例 导 引

　　提到旺仔这个牌子，大家就会想起那些魔性经典广告语："再看我，再看我，我就把你喝掉！"今天就让我们一起来了解旺旺集团商标文化意识到底有多优秀！旺旺集团的前身为成立于 1962 年的宜兰食品工业股份有限公司。1983 年创立旺旺品牌，且于 20 世纪 90 年代初期即赴大陆投资设厂。经过多年的发展，旺旺的足迹已经遍布亚洲、非洲、北美洲、中南美洲、大洋洲、欧洲的 61 个国家和地区。"旺旺"系列大多数商标是由蔡合旺事业股份有限公司申请，一共申请了 1 000 多件商标。旺旺集团的注册商标申请并不是由一家公司统一申请，但是其申请的商标一件都没少，商标防御意识相当到位。全面的商标防御策略不仅塑造了旺旺集团的商标优势，防止品牌价值被破坏，还有利于旺旺集团拓展其他新领域的新市场，可谓一举多得。

【思考】

1. 何谓商标权？
2. 商标权是无形资产吗？
3. 商标权可以转让吗？

任务一 无形资产概述

任务布置

深圳市晋铭航空技术有限公司 2023 年 1 月采购一批计算机软件，这批计算机软件可以单独运行，不是构成相关硬件不可缺少的组成部分。软件采购支付费用共计 30 000 元，会计小王在做记账凭证上，犹豫不决，不知道采购的这些计算机软件该计入固定资产还是无形资产，你能帮他解答吗？

一、无形资产的概念、特征和分类

（一）无形资产的概念和特征

无形资产，是指企业拥有或者控制的没有实物形态的可辨认非货币性资产，通常包括专利权、非专利技术、商标权、著作权、特许权、土地使用权等。无形资产具有以下特征：

1. 无形资产不具有实物形态

无形资产通常表现为某种权利、某项技术或是某种获取超额利润的综合能力，不具有实物形态，如土地使用权、非专利技术等。

2. 无形资产具有可辨认性

作为无形资产核算的资产必须是能够区别于其他资产可单独辨认的，如企业持有的专利权、非专利技术、商标权、土地使用权、特许权等。满足下列条件之一的，应当认定其具有可辨认性：

（1）能够从企业中分离或者划分出来，并能单独用于出售或转让而不需要同时处置在同一获利活动中的其他资产，表明无形资产可辨认。在某些情况下，无形资产可能需要与有关的合同一起用于出售转让等，此类无形资产也视为可辨认。

（2）源自合同性权利或其他法定权利，无论这些权利是否可以从企业或其他权利和义务中转移或者分离。如一方通过与另一方签订特许权合同而获得的特许使用权、通过法律程序申请获得的商标权和专利权等。

商誉属于无形资产吗？

　　商誉通常是与企业整体价值联系在一起的，无法与企业自身相分离而存在，不具有可辨认性，不属于本项目所指无形资产。

　　对接业财税融大赛指导纲要，商誉是赛段一综合岗的重要考核对象，因为商誉也是企业最容易暴雷的科目之一，它有可能存在虚增资产，降低企业偿债能力的风险，尤其是上市公司存在对赌协议的时候，更容易有操纵利润的可能。

3. 无形资产属于非货币性资产

　　非货币性资产是指除企业持有的货币资金和将以固定或可确定的金额收取的资产以外的其他资产。无形资产在持有过程中为企业带来未来经济利益的情况不确定，不属于以固定或可确定的金额收取的资产，属于非货币性资产。

（二）无形资产的分类

1. 按经济内容分类

　　无形资产按经济内容不同，可分为专利权、非专利技术、商标权、著作权、土地使用权和特许权。

　　（1）专利权。专利权是指国家专利主管机关依法授予发明创造专利申请人对其发明创新在法定期限内所享有的专有权利，包括发明专利权、实用新型专利权和外观设计专利权。它给予持有者独家使用或控制某项发明的特殊权利。

　　专利权是允许其持有者独家使用或控制的特权，但它并不保证一定能给持有者带来经济效益，如有的专利可能会被另外更有经济价值的专利所淘汰等。因此，企业不应将其所拥有的一切专利权都予以资本化，即不是所有专利都可作为无形资产管理和核算。一般而言，只有从外单位购入的专利或者自行开发并按法律程序申请取得的专利，才能作为无形资产管理和核算。这种专利可以降低成本，或者提高产品质量，或者将其转让出去获得转让收入。

　　（2）非专利技术。非专利技术即专有技术或技术秘密、技术诀窍，是指先进的、未公开的、未申请专利和可以带来经济效益的技术及诀窍。非专利技术并不是专利法的保护对象，专有技术所有人依靠自我保密的方式来维持其独占权，可以用于转让和投资。

　　（3）商标权。商标是用来辨认特定的商品或劳务的标记。商标权是指专门在某类指定的商品或产品上使用特定的名称或图案的权利。商标权包括独占使用权和禁止权两个方面。商标经过注册登记就获得了法律上的保护。经商标局核准注册的商标为注册商标，商标注册人享有商标专用权，受法律保护；商标权的使用有效期为 10 年，期满前可继续申请延长注册期。

　　（4）著作权。著作权又称版权，是指作者对其创作的文学、科学和艺术作品依法享有的某种特殊权利。著作权包括两方面的权利，即精神权利（人身权利）和经济权利（财产权利）。前者是指作品署名，发表作品、确认作者身份、保护作品完整性、修改已经发表的作品等各项权利，包括发表权、署名权、修改权和保护作品完整权；后者是指以出版、表演、广播、展览、录制唱片、摄制影片等方式使用作品以及因授权他人使用作品而获得经济利益的权利。

（5）土地使用权。土地使用权是指国家准许某一企业或单位在一定期间内对国有土地有开发、利用、经营的权利。根据现行《中华人民共和国土地管理法》的规定，我国土地实行公有制，任何单位和个人不得侵占、买卖或者以其他形式非法转让土地。企业取得土地使用权的方式一般有行政划拨取得、外购取得、投资者投入取得等。

（6）特许权。特许权又称经营特许权、专营权，是指企业在某一地区经营或销售某种特定商品的权利，或是一家企业接受另一家企业使用其商标、商号、技术秘密等的权利。前者一般是指政府机关授权、准许企业使用或在一定地区享有经营某种业务的特权，如水、电、邮电通信等专营权、烟草专卖权等；后者是指企业间依照签订的合同，有期限或无期限使用另一家企业的某些权利，如连锁店分店使用总店的名称等。

2. 按取得方式分类

无形资产按取得方式不同，分为外购的无形资产和自行研究开发的无形资产。

外购的无形资产是指企业用货币资金或可以变现的资产从国内外科研单位及其他企业购进的无形资产以及接受投资或接受捐赠形成的无形资产。自行研究开发的无形资产是指企业利用自身人力、物力和财力自行研究开发的无形资产。

3. 按使用寿命分类

无形资产按使用寿命不同，分为使用寿命有限的无形资产和使用寿命不确定的无形资产两类。

二、无形资产的确认条件

无形资产应当在符合定义的前提下，同时满足下列两个确认条件时，才能予以确认：

（一）与该无形资产有关的经济利益很可能流入企业

作为无形资产确认的项目，必须满足其所产生的经济利益很可能流入企业这一条件。通常情况下，无形资产产生的未来经济利益可能包括在销售商品、提供劳务的收入当中，或者企业使用该项无形资产而减少或节约了成本，或者体现在获得的其他利益当中。如生产加工企业在生产工序中使用了某种知识产权，使其降低了未来生产成本。

（二）该无形资产的成本能够可靠地计量

成本能够可靠地计量是确认资产的一项基本条件，对于无形资产而言，这个条件显得更为重要。如企业内部产生的品牌、报刊名、刊头、客户名单和实质上类似项目的支出，由于不能与整个业务开发成本区分开来，成本无法可靠计量，不应确认为无形资产。

任务实施

某些无形资产的存在有赖于实物载体，如计算机软件需要存储在介质中，但这并不改变无形资产本身不具有实物形态的特性。在确定一项包含无形和有形要素的资产是属于固定资产还是属于无形资产时，需要通过判断确定，通常以哪个要素更重要作为判断的依据。如计算机控制的机械工具没有特定计算机软件就不能运行时，则说明该软件是构成相关硬件不可缺少的组成部分，该软件应作为固定资产处理；如果计算机软件不是构成相关硬件不可缺少的组成部分，则该软件应作为无形资产核算。由于任务中这批计算机软件可以单独运行，不构成相关硬件不可缺少的组成部分，因此会计小王在做账上，应把这批软件计入无形资产。

任务一　技能训练

任务二　无形资产的初始计量

任务布置

深圳市晋铭航空技术有限公司 2023 年 1 月业务如下：

（1）从技术市场购入一项专利权，购入价为 100 000 元，增值税税额为 6 000 元，注册费、律师费等费用合计 20 000 元。价款均以银行存款支付。该项专利权购入后立即投入使用。

（2）接受 H 公司以某项商标权向本企业投资，双方协商确认价值150 000 元，增值税税额为 9 000 元。该项商标权正式投入使用。

请根据以上业务内容做出相应的账务处理。

一、无形资产初始成本的确定

无形资产通常按照实际成本进行初始计量，即以取得无形资产并使之达到预定用途而发生的全部支出作为无形资产的成本。对于不同来源取得的无形资产，其成本构成不尽相同。

（一）外购无形资产的成本

外购无形资产的成本，包括购买价款、相关税费以及直接归属于使该项资产达到预定用途所发生的其他支出。

画龙点睛

直接归属于使该项资产达到预定用途所发生的其他支出包括使无形资产达到预定用途所发生的专业服务费用、测试无形资产是否能够正常发挥作用的费用等，但不包括为引入新产品进行宣传发生的广告费、管理费用及其他间接费用，也不包括在无形资产已经达到预定用途以后发生的费用。

购买无形资产的价款超过正常信用条件延期支付，实质上具有融资性质的，无形资产的成本应以购买价款的现值为基础确定。实际支付的价款与购买价款的现值之间的差额作为未确认融资费用，并应在付款期间内采用实际利率法进行摊销。其摊销金额除满足借款费用资本化条件应当计入无形资产成本外，均应当在信用期间内确认为财务费用，计入当期损益。

素养之窗

　　财务费用包括利息净支出，汇兑净损失和金融机构手续费以及筹集生产经营资金发生的其他费用等。但有些企业在实务操作中，违反财务会计制度的规定，少计财务费用，而虚增期末利润。作为财务人员，我们要时刻保持严谨的工作态度，准确记录损益。

（二）自行研究开发的无形资产的成本

自行研究开发的无形资产的成本仅包括在满足资本化条件的时点至无形资产达到预定用途前发生的支出总和。对于同一项无形资产在开发过程中达到资本化条件之前已经费用化计入当期损益的支出不再进行调整。其成本包括开发该无形资产所耗费的材料、劳务成本、注册费、在开发该项无形资产过程中使用的其他专利权和特许权的摊销，按照《企业会计准则第 17 号——借款费用》的规定可资本化的利息支出以及为使该无形资产达到预定用途前所发生的其他费用。

（三）投资者投入无形资产的成本

投资者投入无形资产的成本，应当按照投资合同或协议约定的价值确定，但合同或协议约定价值不公允的，应按无形资产的公允价值入账。

（四）接受捐赠的无形资产的成本

接受捐赠的无形资产，应分情况确认其成本：捐赠方提供有关凭据的，按凭据上标明的金额加上应支付的相关税费作为实际成本；捐赠方没有提供有关凭据的，按以下顺序确定其实际成本：

（1）同类或类似无形资产存在活跃市场的，按参照同类或类似无形资产的市场价格估计的金额加上应支付的相关税费确定。

（2）同类或类似无形资产不存在活跃市场的，按该受赠无形资产的预计未来现金流量的现值作为其实际成本。

二、账户设置

（一）"无形资产"账户

该账户属于资产类账户，用来核算企业持有的无形资产的增减变动情况。其借方登记取得无形资产的成本；贷方登记出售无形资产转出的无形资产账面余额；期末余额在借方，反映企业无形资产的成本。本账户应按无形资产项目设置明细账，进行明细核算。

（二）"累计摊销"账户

该账户属于资产类账户，同时也是"无形资产"账户的调整账户，核算企业对使用寿命有限的无形资产计提的累计摊销。其贷方登记企业计提的无形资产摊销；借方登记处置无形资产转出的累计摊销；期末余额在贷方，反映企业无形资产的累计摊销额。

（三）"无形资产减值准备"账户

该账户属于资产类账户，同时也是"无形资产"账户的调整账户，核算企业无形资产的减值准备。其贷方登记企业计提的无形资产减值金额；借方登记处置无形资产结转的减值准备；期末余额在贷方，反映企业已计提但尚未转销的无形资产减值准备金额。

三、无形资产取得的核算

（一）外购无形资产的核算

外购无形资产的成本，包括购买价款、相关税费以及直接归属于使该项资产达到预定用途所发生的其他支出。企业购买无形资产取得增值税专用发票，其增值税可以抵扣。

 小贴士

> 外购房产所支付的价款中包括土地使用权和建筑物的价值的，所支付的价款应当在建筑物与土地使用权之间按照合理的方法进行分配，其中属于土地使用权的部分，借记"无形资产"等科目，贷记"银行存款"科目。

典例研习 6-1

甲公司购入一项专利权，增值税发票上注明的价款为 50 000 元，增值税（进项税额）为 3 000 元。全部款项以银行存款支付。甲公司的账务处理如下：

借：无形资产——专利权　　　　　　　　　　　　　　　　50 000
　　应交税费——应交增值税（进项税额）　　　　　　　　3 000
　　贷：银行存款　　　　　　　　　　　　　　　　　　　　53 000

（二）投资者投入无形资产的核算

投资者投入的无形资产应当按照投资合同或协议约定的价值，借记"无形资产"科目，贷记"实收资本"或"股本"科目。投资合同或协议约定价值不公允的，应按无形资产的公允价值作为初始成本借记"无形资产"科目，按合同或协议约定价值贷记"实收资本"或"股本"科目，二者之间出现差异通过"资本公积"科目调整。

典例研习 6-2

甲公司收到丙公司以其所拥有的非专利技术投资，双方协商作价 300 000 元，用银行存款支付相关税费 18 000 元，已办妥有关手续。甲公司应做账务处理如下。

借：无形资产——非专利技术　　　　　　　　　　　　　318 000
　　贷：实收资本　　　　　　　　　　　　　　　　　　　300 000
　　　　银行存款　　　　　　　　　　　　　　　　　　　18 000

典例研习 6-3

甲公司接受 W 公司所拥有的专利权作为出资，双方协议约定的价值为 100 万元，按照市场情况估计其公允价值为 85 万元，已办妥相关手续。甲公司应做账务处理如下：

借：无形资产——专利权　　　　　　　　　　　　　　　850 000
　　资本公积　　　　　　　　　　　　　　　　　　　　150 000
　　贷：实收资本　　　　　　　　　　　　　　　　　　1 000 000

（三）土地使用权的核算

企业取得的土地使用权通常应确认为无形资产。土地使用权用于自行开发建造厂房等建筑物时，土地使用权的账面价值不与地上建筑物合并计算其成本，而仍作为无形资产核算，土地使用权和地上建筑物分别进行摊销和计提折旧。但下列情况除外：

（1）房地产开发企业取得的土地使用权用于建造对外出售的房屋建筑物，相关的土地使用权应当计入所建造的房屋建筑物的成本。

（2）企业外购的房屋建筑物，实际支付的价款中包括土地以及建筑物的价值，则应当对支付的价款按照合理的方法（如公允价值）在土地和地上建筑物之间进行分配；如果确实无法在土地和地上建筑物之间进行分配的，应当全部作为固定资产进行核算。

（3）企业改变土地使用权的用途，将其作为用于出租或资本增值目的时，应将其转为投资性房地产。

📖 典例研习 6-4

为了拓展新业务，甲公司购入一栋房产（包括占用的土地使用权），共支付 800 000 元，增值税税额 72 000 元。全部款项以银行存款支付。经相关机构评估，该建筑物与占用的土地使用权价值相对比例为 3∶2。该企业应编制的会计分录如下：

借：固定资产——建筑物　　　　　　　　　　　　　　　480 000
　　无形资产——土地使用权　　　　　　　　　　　　　320 000
　　应交税费——应交增值税（进项税额）　　　　　　　 72 000
　　贷：银行存款　　　　　　　　　　　　　　　　　　　　　872 000

任务实施

　（1）借：无形资产——专利权　　　　　　　　　　　　120 000
　　　　　应交税费——应交增值税（进项税额）　　　　　 6 000
　　　　　贷：银行存款　　　　　　　　　　　　　　　　　126 000
　（2）借：无形资产——商标权　　　　　　　　　　　　150 000
　　　　　应交税费——应交增值税（进项税额）　　　　　 9 000
　　　　　贷：实收资本　　　　　　　　　　　　　　　　　159 000

任务二　技能训练

任务三   自行研究开发无形资产的核算

❁ 任务布置

深圳市晋铭航空技术有限公司正在研究和开发一项新工艺，截至 2022 年 12 月 31 日发生的各项研究、调查、试验等费用 100 万元，经测试，该项研发活动完成了研究阶段，从 2023 年 1 月 1 日开始进入开发阶段。2023 年 1 月发生材料费 60 万元，支付研发人员工资 80 万元。2023 年 1 月末该项新工艺完成，达到了预定可使用状态。要求做出相关的会计处理。

一、研究阶段与开发阶段的区分

对于企业自行研究开发的项目，应当分研究阶段与开发阶段分别进行核算。在实际工作中，关于研究阶段与开发阶段的具体划分，企业应当根据自身实际情况以及相关信息加以判断。

（一）研究阶段

研究，是指为获取并理解新的科学或技术知识等进行的有计划的调查。研究活动的例子包括：意在获取知识而进行的活动；研究成果或其他知识的应用研究、评价和最终选择；材料、设备、产品、工序、系统或服务替代品的研究；新的或经改进的材料、设备、产品、工序、系统或服务的可能替代品的配制、设计、评价和最终选择等。

研究阶段基本上是探索性的，是为进一步开发活动进行资料及相关方面的准备，已经进行的研究活动将来是否会转入开发、开发后是否会形成无形资产等均具有较大的不确定性。在这一阶段一般不会形成阶段性成果。

（二）开发阶段

开发，是指在进行商业性生产或使用前，将研究成果或其他知识应用于某项计划或设计，以生产出新的或具有实质性改进的材料、装置、产品等。开发活动的例子包括：生产前或使用前的原型和模型的设计、建造和测试；含新技术的工具、夹具、模具和冲模的设计；不具有商业性生产经济规模的试生产设施的设计、建造和运营；新的或经改造的材料、设备、产品、工序、系统或服务所选定的替代品的设计、建造和测试等。

相对于研究阶段而言，开发阶段应当是已完成研究阶段的工作，在很大程度上具备了形成一项新产品或新技术的基本条件。

✐ 素养之窗

党的二十大报告提出加快实施创新驱动发展战略，强调以国家战略需求为导向，积聚力量进行原创性引领性科技攻关，坚决打赢关键核心技术攻坚战。加快实施一批具有战略性全局性前瞻性的国家重大科技项目，增强自主创新能力。研制和开发新技术，改进新产品，促进国家经济的发展。

📖 知识链接

自行研发无形资产符合资本化条件

二、内部研究开发费用的会计处理

（一）研究阶段支出

因研究阶段具有探索性和研究成果的不确定性，因此研究阶段支出，发生时费用化，计入当期损益，应借记"研发支出——费用化支出"账户，贷记"原材料""银行存款""应付职工薪酬"等账户。期末将"研发支出——费用化支出"的金额转入"管理费用"账户。

（二）开发阶段支出

企业自行开发无形资产发生的研发支出，不满足资本化条件的，借记"研发支出——费用化支出"科目，满足资本化条件的，借记"研发支出——资本化支出"科目，贷记"原材料""银行存款""应付职工薪酬"等科目。研究开发项目达到预定用途形成无形资产的，应按"研发支出——资本化支出"科目的余额，借记"无形资产"科目，贷记"研发支出——资本化支出"科目。期末，应将不符合资本化条件的研发支出转入当期管理费用，借记"管理费用"科目，贷记"研发支出——费用化支出"科目；将符合资本化条件但尚未完成的开发费用继续保留在"研发支出"科目中，待开发项目达到预定用途形成无形资产时，再将其转入无形资产。

✒ 小贴士

无法区分研究阶段和开发阶段的支出，应当在发生时费用化，计入当期损益（管理费用）。

📖 典例研习 6-5

2023 年 4 月 1 日，甲公司开始研发某项新兴技术。2023 年 4 月 30 日，该项新型技术研发成功并已经达到预定用途，研发过程中所发生的直接相关支出的情况如下：

（1）2023 年第一季度发生材料费用 150 000 元，人工费用 80 000 元，计提专用设备折旧 20 000 元，以银行存款支付其他费用 250 000 元，总计 500 000 元，其中，符合资本化条件的支出为 280 000 元。

（2）2023 年 4 月发生材料费用 200 000 元，以银行存款支付其他费用 240 000 元，总计 440 000 元。

甲企业根据有关原始凭证，做相关账务处理如下：

（1）2023 年第一季度发生的研发支出。

借：研发支出——费用化支出　　　　　　　　　　　　　　　220 000
　　　　　　——资本化支出　　　　　　　　　　　　　　　280 000
　　贷：原材料　　　　　　　　　　　　　　　　　　　　　　　　150 000
　　　　应付职工薪酬　　　　　　　　　　　　　　　　　　　　　 80 000
　　　　累计折旧　　　　　　　　　　　　　　　　　　　　　　　 20 000
　　　　银行存款　　　　　　　　　　　　　　　　　　　　　　　250 000

（2）2023年3月31日，将不符合资本化条件的研发支出转入当期损益。

借：管理费用——研究费用　　　　　　　　　　　　　　　　220 000
　　贷：研发支出——费用化支出　　　　　　　　　　　　　　　　220 000

（3）2023年4月发生研发支出时。

借：研发支出——资本化支出　　　　　　　　　　　　　　　440 000
　　贷：原材料　　　　　　　　　　　　　　　　　　　　　　　　200 000
　　　　银行存款　　　　　　　　　　　　　　　　　　　　　　　240 000

（4）2023年4月30日，该项新型技术研发成功并已经达到预定用途。

借：无形资产　　　　　　　　　　　　　　　　　　　　　　720 000
　　贷：研发支出——资本化支出　　　　　　　　　　　　　　　　720 000

任务实施

任务三　技能训练

任务四　无形资产的摊销

❀ 任务布置

2023年1月20日，深圳市晋铭航空技术有限公司购入某项专利权的成本为608 000元，估计使用寿命为5年，该项专利用于产品的生产。假定该项无形资产的净残值为8 000元，购买价款以银行存款支付。请根据发生业务做出相应的账务处理。

无形资产属于企业的非流动资产，其成本应在预计有效使用寿命内合理摊销，计入各期损益。无形资产摊销的关键是合理估计其使用寿命。只有使用寿命有限的无形资产才需要采用合理方法摊销，对于使用寿命不确定的无形资产则不摊销。

一、无形资产使用寿命的确定

（1）源自合同性权利和其他法定权利取得的无形资产，其使用寿命不应超过合同性权利和其他法定权利的期限。如果合同或法律明确规定无形资产使用期限的，其使用寿命不应超过合同性权利或其他法定权利规定的期限。

（2）没有明确的合同或法律规定无形资产的使用寿命的，企业应当综合各方面因素判断，如聘请相关专家进行论证、与同行业的情况进行比较以及参考企业的历史经验等，来确定无形资产为企业带来未来经济利益的期限。

（3）企业经过上述努力确实无法合理确定无形资产为企业带来经济利益的期限的，才能将其作为使用寿命不确定的无形资产。

二、使用寿命有限的无形资产摊销

（一）应摊销金额

无形资产的应摊销金额，是指其成本扣除预计残值后的金额。已计提减值准备的无形资产，还应扣除已计提的无形资产减值准备累计金额。无形资产的残值一般为零，但下列情况除外：

（1）有第三方承诺在无形资产使用寿命结束时购买该无形资产；

（2）可以根据活跃市场得到预计残值信息，并且该市场在无形资产使用寿命结束时很可能存在。

（二）摊销期限和摊销方法

无形资产的摊销期自其可供使用（即其达到预定用途）时起至终止确认时止。企业选择的无形资产摊销方法，应根据与无形资产有关的经济利益的预期消耗方式做出决定，并一致地运用于不同会计期间。具体摊销方法包括直线法、生产总量法等。受技术陈旧因素影响较大的专利权和专有技术等无形资产，可采用类似固定资产加速折旧的方法进行摊销；有特定产量限制的特许经营权或专利权，应采用产量法进行摊销。无法可靠确定其预期消耗方式的，应当采用直线法进行摊销。

—— 小贴士

> 企业至少应当于每年年度终了，对使用寿命有限的无形资产的使用寿命及摊销方法进行复核，如果有证据表明无形资产的使用寿命及摊销方法与以前估计不同的，应当改变其摊销期限和摊销方法，并按照会计估计变更进行会计处理。

（三）使用寿命有限的无形资产摊销的会计处理

无形资产的摊销一般应当计入当期损益，但如果某项无形资产是专门用于生产某种产品的，其所包含的经济利益是通过转入到所生产的产品中体现的，无形资产的摊销费用应构成产品成本的一部分。

　　企业自用的无形资产，其摊销金额计入管理费用，借记"管理费用"科目，贷记"累计摊销"科目；出租的无形资产，其摊销金额计入其他业务成本，借记"其他业务成本"科目，贷记"累计摊销"科目。某项无形资产包括的经济利益通过所生产的产品或其他资产实现的，其摊销金额应当计入相关资产成本，借记"制造费用"等科目，贷记"累计摊销"科目。

📖 典例研习6-6

　　甲公司购买了一项特许权，成本为96 000元，合同规定受益年限为8年。甲公司应做账务处理如下：

　　每月应摊销金额 = 96 000 ÷ 8 ÷ 12 = 1 000（元）

　　　借：管理费用　　　　　　　　　　　　　　　　　　　　　　　　1 000
　　　　　贷：累计摊销　　　　　　　　　　　　　　　　　　　　　　　　　1 000

📖 典例研习6-7

　　2023年5月1日，甲公司将其自行开发完成的非专利技术出租给丙公司，该项非专利技术成本为720 000元，双方约定的租赁期限为10年。

　　甲公司应做账务处理如下：

　　每月应摊销额 = 720 000 ÷ 10 ÷ 12 = 6 000（元）

　　　借：其他业务成本　　　　　　　　　　　　　　　　　　　　　　6 000
　　　　　贷：累计摊销　　　　　　　　　　　　　　　　　　　　　　　　　6 000

三、使用寿命不确定的无形资产

　　根据可获得的相关信息判断，有确凿证据表明无法合理估计其使用寿命的无形资产，才能作为使用寿命不确定的无形资产。对于使用寿命不确定的无形资产，在持有期间内不需要进行摊销，但应当在每个会计期间进行减值测试。如经减值测试表明已发生减值，则需要计提相应的减值准备，具体账务处理为：借记"资产减值损失"科目，贷记"无形资产减值准备"科目。

✏️ 任务实施

　　（1）取得无形资产时。

　　　借：无形资产——专利权　　　　　　　　　　　　　　　　　　608 000
　　　　　贷：银行存款　　　　　　　　　　　　　　　　　　　　　　　608 000

　　（2）2023年1月摊销金额 = （608 000 - 8 000）÷ 5 ÷ 12 = 10 000（元）。

　　　借：制造费用——专利权摊销　　　　　　　　　　　　　　　　10 000
　　　　　贷：累计摊销　　　　　　　　　　　　　　　　　　　　　　　10 000

任务四　技能训练

任务五　无形资产的减值与处置

❀ 任务布置

深圳市晋铭航空技术有限公司外购的一项专利权专门用于该企业产品的生产，2023年1月1日，深圳市晋铭航空技术有限公司对外购专利权的账面价值进行了检查，发现市场上存在对晋铭航空技术有限公司产品的销售产生重大不利影响的因素。该专利权的入账时原值为900万元，已累计摊销300万元（包括2022年摊销额），该无形资产按直线法进行摊销，剩余摊销年限为8年。按2023年1月初该项专利权市场的行情，如果此时晋铭航空技术有限公司将该专利权予以出售，则在扣除发生的律师费和其他相关税费后，可以获得480万元。但是，如果晋铭航空技术有限公司继续利用该专利权进行产品生产，则在未来8年内预计可获得的未来现金流量的现值为450万元（假定使用年限结束时处置收益为零）。2023年2月1日深圳市晋铭航空技术有限公司将该专利权出售，价款600万元已收存银行，增值税税率为6%，要求计算2023年计提无形资产减值准备和出售专利权的会计分录。（答案以万元为单位）

一、无形资产的减值

企业应当在资产负债表日判断无形资产是否存在可能发生减值的迹象。有确凿证据表明无形资产存在减值迹象的，应当进行减值测试，估计无形资产的可收回金额。无形资产的可收回金额应当根据无形资产的公允价值减去处置费用后的净额与无形资产预计未来现金流量的现值二者之间较高者确定。

在上述减值测试后，无形资产在资产负债表日其可收回金额低于账面价值的，应当将该无形资产的账面价值减记至可收回金额，减记的金额确认为减值损失。其账务处理为：按应减记的金额，借记"资产减值损失——计提的无形资产减值准备"科目，贷记"无形资产减值准备"科目。无形资产减值损失一经确认，在以后会计期间不得转回。

二、无形资产的处置

无形资产的处置包括无形资产的出租、出售以及报废。

（一）无形资产的出租

无形资产出租是指企业让渡无形资产使用权，但保留无形资产所有权，并收取租金的行为。在满足收入确认条件的情况下，应确认相关的收入和成本。

出租无形资产取得租金收入时，借记"银行存款"等科目，贷记"其他业务收入"等科目。确认出租无形资产的摊销成本和相关税费时，借记"其他业务成本""税金及附加"等科目，贷记"累计摊销""应交税费"等科目。

📖 典例研习 6-8

甲企业 2023 年 3 月 1 日将其商标权出租给乙公司使用，租期为 3 年，每月收取租金 8 000 元，租金收入适用的增值税税率为 6%，甲公司在出租期间内不再使用该商标权。该商标权系甲公司 2023 年 1 月 1 日购入的，初始入账价值为 240 000 元，预计使用年限为 10 年，采用直线法摊销。假定不考虑增值税以外的其他税费，甲企业相关的账务处理如下：

按月摊销并计算应交的增值税时：

每月摊销金额 = 240 000 ÷ 10 ÷ 12 = 2 000（元）

应交增值税 = 8 000 × 6% = 480（元）

（1）每月收取租金时。

借：银行存款　　　　　　　　　　　　　　　　　　　　　　　　　8 480
　　贷：其他业务收入　　　　　　　　　　　　　　　　　　　　　　8 000
　　　　应交税费——应交增值税（销项税额）　　　　　　　　　　　　480

（2）2023 年 3 月对无形资产进行摊销。

借：其他业务成本　　　　　　　　　　　　　　　　　　　　　　　2 000
　　贷：累计摊销　　　　　　　　　　　　　　　　　　　　　　　　2 000

（二）无形资产的出售

出售无形资产时，应按实际收到的金额等，借记"银行存款"等科目；按已计提的累计摊销额，借记"累计摊销"科目；原已计提减值准备的，借记"无形资产减值准备"科目；按应支付的相关税费及其他费用，贷记"应交税费""银行存款"等科目；按其账面余额，贷记"无形资产"科目；按其差额，贷记或借记"资产处置损益"科目。

知识点拨

转让无形资产增值税税率是多少？

无形资产的增值税税率：转让无形资产的，如果无形资产是专利技术或非专利技术的，免征增值税；如果无形资产是土地使用权的，按 9% 的税率计缴增值税；其他无形资产处置均按 6% 的税率计缴增值税。如果该企业为小规模纳税人，应按照简易计税方法确定增值税，征收率为 3%。

📖 典例研习 6-9

2023 年 6 月 1 日，甲公司将公司某特许权以 110 000 元价格（不含税）出售给乙公司，价款已收存银行，该特许权的成本为 130 000 元，已摊销 60 000 元，已计提减值准备 20 000 元，增值税税率 6%。甲公司应编制的会计分录如下：

借：银行存款　　　　　　　　　　　　　　　　　　　　　　　　116 600
　　累计摊销　　　　　　　　　　　　　　　　　　　　　　　　　60 000

	无形资产减值准备	20 000
	贷：无形资产——特许权	130 000
	应交税费——应交增值税（销项税额）	6 600
	资产处置损益	60 000

（三）无形资产的报废

《企业会计准则》规定，当无形资产预期不能为企业带来经济利益时，例如该无形资产已被其他新技术所替代或超过法律保护期，则不再符合无形资产的定义，企业应将其报废并予以转销。无形资产报废转销时，应按已计提的累计摊销，借记"累计摊销"科目；按其账面余额，贷记"无形资产"科目；按其差额，借记"营业外支出"科目。已计提减值准备的，还应同时结转减值准备。

素养之窗

> 无形资产预期不能为企业带来经济利益时，要及时报废。作为一名财务工作者，应该具备扎实的专业知识和职业判断能力，秉持诚实守信的原则，不能虚报资产和收入。

📖 **典例研习 6-10**

甲企业原拥有一项非专利技术，采用直线法进行摊销，预计使用期限为 10 年。现该项非专利技术已被内部研发成功的新技术所替代，并且根据市场调查，用该非专利技术生产的产品已没有市场，预期不能再为企业带来任何经济利益，故应当予以转销。转销时，该项非专利技术的成本为 900 000 元，已摊销 7 年，累计计提减值准备为 120 000 元，该项专利技术的残值为零。假定不考虑其他相关因素，甲企业的账务处理为：

借：累计摊销	630 000
无形资产减值准备——非专利技术	120 000
营业外支出——处置非流动资产损失	150 000
贷：无形资产——非专利技术	900 000

任务实施

任务五 技能训练

案例导引解析

商标权属于无形资产。商标权是指专门在某类指定的商品或产品上使用特定的名称或图案的权利。商标注册人对其注册商标享有独占使用权。在有效期限之内，商标专用权受法律保护，超过有效期限不进行续展手续，就不再受到法律的保护。对侵犯注册商标专用权的行为，工商行政管理部门有权依法查处；涉嫌犯罪的，应当及时移送司法机关依法处理。

商标权可以转让，但是要依照法律规定才有效。

项目六　综合训练

项目七　投资性房地产的核算

学习目标

知识目标
1. 了解投资性房地产的概念和特征；
2. 熟悉投资性房地产的内容范围和会计科目设置；
3. 熟悉投资性房地产的确认条件和计量方法。

能力目标
1. 掌握投资性房地产的特征和范围；
2. 了解投资性房地产的计量模式和转换模式；
3. 掌握投资性房地产的账务处理。

素养目标
1. 满足学生的求知欲与好奇心，培养学生学习的热情和兴趣；
2. 培养认真负责的工作态度；
3. 规范学生的会计思维模式，帮助学生树立正确的责任意识；
4. 培养学生在处理实务方面的全局观念。

重难点

任务	重难点	重要程度
任务一	投资性房地产的概念及范围	★★★
任务二	投资性房地产的确认条件和确认时点的判断，不同计量模式的会计处理	★★★★
任务三	不同模式下投资性房地产资本化后续支出和费用化后续支出的相关会计处理	★★★★
任务四	不同计量模式下投资性房地产的减值与处置的会计处理	★★★★

知识结构导图

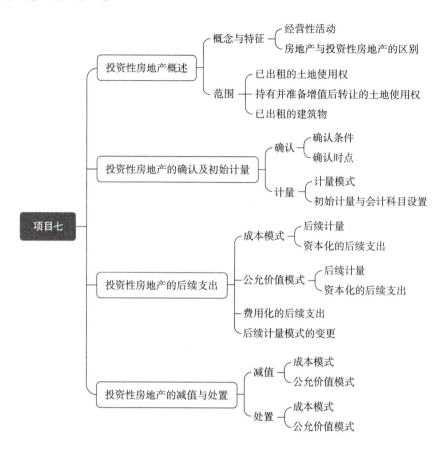

案例导引

某有限公司 4 月 5 日新购入一栋写字楼，打算将一楼用于对外出租，其余楼层作为本企业的办公场所。写字楼一层每平方米购买成本为 3.6 万元，共计 2 600 平方米；其余楼层每平方米购买成本为 1.8 万元，共计 32 000 平方米；购买成本总计 66 960 万元。写字楼的预计使用年限为 30 年，预计净残值为零（采用平均年限法计提折旧），即日付清全部款项。4 月 28 日，与另一家公司签订了经营租赁合同，将写字楼的一层出租给该公司使用，租赁期为 3 年，年租金为 360 万元（假定每年的 12 月 31 日确定租金收入），租赁期开始日为 7 月 1 日。

【思考】

1. 写字楼一楼是否可以单独确认为投资性房地产？为什么？

2. 若可以确认为投资性房地产，应该于何时确认？

3. 何时开始计提折旧？

任务一　投资性房地产概述

❀ 任务布置

　　新会计准则颁布以前，公司在会计业务上没有单独划分为投资性房地产。而新会计准则对出租性房地产进行了统一规范，将对外出租的房产、对外出租的土地使用权以及持有并准备增值后转让的土地使用权，统一划分为投资性房地产，在"投资性房地产"科目进行核算。从而将投资性房地产与企业自用的厂房、办公楼等固定资产以及房地产开发企业作为存货而准备对外出售的房地产区分开来。那么，同学们知道什么是投资性房地产吗？

一、投资性房地产的概念和特征

　　投资性房地产，是指为赚取租金或资本增值，或者两者兼有而持有的房地产。投资性房地产应当能够单独计量和出售。

　　投资性房地产具有以下特征：

（一）投资性房地产是一种经营性活动

　　投资性房地产的主要形式是出租建筑物、出租土地使用权，这实质上属于一种让渡资产使用权行为。投资性房地产的另一种形式是持有并准备增值后转让的土地使用权，目的是为了增值后转让以赚取增值收益，也是企业为完成其经营目标所从事的经营性活动以及与之相关的其他活动形成的经济利益总流入。

（二）房地产与投资性房地产的区别

　　投资性房地产在用途、状态、目的等方面区别于作为生产经营场所的房地产和用于销售的房地产。企业持有的房地产除了用作自身管理、生产经营活动场所和对外销售之外，还出现了将房地产用于赚取租金或增值收益的活动，甚至成为个别企业的主营业务。这就需要将投资性房地产单独作为一项资产核算和反映，与自用的厂房、办公楼等房地产和作为存货（已建完工商品房）的房地产加以区别，更加清晰地反映企业所持有房地产的构成情况和盈利能力。

二、投资性房地产的范围

（一）已出租的土地使用权

　　已出租的土地使用权，是指企业通过出让或转让方式取得的、以经营租赁方式出租的土地使用权。

（二）持有并准备增值后转让的土地使用权

　　持有并准备增值后转让的土地使用权，是指企业取得的、准备增值后转让的土地使用权。按照国家有关规定认定的闲置土地，不属于持有并准备增值后转让的土地使用权，即不属于投资性房地产。

（三）已出租的建筑物

　　已出租的建筑物，是指企业拥有产权的、以经营租赁方式出租的建筑物，主要包括自行建造或开发活动完成后用于出租的建筑物以及正在建造或开发过程中将来用于出租的建筑物。企业以经营租赁方式租入再转租的建筑物不属于投资性房地产。

（1）对企业持有以备经营出租的空置建筑物或在建建筑物，如董事会或类似机构做出书面决议，明确表明将其用于经营出租且持有意图短期内不再发生变化的，即使尚未签订租赁协议，也应视为投资性房地产。

（2）企业将建筑物出租，按租赁协议向承租人提供的相关辅助服务在整个协议中不重大的，应当将该建筑物确认为投资性房地产。例如，企业将其办公楼出租，同时向承租人提供维护、保安等日常辅助服务，企业应当将其确认为投资性房地产。

 小贴士

> 以下情况不属于投资性房地产：
> （1）以租赁方式租入土地使用权再转租给其他单位的；
> （2）按照国家有关规定认定的闲置土地；
> （3）企业以经营租赁方式租入建筑物再转租的建筑物；
> （4）某项房地产部分用于赚取租金或资本增值，部分用于生产商品、提供劳务或经营管理，不能够单独计量和出售的、用于赚取租金或资本增值的部分，不确认为投资性房地产；
> （5）企业自用房地产和作为存货的房地产。
> 特别注意：企业将建筑物出租，协议中向承租人提供的相关辅助服务在整个协议中不重大的，应当将该建筑物确认为投资性房地产。如附带的保安、维修等辅助服务。

典例研习 7-1

2023年5月31日，深圳市晋铭航空技术有限公司（以下简称"晋铭航空"）与乙公司签订了一项租赁合同，约定自2023年6月1日起，晋铭航空以年租金5 000 000元租赁使用乙公司拥有的一块200 000平方米的场地，租赁期为10年。2023年7月1日，晋铭航空又将这块场地转给丙公司，以赚取租金差价，租赁期为5年。假设在不违反国家有关规定的基础上，对于晋铭航空，该项土地使用权能否确认为投资性房地产？对于乙公司，这项土地使用权是否属于投资性房地产？

解析：对于晋铭航空而言，不能确定为投资性房地产。因为晋铭航空以租赁方式租入土地使用权再转租给丙公司，不能确认为投资性房地产。对于乙公司而言，自租赁期开始日2023年6月1日起，这项土地使用权属于投资性房地产。

素养之窗

> 党的二十大报告中，在"增进民生福祉，提高人民生活品质"的大框架下阐述了房地产发展方向，具体提出：坚持房子是用来住的、不是用来炒的定位，加快建立多主体供给、多渠道保障、租购并举的住房制度。随着我国经济迅速增长，房地产不再只满足于开发建设或居民住房的需求，投资性房地产逐渐在我国上市公司中广泛运用。投资性

房地产项目在持有期间，历史成本模式不能反映预期资产的增值，无法准确计量持有房产的真实价值。《企业会计准则第 3 号——投资性房地产》的实施，对投资性房地产的确认、转换、处置等方面进行了详细的规范，但仍然对公允价值模式的相关运用限制了诸多条件。《企业会计准则第 39 号——公允价值计量》颁布后，企业信息披露的透明性得到提升，增强了公允价值的实务可操作性，但是由于公允价值模式的计量还存在缺陷，公允价值仍然缺乏标准且统一的获取途径。

 任务实施

投资性房地产的确认方法如表 7-1 所示。

表 7-1　投资性房地产的确认方法

用途	会计上如何确认
自用	固定资产/无形资产
作为存货出售	存货
赚取租金/资本增值	投资性房地产

任务一　技能训练

任务二　投资性房地产的确认及初始计量

❀ **任务布置**

同学们，你们已经理解投资性房地产的定义，那么这些土地使用权、建筑物要满足哪些条件才能被确认为投资性房地产呢？同时，土地使用权、建筑物在什么时间点上会被归为投资性房地产？又有哪些计量模式呢？

一、投资性房地产的确认

（一）确认条件

投资性房地产在符合其定义的前提下，同时满足下列条件的予以确认：

（1）与该投资性房地产有关的经济利益很可能流入企业，即有证据表明企业能够获取租金或资本增值，或两者兼而有之。

（2）该投资性房地产的成本能够可靠地计量。

（二）确认时点

（1）对已出租的土地使用权、已出租的建筑物，其作为投资性房地产的确认时点一般为租赁期开始日，即土地使用权、建筑物进入出租状态、开始赚取租金的日期。

（2）企业持有以备经营出租的空置建筑物，确认的时点为董事会或类似机构做出书面决议的日期，明确表明将其用于经营出租且持有意图短期内不再发生变化，即使尚未签订租赁协议，也应视为投资性房地产。

（3）对持有并准备增值后转让的土地使用权，其作为投资性房地产的确认时点为企业将自用土地使用权停止自用、准备增值后转让的日期。

特别提示

（1）外购投资性房地产的确认条件：只有在购入的同时开始对外出租或用于资本增值，才能作为投资性房地产加以确认。企业购入房地产，自用一段时间之后再改为出租或用于资本增值的，应当先将外购的房地产确认为固定资产或无形资产。

（2）自行建造投资性房地产的确认条件：企业自行建造的房地产，只有在自行建造活动完成（即达到预定可使用状态）的同时开始对外出租或用于资本增值，才能将自行建造的房地产确认为投资性房地产。

二、投资性房地产的计量

（一）计量模式

投资性房地产的计量分为成本模式和公允价值模式两种。

1. 成本模式

投资性房地产的初始计量和后续计量均采用实际成本进行核算，外购、自行建造等按照初始购置或自行建造的实际成本计量，后续发生符合资本化条件的支出计入账面成本，后续计量按照固定资产或无形资产的相关规定按期计提折旧或摊销，资产负债表日发生减值的计提减值准备。

2. 公允价值模式

投资性房地产初始计量采用实际成本核算，后续计量按照投资性房地产的公允价值进行计量。按准则规定，只有存在确凿证据表明投资性房地产的公允价值能够持续可靠取得的情况下，企业才可以采用公允价值模式进行后续计量。企业一旦选择采用公允价值模式，就应当对其所有投资性房地产均采用公允价值模式进行后续计量。

特别提示

（1）不得对一部分投资性房地产采用成本模式计算，一部分投资性房地产采用公允价值模式计量。

（2）企业对选择公允价值的计量模式做出了限制条件。只有存在确凿证据表明投资性房地产的公允价值能够持续可靠取得的情况下，企业才可以采用公允价值模式进行后续计量。

（3）企业可以从成本模式变更为公允价值模式，但已采用公允价值模式的企业不可以转成成本模式。

（二）投资性房地产的初始计量与会计科目设置

1. 外购的投资性房地产

外购的土地使用权和建筑物，按照取得时的实际成本进行初始计量。取得时的实际成本包括购买价款、相关税费和可直接归属于该资产的其他支出。

企业购入的房地产，部分用于出租（或资本增值）、部分自用，用于出租（或资本增值）的部分应当予以单独确认的，应按照不同部分的公允价值占公允价值总额的比例将成本在不同部分之间进行分配。

外购的投资性房地产，采用成本模式进行后续计量的，企业应当在购入投资性房地产时，借记"投资性房地产"科目，贷记"银行存款"等科目。外购的投资性房地产，采用公允价值模式进行后续计量的，企业应当在购入投资性房地产时，借记"投资性房地产——成本"科目，贷记"银行存款"等科目。

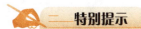

特别提示

在采用公允价值模式计量下，企业应当在"投资性房地产"科目下设置"成本"和"公允价值变动"两个明细科目，按照外购的土地使用权和建筑物发生的实际成本，计入"投资性房地产——成本"科目。

2. 自行建造投资性房地产

自行建造投资性房地产的成本，由建造该项房地产达到预定可使用状态前发生的必要支出构成，包括土地开发费、建筑成本、安装成本、应予以资本化的借款费用、支付的其他费用和分摊的间接费用等。建造过程中发生的非正常性损失，直接计入当期损益，不计入建造成本。

自行建造投资性房地产，采用成本模式进行后续计量的，应按照确定的自行建造投资性房地产成本，借记"投资性房地产"科目，贷记"在建工程"或"开发产品"科目。采用公允价值模式进行后续计量的，应按照确定的自行建造的投资性房地产成本，借记"投资性房地产——成本"科目，贷记"在建工程"或"开发产品"科目。

典例研习 7-2

2023 年 3 月，深圳市晋铭航空技术有限公司（以下简称"晋铭航空"）从其他单位购入一块使用期限为 50 年的土地，并在这块土地上开始自行建造两栋厂房。2023 年 10 月，晋铭航空预计厂房即将完工，与乙公司签订了经营租赁合同，将其中的一栋厂房租给乙公司使用。租赁合同约定，该厂房于完工时开始起租。2023 年 12 月 3 日，两栋厂房同时完工。该块土地使用权的成本为 6 000 000 元，至 2023 年 12 月 3 日，土地使用权已摊销 125 000

元；两栋厂房的实际造价均为 10 000 000 元，能够单独出售。假设两栋厂房分别占用这块土地的一半面积，为简化处理，以占用的土地面积作为土地使用权的划分依据。

假设晋铭航空采用成本模式进行后续计量，应该于何时确认投资性房地产？如何进行相关账务处理？

由于晋铭航空在购入的土地上建造的两栋厂房中的一栋厂房用于出租，因此应当将土地使用权中的对应部分同时转换为投资性房地产。2023 年 12 月 3 日，厂房完工并达到预定可使用状态且开始对外出租，确认为投资性房地产。

投资性房地产占用的土地使用权的价值：6 000 000 × 1/2 = 3 000 000（元）。

晋铭航空的账务处理如下：

借：固定资产——厂房　　　　　　　　　　　　　　　　　　10 000 000

　　投资性房地产——厂房　　　　　　　　　　　　　　　　10 000 000

　　贷：在建工程——厂房　　　　　　　　　　　　　　　　　　20 000 000

借：投资性房地产——已出租土地使用权　　　　　　　　　　3 000 000

　　累计摊销　　　　　　　　　　　　　　　　　　　　　　62 500

　　贷：无形资产——土地使用权　　　　　　　　　　　　　　3 000 000

　　　　投资性房地产累计摊销　　　　　　　　　　　　　　　　62 500

素养之窗

　　根据兰州理工大学研究人员针对"投资性房地产计量模式变更的财务绩效影响"发表的论文研究结果，投资性房地产计量模式的变更，最终会对企业造成影响。投资性房地产的计量模式变更为公允价值，能够增强企业会计信息的决策有用性，但是企业的利润波动较大，并且会进一步加大企业的财务风险。

任务实施

　　1. 投资性房地产要同时满足两个条件才能予以确认：

　　（1）与该投资性房地产有关的经济利益很可能流入企业。

　　（2）该投资性房地产的成本能够可靠地计量。

　　2. 确认时点：

　　（1）对已出租的土地使用权、已出租的建筑物：一般为租赁期开始日。

　　（2）企业持有以备经营出租的空置建筑物：董事会或类似机构做出书面决议的日期。

　　（3）对持有并准备增值后转让的土地使用权：企业将自用土地使用权停止自用、准备增值后转让的日期。

　　3. 投资性房地产的计量分为成本模式和公允价值模式两种。

任务二　技能训练

任务三　投资性房地产的后续支出

✿ 任务布置

假设公司有一栋建筑物确认为投资性房地产，如果公司采用成本模式计量，未来对这栋建筑物将发生一些支出，那么对于公司而言，如何区分资本化支出和费用化支出？又该如何处理这些后续支出？

一、采用成本模式计量的投资性房地产

（一）采用成本模式的投资性房地产后续计量

1. 按照固定资产或无形资产的有关规定，按期（月）计提折旧或摊销

借：其他业务成本等
　　贷：投资性房地产累计折旧/投资性房地产累计摊销

2. 取得的租金收入

借：银行存款/其他应收款
　　贷：其他业务收入等

📖 典例研习 7-3

晋铭航空将一栋写字楼出租给乙公司使用，确认为投资性房地产，采用成本模式进行后续计量。假设这栋办公楼的成本为 84 000 000 元，按照直线法计提折旧，使用寿命为 20 年，预计净残值为零。经营租赁合同约定，乙公司每月等额支付晋铭航空租金 600 000 元。不考虑相关税费，如何对该业务进行后续计量？

（1）每月计提折旧 =（84 000 000 ÷ 20）÷ 12 = 350 000（元）。

借：其他业务成本——出租写字楼折旧　　　　　　　　　　　350 000
　　贷：投资性房地产累计折旧　　　　　　　　　　　　　　　　350 000

（2）每月确认租金收入。

借：银行存款（其他应收款）　　　　　　　　　　　　　　　600 000
　　贷：其他业务收入——出租写字楼租金收入　　　　　　　　　600 000

（二）资本化的后续支出

与投资性房地产有关的后续支出，满足投资性房地产确认条件的，应当计入投资性房地产成本。企业对某项投资性房地产进行改扩建等再开发且将来仍作为投资性房地产的，在再

开发期间应继续将其作为投资性房地产，再开发期间不计提折旧或摊销。

1. 进入改扩建或装修阶段后，应当将其账面价值转入改扩建工程

借：投资性房地产——在建

投资性房地产累计折旧等

　　贷：投资性房地产

2. 发生资本化的改良或装修支出，通过"投资性房地产——在建"科目归集

借：投资性房地产——在建

　　贷：银行存款

　　　　应付职工薪酬等

3. 改扩建或装修完成后

借：投资性房地产

　　贷：投资性房地产——在建

📖 典例研习 7 – 4

2023 年 4 月，晋铭航空与乙公司的一项厂房经营租赁合同即将到期。该厂房原价为 60 000 000 元，已计提折旧 12 000 000 元。租赁期满后晋铭航空决定对该厂房进行改扩建，并与丙公司签订了经营租赁合同，约定自改扩建完工时将该厂房出租给丙公司。2023 年 4 月 30 日，与乙公司的租赁合同到期，该厂房随即进行改扩建工程。2023 年 12 月 31 日，该厂房改扩建工程完工，共发生支出 6 000 000 元，均已用银行存款支付，即日按照租赁合同出租给丙公司。假定晋铭公司采用成本计量模式。如何对该业务后续支出进行计量？

改扩建支出属于后续支出，在符合投资性房地产确认条件的假设下，应当计入投资性房地产的成本。

（1）2023 年 4 月 30 日，投资性房地产转入改扩建工程。

借：投资性房地产——厂房——在建 48 000 000

投资性房地产累计折旧 12 000 000

　　贷：投资性房地产——厂房 60 000 000

（2）2023 年 4 月 30 日至 2023 年 12 月 31 日，发生改扩建支出。

借：投资性房地产——厂房——在建 6 000 000

　　贷：银行存款 6 000 000

（3）2023 年 12 月 31 日，该厂房改扩建工程完工。

借：投资性房地产——厂房 54 000 000

　　贷：投资性房地产——厂房——在建 54 000 000

二、采用公允价值模式计量的投资性房地产

（一）采用公允价值模式计量的投资性房地产后续计量

1. 不对投资性房地产计提折旧或摊销，企业应当以资产负债表日投资性房地产的公允价值为基础调整其账面价值，公允价值与原账面价值之间的差额计入当期损益

（1）资产负债表日，投资性房地产的公允价值高于原账面价值的差额。

借：投资性房地产——公允价值变动

　　贷：公允价值变动损益

（2）公允价值低于原账面价值的差额，做相反的账务处理。

借：公允价值变动损益

　　贷：投资性房地产——公允价值变动

2. 取得的租金收入

借：银行存款等

　　贷：其他业务收入等

（二）资本化的后续支出

1. 进入改扩建或装修阶段后，应当将其账面价值转入改扩建工程

借：投资性房地产——在建

　　贷：投资性房地产——成本

　　　　投资性房地产——公允价值变动（借或贷）

2. 发生资本化的改良或装修支出

借：投资性房地产——在建

　　贷：银行存款

　　　　应付职工薪酬等

3. 在改扩建或装修完成后

借：投资性房地产——成本

　　贷：投资性房地产——在建

特别提示

投资性房地产资本化后续支出的会计处理，应通过"投资性房地产——在建"科目核算，而不通过"在建工程"科目核算。

采用公允价值模式进行后续计量的投资性房地产，要同时满足两个条件：

（1）投资性房地产所在地有活跃的房地产交易市场；

（2）企业能够从活跃的房地产交易市场上取得同类或类似房地产的市场价格及其他相关信息，从而对投资性房地产的公允价值做出合理的估计。

📖 典例研习 7-5

2023 年 4 月 30 日，晋铭航空与乙公司的租赁合同到期，租赁期满后晋铭航空决定对该厂房进行改扩建，并与丙公司签订了经营租赁合同，约定自改扩建完工时将该厂房出租给丙公司。2023 年 4 月 30 日，该厂房账面余额为 30 000 000 元，其中成本 18 000 000 元，累计公允价值变动 12 000 000 元。2023 年 12 月 31 日该厂房改扩建工程完工，共发生支出 6 000 000 元，均已完成支付，即日按照租赁合同出租给丙公司。假定晋铭航空采用公允价值计量模式。如何对该业务后续支出进行计量？

（1）2023 年 4 月 30 日，投资性房地产转入改扩建工程。

借：投资性房地产——厂房——在建　　　　　　　　　　　30 000 000

　　贷：投资性房地产——厂房——成本　　　　　　　　　　18 000 000

　　　　　　　　　　——公允价值变动　　　　　　　　　12 000 000

（2）2023 年 4 月 30 日至 2023 年 12 月 31 日，发生改建支出。

借：投资性房地产——厂房——在建   6 000 000

  贷：银行存款   6 000 000

（3）2023 年 12 月 31 日该厂房改扩建工程完工。

借：投资性房地产——厂房——成本   36 000 000

  贷：投资性房地产——厂房——在建   36 000 000

三、费用化的后续支出

与投资性房地产有关的后续支出，不满足投资性房地产确认条件的，如企业对投资性房地产进行日常维护所发生的支出，应当在发生时计入当期损益。

借：其他业务成本等

  贷：银行存款等

四、投资性房地产后续计量模式的变更

为保证会计信息的可比性，企业对投资性房地产的计量模式一经确定，不得随意变更。一般满足条件的情况下能将成本模式变更为公允价值模式，但一般不能从公允价值模式变为成本模式。

从成本模式计量变更为公允价值模式计量的条件，只有在房地产市场比较成熟、能够满足采用公允价值模式条件的情况下，才允许企业对投资性房地产从成本模式计量变更为公允价值模式计量。成本模式转为公允价值模式的，应当作为会计政策变更处理。

> ✍ **任务实施**

>   对于任务布置提到的问题，首先，要理解什么是资本性支出和费用化支出；其次，要对成本模式和公允价值模式的计量方法比较熟悉，针对视为投资性房地产的建筑物的后续计量，假设采用成本模式，针对发生的资本化支出，计入"投资性房地产——在建"科目，不满足确认条件的，例如进行日常维护所发生的支出，应当在发生时计入当期损益。

任务三 技能训练

任务四　投资性房地产的减值与处置

❀ 任务布置

投资性房地产，顾名思义是用来投资的，从一开始就是不打算长期持有的房地产。请同学们思考：假设该公司之前的投资性房地产租赁期届满后收回，转手再卖出去，账务该如何处理呢？

一、投资性房地产的减值

（一）采用成本模式计量的投资性房地产

投资性房地产存在减值迹象的，适用资产减值的有关规定。经减值测试后确定发生减值的，应当计提减值准备。已经计提减值准备的投资性房地产，其减值损失在以后的会计期间不得转回。

借：资产减值损失

　　贷：投资性房地产减值准备

（二）采用公允价值模式计量的投资性房地产

按照现行会计准则来讲，以公允价值计量的投资性房地产是不需要计提折旧和摊销的，也不需要计提减值准备。在资产负债表日投资性房地产应当以公允价值计量，公允价值与原账面价值之间的差额计入当期损益（公允价值变动损益）。投资性房地产取得的租金收入，确认为其他业务收入。

二、投资性房地产的处置

当投资性房地产被处置或者永久退出使用且预计不能从其处置中取得经济利益时，应当终止确认该项投资性房地产。企业出售、转让、报废、非货币性资产交换投资性房地产或者发生投资性房地产毁损，应当将处置收入扣除其账面价值和相关税费后的金额计入当期损益。

（一）成本模式计量的投资性房地产的处置

处置采用成本模式计量的投资性房地产时：

（1）收到处置的款项。

借：银行存款等（实际收到的金额）

　　贷：其他业务收入

　　　　应交税费——应交增值税（销项税额）

（2）对投资性房地产按账面价值处置。

借：其他业务成本（该项投资性房地产的账面价值）

　　投资性房地产累计折旧/投资性房地产累计摊销

　　投资性房地产减值准备（已计提减值准备）

　　贷：投资性房地产（账面余额）

📖 典例研习 7 –6

晋铭航空将其出租的一栋写字楼确认为投资性房地产。租赁期届满后，公司将该栋写字楼出售给乙公司，合同价款为 500 000 000 元，乙公司已用银行存款付清。假设这栋写字楼原采用成本模式计量。出售时，该栋写字楼的成本为 475 000 000 元，已计提折旧 25 000 000 元，不考虑相关税费。如何进行相关账务处理？

借：银行存款	500 000 000
贷：其他业务收入	500 000 000
借：其他业务成本	450 000 000
投资性房地产累计折旧	25 000 000
贷：投资性房地产——写字楼	475 000 000

（二）公允价值模式计量的投资性房地产的处置

处置采用公允价值模式计量的投资性房地产时：

（1）实际收到的金额。

借：银行存款等（实际收到的金额）
    贷：其他业务收入
        应交税费——应交增值税（销项税额）

（2）对投资性房地产账面余额的处置。

借：其他业务成本（投资性房地产的账面余额）
    贷：投资性房地产——成本（投资性房地产的成本）
            ——公允价值变动（借或贷）

（3）结转该项投资性房地产的累计公允价值变动。

借：公允价值变动损益
    贷：其他业务成本（或相反分录）

（4）若存在原转换日计入其他综合收益的金额，也一并结转。

借：其他综合收益
    贷：其他业务成本

📖 典例研习 7 –7

晋铭航空 2020 年 1 月 1 日外购一栋建筑物，入账价值为 1 000 万元，自购入当日起以经营租赁方式对外出租，年租金为 40 万元，每年年初收取。晋铭航空采用公允价值模式对投资性房地产进行后续计量。2021 年 12 月 31 日，该建筑物的公允价值为 1 040 万元；2022 年 12 月 31 日，该建筑物的公允价值为 1 020 万元；2023 年 1 月 1 日，晋铭航空出售该建筑物，售价为 1 050 万元。不考虑所得税等其他因素，请写出晋铭航空处置该建筑物时相关的账务处理。

借：银行存款	10 500 000
贷：其他业务收入	10 500 000
借：其他业务成本	10 200 000
贷：投资性房地产——成本	10 000 000
——公允价值变动	200 000

借：公允价值变动损益　　　　　　　　　　　　　　　　200 000
　　贷：其他业务成本　　　　　　　　　　　　　　　　　　200 000

 素养之窗

采用公允价值模式进行后续计量所引发的思考——＊ST 雪发

　　2022 年 4 月 29 日，雪松发展股份有限公司（以下简称：＊ST 雪发）的 2021 年年报才终于面世，业绩表现令人不忍直视。年报显示，2021 年度企业实现的营业收入为 20.16 亿元，归属于上市公司股东的净利润为 −4.43 亿元。2021 年度财报显示，营业收入和净利润的同比增长率分别为 32.15% 和 −2 124.83%，如此巨额差异的主要原因即是"采用公允价值模式进行后续计量的投资性房地产公允价值变动产生的损益"−4.14 亿元。由于我国证券法规定上市公司连续三年亏损便要退市，假如财务负责人预计第三年盈利可能性较小，那么就可能会在第二年将可以计提的资产减值损失全部计提，又在第三年转回借此实现盈利，就此摆脱被退市的可能。ST 雪发目前已经被实施退市风险警示。

 任务实施

　　本任务的任务布置主要针对投资性房地产的处置这个知识点。公司对于出售已到租赁期收回的投资性房地产，首先要明确使用的是成本模式还是公允价值模式，两种方式的账务处理中，成本模式需要考虑投资性房地产的累计折旧、摊销和减值，并且是对投资性房地产的账面价值的处置；而公允价值模式不计提折旧、摊销，不计提减值准备，考虑的是对投资性房地产账面余额的处置。

任务四　技能训练

 案例导引解析

　　对于案例导引中提到的思考题，此处做出解答：

　　1. 由于该写字楼不同用途的部分能够单独计量和出售，所以写字楼除一楼以外的部分可以确认为固定资产，一楼可以将其划分为投资性房地产。固定资产部分的成本为 57 600 万元（32 000×1.8），投资性房地产部分的成本为 9 360 万元（2 600×3.6）。

2. 外购的房地产只有在购入的同时开始对外出租，才能确认为投资性房地产。该写字楼虽然购入的时间为 4 月 5 日，但购入的时候未对外出租，应该先确认为固定资产，直到租赁期开始日 7 月 1 日，才能确认为投资性房地产。

3. 当月增加的固定资产当月不计提折旧，从下月起计提折旧。该写字楼应该从 5 月 1 日起计提折旧。

项目七　综合训练

项目八 长期股权投资的核算

学习目标

知识目标
1. 理解长期股权投资的范围；
2. 熟悉长期股权投资的初始计量；
3. 熟悉长期股权投资后续计量的成本法和权益法核算。

能力目标
1. 能够正确区分同一控制下和非同一控制下的长期股权投资；
2. 能够正确运用成本法与权益法对长期股权投资进行后续计量。

素养目标
1. 长期股权投资涉及复杂的法律法规，通过本项目，培养学生的法律意识和法律习惯，提升学生运用法律解决实际问题的能力；
2. 长期股权投资学习任务重、内容抽象，通过本项目，培养学生努力探索、求真务实的职业精神。

重难点

任务	重难点	重要程度
任务一	长期股权投资的范围	★★★
任务二	长期股权投资初始计量的核算	★★★★
任务三	成本法与权益法	★★★★
任务四	长期股权投资的出售	★★

知识结构导图

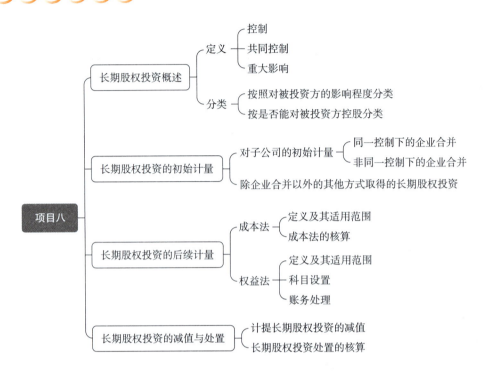

案例导引

疫情之后，中国投资市场出现了"反弹"式增长。在经济复苏预期推动下，2021年上半年股权投资市场明显回暖。募资方面，2021年上半年中国股权投资市场募资总金额达4 547.74亿元，同比上升6.9%；新募集基金数达到1 941支，同比上升58.2%。投资方面，投资案例数和总投资金额分别达到4 230和4 700亿元，同比增长26.0%和50.3%，其中消费类投资回暖加速，新能源自动驾驶投资升温明显。在这样的经济形势下，除股票、债券等传统投资品以外，股权投资开始在资产配置中占据不可或缺的位置。

（数据来源《2021—2026年中国股权投资行业市场前瞻与未来投资战略分析报告》）

【思考】

1. 什么是长期股权投资？
2. 企业持有的长期股权投资在后续计量中有哪些方法？

任务一　长期股权投资概述

❀ 任务布置

通过前面的学习，我们了解到深圳市晋铭航空技术有限公司如果有闲置资金可以进行短期的股票投资，根据合同现金流量特征，可把该股票投资确定为交易性金融资产，今天我们学的是长期股权投资，那么交易性金融资产与长期股权投资有什么区别呢？

一、长期股权投资的定义

对外投资包括股权投资和其他投资。其中，股权投资包括长期股权投资和《企业会计准则第 22 号——金融工具确认和计量》准则规范的股权投资。长期股权投资，是指投资方对被投资单位实施控制（又称控股合并形成的长期股权投资，即对子公司投资）、重大影响的权益性投资，以及对其合营企业的权益性投资。具体如表 8 – 1 所示。

表 8 – 1　长期股权投资的定义

项目			适用准则
对外投资	股权投资	控制、共同控制和重大影响	长期股权投资（特定情况下执行金融工具确认与计量）
		不具有控制、共同控制和重大影响	金融工具确认与计量
	其他投资	债权投资	金融工具确认与计量

二、长期股权投资的分类

（一）按照对被投资方的影响程度分类

1. 投资方能够对被投资单位实施控制的权益性投资，即对子公司投资

控制，是指投资方拥有对被投资方的权力，通过参与被投资方的相关活动而享有可变回报，并且有能力运用对被投资方的权力影响其回报金额。

2. 投资方对被投资单位具有重大影响的权益性投资，即对联营企业投资

联营企业投资，是指投资方能够对被投资单位施加重大影响的股权投资。重大影响是指投资方对被投资单位的财务和生产经营决策有参与决策的权力，但并不能控制或与其他方一起共同控制企业政策的制定。投资方通常可以通过以下一种或几种情形来判断是否对被投资单位具有重大影响：

（1）在被投资单位的董事会或类似权力机构中派有代表。

（2）参与被投资单位财务和经营政策制定过程。

（3）与被投资单位之间发生重要交易。

（4）向被投资单位派出管理人员。

（5）向被投资单位提供关键技术资料。

实务中，较为常见的重大影响体现为在被投资单位的董事会或类似权力机构中派有代表，通过在被投资单位财务和经营决策制定过程中的发言权实施重大影响。投资方直接或通过子公司间接持有被投资单位 20% 以上但低于 50% 的表决权时，一般认为对被投资单位具有重大影响，除非有明确的证据表明该种情况下不能参与被投资单位的生产经营决策，不形成重大影响。

3. 投资方与其他合营方一同对被投资单位实施共同控制且对被投资单位净资产享有权利的权益性投资，即对合营企业投资

共同控制，是指按照相关约定对某项安排所共有的控制，并且该安排的相关活动必须经过分享控制权的参与方一致同意后才能决策。

一般情况下，投资企业对被投资单位影响程度与股权比例有一定的关系。具体如表 8 - 2 所示。

表 8 - 2　股权投资比例对被投资单位的影响

投资类别	影响程度	股权比例（一般情况）
对子公司投资	控制	50% 以上
对合营企业投资	共同控制	20% ~ 50%
对联营企业投资	重大影响	20% 以下

（二）按是否能对被投资方控股分类

根据投资方对被投资方是否达到控股可以分为两类：形成控股合并的长期股权投资和不形成控股合并的长期股权投资。企业合并可以分为三种类型：

1. 控股合并

控股合并主要是指参与合并的企业通过转让非现金资产、支付现金、承担债务、发行权益性证券等交易或事项，取得对其他参与企业的控制权。合并前后，母公司与子公司是存续的法人，不会注销。

2. 吸收合并

吸收合并是指两个以上企业合并为一个企业。并购后，并购企业通过支付现金、发行股票或其他成本取得其他一家或多家企业的资产和负债，继续保持其法人地位，而其他一家或多家企业在并购后丧失独立法人地位。

3. 新设合并

新设合并是指两个以上的公司合并后，形成新的公司，参与合并的原公司归属于消灭的公司。

对于控股合并、吸收合并、新设合并画个表（见表 8 - 3）就一目了然了。

表 8 - 3　企业合并类型

合并类型	合并前后企业的存续状态	说明
控股合并	A + B = A + B	A、B、C 代表不同的企业
吸收合并	A + B = A 或 B	
新设合并	A + B = C	

可见，只有控股合并才能形成投资企业的长期股权投资。

思考：为什么吸收合并和新设合并不会形成投资企业的长期股权投资呢？

下面我们把企业类型与长期股权投资的类型结合起来进一步分析，具体如表 8 - 4 所示。

表8-4　企业合并类型与股权投资分类

企业类型	投资类别	长期股权投资的类型
子公司	对子公司的投资	形成控股合并的长期股权投资
合营企业	对合营企业的投资	不形成控股合并的长期股权投资
联营企业	对联营企业的投资	

即只有对子公司的投资才能形成控股合并的长期股权投资，而对合营企业和对联营企业的投资不形成控股合并的长期股权投资，这个结论非常重要，关系到后面的学习思路。

 任务实施

交易性金融资产，是指企业为了一年内出售而持有的债券投资、股票投资和基金投资。交易性金融资产属于流动资产，持有目的是赚取差价；而长期股权投资则属于非流动资产，持有时间1年以上，持有目的是控制、共同控制或重大影响对方。我们可以从以下三个角度进行区分：

（1）持有的期限不同。长期股权投资是为了长期持有；交易性金融资产是为了短期获利。

（2）目的不同。长期股权投资是为了控制、共同控制或施加重大影响；交易性金融资产是为了出售获利。

（3）长期股权投资除存在活跃市场价格外，还包括没有活跃市场价格的权益投资，交易性金融资产均为存在活跃市场价格或相对固定报价。

任务一　技能训练

任务二　长期股权投资的初始计量

❀ **任务布置**

深圳市晋铭航空技术有限公司的会计人员通过前面知识的学习，对长期股权投资有了初步的认识，但对同一控制下的企业合并的长期股权投资还存有诸多问题：投资方拿什么去投资？投资后如何对长期股权投资进行初始计量？

长期股权投资的初始计量包括对子公司的初始计量，以及对联营企业、合营企业投资初始计量两部分内容。其中对子公司的初始计量又可分为同一控制下的企业合并和非同一控制下的企业合并。具体如图 8−1 所示。

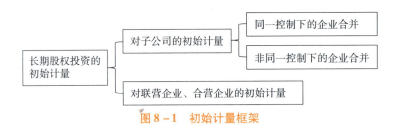

图 8−1 初始计量框架

下面我们将按上图逻辑顺序展开学习。

一、对子公司的初始计量

长期股权投资初始取得分为企业合并方式形成的长期股权投资和非企业合并方式形成的长期股权投资。企业合并，是指将两个或者两个以上单独的企业（主体）合并形成一个报告主体的交易或事项。从方式上又可以分为同一控制下的企业合并和非同一控制下的企业合并两种情形。

（一）同一控制下的企业合并

同一控制下的企业合并，是指参与合并的企业在合并前后均受同一方或相同的多方最终控制且该控制并非暂时性的合并交易。同一控制下的企业合并前后对比如图 8−2 所示。

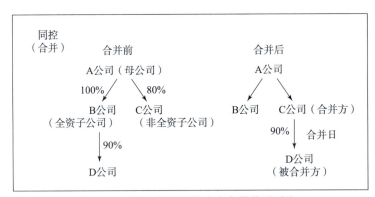

图 8−2 同一控制下的企业合并前后对比

上图显示的是：A 公司有两个子公司即 B 公司和 C 公司，B 公司有子公司 D 公司，通过股权转让，C 公司取得了 D 公司 90% 的股权。在合并前后 D 公司均受同一方 A 公司所控制，这样合并就形成了同一控制下的企业合并。

形成同一控制下控股合并的长期股权投资，其实就是去投资购买集团内其他企业的股权，然后形成控股合并。对同一控制下的企业合并的长期股权投资面临几个问题：

问题 1：C 公司拿什么去投资？

回答：C 公司可以用银行存款、存货、固定资产、投资性房地产、金融资产、其他公司的长期股权投资，发行权益性证券、债务性证券等去投资。

问题 2：C 公司怎么确定付出对价的成本？

回答：同一集团内是关联企业，本来就是一家人，买卖交易一般都不是按照市场价值（公允价值），而是低于市场价值，不属于正常的市场销售。相当于从左边腰包到右边腰包，都在自家人手里，没有真正卖出去，所以如果按照付出对价的公允价值作为买进长期股权的成本肯定不合理，既然是一家人，最好就是继续按照以前的价值计量，以前的账面价值是多少就多少，即投资方按照付出对价的账面价值为计量基础。

同一控制下企业合并形成长期股权投资采用权益结合法的原则处理。权益结合法亦称股权结合法。即视企业合并为参与合并的双方通过股权的交换形成的所有者权益的联合，而非资产的交易。所以，同一控制下的企业合并本质是集团内部资源的重新整合，支付的对价按照账面价值口径计量。

1. 合并方以支付现金、转让非现金资产或承担债务方式作为合并对价

（1）取得股权投资时。

借：长期股权投资（取得被合并方在最终控制方合并财务报表中的净资产账面价值份额＋最终控制方收购被合并方形成的商誉）

　　贷：负债（承担债务账面价值）

　　　　资产（付出资产的账面价值）

借差冲减顺序：①资本公积——资本溢价或股本溢价

　　　　　　　②盈余公积

　　　　　　　③利润分配——未分配利润

　　　　　　　应交税费——应交增值税（销项税额）

贷差　　　　贷：资本公积——资本溢价或股本溢价

（2）发生中介费用时。

借：管理费用（审计、法律服务等相关费用）

　　贷：银行存款

📖 **典例研习 8-1**

甲公司与乙公司为同属某集团股份有限公司控制的两家子公司，且均为增值税一般纳税人。2023 年 1 月 1 日，甲公司以银行存款 4 000 万元为对价，自其集团公司处取得对乙公司60% 的控股权，能够对乙公司实施控制，合并当日，乙公司所有者权益在其最终控制方合并报表中的账面价值为 6 000 万元。甲公司在合并日"资本公积——股本溢价"科目的贷方余额为 250 万元，盈余公积贷方余额 200 万元。

借：长期股权投资　　　　　　　　　　　　　　　　　　36 000 000

　　资本公积——股本溢价　　　　　　　　　　　　　　 2 500 000

　　盈余公积　　　　　　　　　　　　　　　　　　　　 1 500 000

　　贷：银行存款　　　　　　　　　　　　　　　　　　　　　40 000 000

📖 典例研习 8-2

甲公司与乙公司为同属某集团股份有限公司控制的两家子公司，且均为增值税一般纳税人，销售商品适用的增值税税率均为 13%。2023 年 1 月 1 日甲公司以账面价值为 4 000 万元、公允价值为 5 000 万元的库存商品为对价，自其集团公司处取得对乙公司 80% 的控股权，相关手续已于当日办理完成，取得 80% 的股权后能够对乙公司实施控制，合并当日，乙公司所有者权益在其最终控制方合并报表中的账面价值为 7 000 万元。

借：长期股权投资   56 000 000
  贷：库存商品   40 000 000
    应交税费——应交增值税（销项税额） 6 500 000
    资本公积——股本溢价   9 500 000

📖 典例研习 8-3

甲公司与乙公司为同属某集团股份有限公司控制的两家子公司，且均为增值税一般纳税人，适用的增值税税率均为 13%。2023 年 1 月 1 日，甲公司以固定资产一台设备为对价，自其集团公司处取得对乙公司 80% 的控股权，固定资产 4 000 万元、累计折旧 500 万元，公允价值为 5 000 万元，相关手续已于当日办理完成，取得 80% 的股权后能够对乙公司实施控制，合并当日，乙公司所有者权益在其最终控制方合并报表中的账面价值为 8 000 万元。不考虑增值税等相关因素的影响。

（1）结转固定资产。

借：固定资产清理   35 000 000
  累计折旧   5 000 000
  贷：固定资产   40 000 000

（2）取得股权投资时。

借：长期股权投资   64 000 000
  贷：固定资产清理   35 000 000
    资本公积——股本溢价   29 000 000

2. 合并方以发行权益性证券作为合并对价

合并方以发行权益性证券作为合并对价的，应按发行股份的面值总额作为股本，长期股权投资的初始成本与所发行股份面值总额之间的差额，应当依次调整资本公积（股本溢价）、依次冲减盈余公积和未分配利润。

发行权益性证券作为合并对价的，与所发行权益性证券相关的佣金手续费等（支付给券商），即与发行权益性证券相关的费用，不管其是否与企业合并直接相关，在权益性工具发行有溢价的情况下，均应从所发行权益性证券的发行收入中扣减，在权益性证券发行无溢价或溢价金额不足以扣减的情况下，应当冲减盈余公积和未分配利润。

（1）取得股权投资时。

借：长期股权投资（被合并方所有者权益在最终控制方合并财务报表中的账面价值的份额 + 包括最终控制方收购被合并方而形成的商誉）
  贷：股本（发行股票的数量 × 每股面值）
    资本公积——股本溢价（差额）

（2）支付发行权益性证券相关的费用。

借：资本公积——股本溢价①
　　盈余公积②
　　利润分配——未分配利润③
　　贷：银行存款

📖 **典例研习 8 - 4**

甲公司和乙公司同为 B 股份有限公司的子公司。2023 年 4 月 3 日，甲公司发行 8 000 万股普通股（每股面值 1 元）作为对价，自 B 股份公司处取得了乙公司 70% 的控股权，甲公司购买乙公司股权时，乙公司所有者权益在其最终控制方合并财务报表中的账面价值为 10 000 万元，甲公司在合并日"资本公积——股本溢价"科目的贷方余额为 2 200 万元。

借：长期股权投资　　　　　　　　　　　　　　　　70 000 000
　　资本公积——股本溢价　　　　　　　　　　　　10 000 000
　　贷：股本　　　　　　　　　　　　　　　　　　　　80 000 000

（二）非同一控制下的企业合并

非同一控制下的企业合并是指参与合并各方在合并前后不受同一方或相同的多方最终控制的合并交易，即同一控制下企业合并以外的其他企业合并。以甲、乙公司为例，非同一控制下的企业合并前后对比如图 8 - 3 所示。

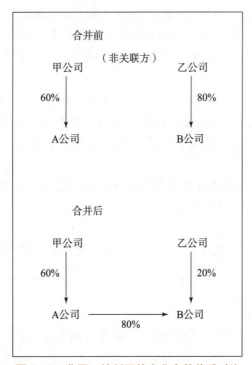

图 8 - 3　非同一控制下的企业合并前后对比

如上图所示：合并前 A 公司是甲公司的子公司，B 公司是乙公司的子公司。A 公司从乙公司收购了 B 合并后的股权，此时，合并前 B 公司受乙公司控制，合并后 B 公司受甲公司控制，即 B 公司在合并前后不受同一方或多方的控制。

小贴士

　　形成非同一控制下控股合并的长期股权投资，其实就是去投资购买其他企业的股权，然后形成控股合并。这里涉及两个问题：

　　问题1：拿什么去投资？

　　回答：用钱去投资肯定是没问题的，也可以用存货、固定资产、投资性房地产、金融资产和其他公司的长期股权投资等资产去投资，还可以发行权益性证券和债务性证券，比如投资方以发行股份为代价来交换被投资方的股权（其实就是交叉持股）。

　　问题2：怎么确定投资时付出对价？

　　回答：就是投资方为了获得长期股权付出的代价，因为非同一控制的控股合并在交易发生以前不是一家人，那你去买别人的东西，肯定以你付出代价的市场价值（公允价值）作为对价，不可能用低于市场价值的价格去和陌生人进行交换。此时，付出的对价就体现为公允价值。

　　非同一控制下企业合并处理的基本原则是购买法。购买方应当按照确定的企业合并成本作为长期股权投资的初始投资成本。

　　企业合并成本包括购买方为进行企业合并支付的现金或非现金资产、发行或承担的债务、发行的权益性证券等在购买日的公允价值。购买方在购买日对作为企业合并对价付出的资产，发生或承担的负债公允价值与账面价值的差额计入当期损益（或留存收益）。

　　形成非同一控制下的控股合并，作为对价投出的资产为非货币性资产时，投出资产公允价值与其账面价值的差额应区分不同资产进行会计处理（与出售资产影响损益的会计处理相同）。

　　（1）投出资产为固定资产或无形资产，其差额计入资产处置损益；

　　（2）投出资产为存货，按其公允价值确认主营业务收入或其他业务收入，按其账面价值结转主营业务成本或其他业务成本，若存货计提跌价准备的，应将存货跌价准备一并结转；

　　（3）投出资产为以公允价值计量且其变动计入其他综合收益的债权性金融资产，其公允价值与账面价值的差额计入投资收益，原持有期间以公允价值变动形成的"其他综合收益"应一并转入投资收益。

　　非同一控制下企业合并中发生的与企业合并相关的费用与同一控制下企业合并中发生的相关费用的会计处理相同。

📖 典例研习 8-5

　　甲公司和乙公司均为增值税一般纳税人，在合并前不存在任何关联方关系。2023年1月1日，甲公司以银行存款4 000万元为对价，取得对乙公司60%的控股权，取得60%的股权后能够对乙公司实施控制，甲公司在合并日"资本公积——股本溢价"科目的贷方余额为300万元，盈余公积贷方余额为150万元。

　　借：长期股权投资　　　　　　　　　　　　　　　　　　　　40 000 000
　　　　贷：银行存款　　　　　　　　　　　　　　　　　　　　　　40 000 000

典例研习 8-6

甲公司和乙公司均为增值税一般纳税人，在合并前不存在任何关联方关系，销售商品适用的增值税税率均为13%。2023年1月1日，甲公司以账面价值为4 000万元、公允价值为5 000万元的库存商品为对价，取得对乙公司80%的控股权，相关手续已于当日办理完成，取得80%的股权后能够对乙公司实施控制。

借：长期股权投资　　　　　　　　　　　　　　　　　56 500 000
　　贷：主营业务收入　　　　　　　　　　　　　　　　　50 000 000
　　　　应交税费——应交增值税（销项税额）　　　　　　6 500 000
借：主营业务成本　　　　　　　　　　　　　　　　　40 000 000
　　贷：库存商品　　　　　　　　　　　　　　　　　　40 000 000

典例研习 8-7

甲公司与乙公司均为增值税一般纳税人，在合并前不存在任何关联方关系。适用的增值税税率均为13%。2023年4月1日，甲公司以固定资产一台设备为对价取得对乙公司80%的控股权，固定资产4 000万元、累计折旧500万元，公允价值为5 000万元，相关手续已于当日办理完成，取得80%的股权后能够对乙公司实施控制，不考虑增值税等相关因素的影响。

借：固定资产清理　　　　　　　　　　　　　　　　　35 000 000
　　累计折旧　　　　　　　　　　　　　　　　　　　5 000 000
　　贷：固定资产　　　　　　　　　　　　　　　　　　40 000 000
借：长期股权投资　　　　　　　　　　　　　　　　　50 000 000
　　贷：固定资产清理　　　　　　　　　　　　　　　　35 000 000
　　　　资产处置损益　　　　　　　　　　　　　　　　15 000 000

二、除企业合并以外的其他方式取得的长期股权股资

除企业合并以外的其他方式取得的长期股权股资主要指的是对联营企业、合营企业的投资。对联营企业、合营企业投资的初始计量方法如表8-5所示。

表8-5　除企业合并以外的其他方式取得的长期股权股资

取得方式	初始投资成本确认
以支付现金取得	实际支付的购买价款（包括与取得长期股权投资直接相关的费用、税金及其他必要支出）
以发行权益性证券取得	权益性证券的公允价值＋直接相关费用（审计、评估咨询费等）

特别说明：企业在支付对价取得长期股权投资时，对于实际支付的价款中包含的对方已经宣告但尚未发放的现金股利或利润，应作为应收股利处理。

典例研习 8-8

甲公司于2023年1月10日自公开市场中买入乙公司40%的股份，在合并前不存在任何

关联方关系，实际支付价款7 000万元。在购买过程中支付手续费等相关费用100万元。该股份取得后能够对乙公司施加重大影响。假定甲公司取得该项投资时，乙公司已宣告但尚未发放现金股利，甲公司按其持股比例计算确定可分得40万元。本例中，甲公司应当按照实际支付的购买价款扣减应收未收的现金股利后的余额作为取得长期股权投资的成本，其账务处理为：

借：长期股权投资——投资成本　　　　　　　　　　　　　　　70 600 000
　　应收股利　　　　　　　　　　　　　　　　　　　　　　　　400 000
　　贷：银行存款　　　　　　　　　　　　　　　　　　　　　71 000 000

 **典例研习8-9**

2023年1月，甲公司通过增发4 000万股（每股面值1元）本企业普通股为对价，从非关联方处取得对乙公司30%的股权，所增发股份的公允价值为5 800万元。为增发该部分普通股，甲公司支付了150万元的佣金和手续费。取得乙公司股权后，甲公司能够对乙公司施加重大影响。不考虑相关税费等其他因素影响。本例中，甲公司应当以所发行股份的公允价值作为取得长期股权投资的成本。

（1）取得股权时。

借：长期股权投资——投资成本　　　　　　　　　　　　　　　58 000 000
　　贷：股本　　　　　　　　　　　　　　　　　　　　　　　40 000 000
　　　　资本公积——股本溢价　　　　　　　　　　　　　　　18 000 000

（2）支付佣金与手续费。

借：资本公积——股本溢价　　　　　　　　　　　　　　　　　1 500 000
　　贷：银行存款　　　　　　　　　　　　　　　　　　　　　1 500 000

到这里，长期股权投资的初始计量已经学完，长期股权投资初始计量复杂、投资相关的费用容易出错，下面我们一起来厘清思路。

知识点拨

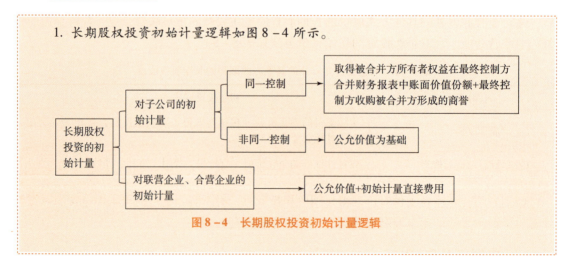

图8-4　长期股权投资初始计量逻辑

2. 投资相关费用对比总结如表 8-6 所示。

表 8-6 投资相关费用对比总结

项目		发生的直接相关的费用、税金等	发行权益性证券支付的手续费、佣金等
长期股权投资	同一控制	计入管理费用	应自权益性证券的溢价发行收入中扣除，溢价收入不足冲减的，应依次冲减盈余公积和未分配利润
	非同一控制	计入管理费用	
	联营、合营企业投资	计入投资成本	

任务实施

　　投资方可以用银行存款、存货、固定资产、投资性房地产、金融资产、其他公司的长期股权投资，发行权益性证券、债务性证券等去投资购买。同一控制下的长期股权投资的初始计量是按取得被合并方所有者权益在最终控制方合并财务报表中账面价值份额＋最终控制方收购被合并方形成的商誉作为入账价值。

任务二 技能训练

任务三 长期股权投资的后续计量

任务布置

　　小王和小李是深圳市晋铭航空技术有限公司的会计，他们在学习长期股权投资时，对长期股权投资的后续计量产生争议。小王说："对长期股权投资的后续计量有成本法与权益法，这两种方法企业可随意选择，但确定后，不得随意变更。"而小李说："小王只说对了一半，长期股权投资的后续计量的确有成本法与权益法两种方法，但企业不能随意选择其方法，要根据准则规定来确定企业适用的方法。"同学们，你们认为小王和小李谁的说法正确呢？

一、长期股权投资的成本法

（一）成本法的定义及其适用范围

成本法，是指投资按成本计价的方法。

适用范围：投资方能够对被投资单位实施控制的长期股权投资应当采用成本法核算。控制，是指投资方拥有对被投资方的权力，通过参与被投资方的相关活动而享有可变回报，并且有能力运用对被投资方的权力影响其回报金额。

（二）成本法的核算

（1）"长期股权投资"科目反映取得时的成本。

（2）被投资单位宣告发放现金股利时。

借：应收股利
　　贷：投资收益

（3）长期股权投资的处置。

处置长期股权投资，应将长期股权投资账面价值与实际取得价款的差额，计入当期损益（投资收益）。

借：银行存款
　　长期股权投资减值准备
　　贷：长期股权投资
　　　　投资收益（或借方）

📖 典例研习 8 - 10

甲公司于 2023 年 1 月 10 日自非关联方取得乙公司 70％股权，成本为 1 500 万元，相关手续于当日完成，并能够对乙公司实施控制。2023 年 2 月 6 日，乙公司宣告分派现金股利，甲公司按照持股比例可取得 20 万元。乙公司于 2023 年 2 月 16 日实际分派现金股利。2023 年 8 月 6 日甲公司转让乙公司 70％股权并取得价款 1 800 万元，不考虑相关税费等其他因素的影响。

（1）2023 年 1 月 10 日。

借：长期股权投资——乙公司　　　　　　　　　　　15 000 000
　　贷：银行存款　　　　　　　　　　　　　　　　　　　15 000 000

（2）2023 年 2 月 6 日。

借：应收股利　　　　　　　　　　　　　　　　　　　200 000
　　贷：投资收益　　　　　　　　　　　　　　　　　　　　200 000

（3）2023 年 2 月 16 日。

借：银行存款　　　　　　　　　　　　　　　　　　　200 000
　　贷：应收股利　　　　　　　　　　　　　　　　　　　　200 000

（4）2023 年 8 月 6 日。

借：银行存款　　　　　　　　　　　　　　　　　　18 000 000
　　贷：长期股权投资——乙公司　　　　　　　　　　　　15 000 000
　　　　投资收益　　　　　　　　　　　　　　　　　　　3 000 000

二、长期股权投资的权益法

（一）权益法的定义及其适用范围

权益法，是指投资以初始投资成本计量后，在投资持有期间根据投资企业享有被投资单位所有者权益份额的变动对投资的账面价值进行调整的方法。

适用范围：共同控制的合营企业、重大影响的联营企业。

（二）权益法下的科目设置

权益法下的科目设置如表8-7所示。

表8-7　权益法下的科目设置

科目名称	核算内容
长期股权投资——投资成本	（1）取得投资时的初始成本 （2）初始投资成本小于投资时应享有被投资单位可辨认净资产公允价值份额，对初始成本的调整 （3）处置时结转的成本
长期股权投资——损益调整	（1）被投资单位实现净利润或发生净亏损 （2）被投资单位宣告发放现金股利或利润
长期股权投资——其他综合收益	被投资单位各交易事项引起的其他综合收益变动
长期股权投资——其他权益变动	被投资单位除净损益、其他综合收益以及利润分配外所有者权益的其他变动

思考：权益法和成本法下的长期股权投资在账户设置方面有什么区别？

（三）权益法下的账务处理

1. 初始投资成本的调整

（1）长期股权投资的初始投资成本大于投资时应享有被投资单位可辨认净资产公允价值份额，不调整长期股权投资的初始投资成本。

（2）长期股权投资的初始投资成本小于投资时应享有被投资单位可辨认净资产公允价值份额，应按差额调整长期股权投资的初始成本。一方面增加长期股权投资的账面价值，另一方面确认营业外收入。

借：长期股权投资——投资成本

贷：营业外收入

特别提示

（1）商誉＝合并成本－被购买方可辨认净资产公允价值份额。

（2）长期股权投资的初始投资成本大于投资时应享有被投资单位可辨认净资产公允价值份额，实际上是商誉，而商誉与整体有关，不能在个别报表中确认，只能体现在长期股权投资中。

📖 典例研习8-11

甲公司于2023年1月2日取得乙公司30%的股权，支付价款3 000万元。取得投资时被投资单位账面所有者权益的构成如下（假定该时点被投资单位各项可辨认资产、负债的公允价值与其账面价值相同）：

（1）实收资本 3 000 万元。

（2）资本公积 2 400 万元。

（3）盈余公积 600 万元。

（4）未分配利润 1 000 万元。

（5）所有者权益总额 7 000 万元。

假定甲公司在取得对乙公司的股权后，因能够对乙公司的生产经营决策施加重大影响，甲公司对该项投资采用权益法核算。取得投资时，甲公司应进行的账务处理为：

借：长期股权投资——投资成本   30 000 000

      贷：银行存款   30 000 000

长期股权投资的成本 3 000 万元大于取得投资时应享有乙公司可辨认净资产公允价值的份额 2 100 万元（7 000 万元×30%），不对其初始投资成本进行调整。

假定上例中取得投资时乙公司可辨认净资产公允价值为 13 000 万元，甲公司按持股比例 30% 计算确定应享有 3 900 万元，则初始投资成本与应享有乙公司可辨认净资产公允价值份额之间的差额 900 万元应计入取得投资当期的损益。

借：长期股权投资——投资成本   30 000 000

      贷：银行存款   30 000 000

借：长期股权投资——投资成本   900 000

      贷：营业外收入   9 000 000

2. 投资损益的确认

投资企业取得长期股权投资后，应当按照应享有或应分担的被投资单位实现的净损益的份额，确认投资损益并调整长期股权投资的账面价值。

（1）被投资单位实现净利润。

借：长期股权投资——损益调整

      贷：投资收益

（2）被投资单位发生净亏损。

借：投资收益

      贷：长期股权投资——损益调整

假定甲公司长期股权投资的成本大于取得投资时乙公司可辨认净资产公允价值份额的情况下，2023 年乙公司实现净利润 700 万元。甲公司和乙公司均以公历年度作为会计年度，采用相同的会计政策。由于投资时乙公司各项资产、负债的账面价值与其公允价值相同，不需要对乙公司的净利润进行调整，甲公司应确认的投资收益为 210 万元（700 万元×30%），甲公司的会计处理如下：

借：长期股权投资——损益调整   2 100 000

      贷：投资收益   2 100 000

特别说明：采用权益法核算的长期股权投资，在确认应享有或应分担被投资单位的净利润或净亏损时，在被投资单位账面净利润的基础上，还应考虑以下因素的影响进行适当调整：

①被投资单位采用的会计政策及会计期间与投资方不一致的，应按投资方的会计政策及会计期间对被投资单位的财务报表进行调整。

②投资方在确认应享有被投资单位净损益的份额时，应当以取得投资时被投资单位可辨

认净资产的公允价值为基础，对被投资单位的净利润进行调整后确认。

典例研习 8 – 12

甲公司于 2023 年 1 月 10 日购入乙公司 30% 的股份，购买价款为 3 300 万元，并自取得投资之日起派人参与乙公司的财务和生产经营决策。取得投资当日，乙公司可辨认净资产公允价值为 9 000 万元，除表 8 – 8 所列项目外，乙公司其他资产、负债的公允价值与账面价值相同。

假定乙公司于 2023 年实现净利润 900 万元，其中，在甲公司取得投资时的账面存货有 80% 对外出售。甲公司与乙公司的会计年度及采用的会计政策相同。固定资产、无形资产均按年限平均法（直线法）提取折旧或摊销，预计净残值均为零。假定甲、乙公司间未发生任何内部交易。

表 8 – 8　乙公司部分资产公允价值与账面价值

金额单位：万元

项目	账面原价	已提折旧或摊销	公允价值	乙公司预计使用年限	甲公司取得投资后剩余使用年限
存货	750		1 050		
固定资产	1 800	360	2 400	20	16
无形资产	1 050	210	1 200	10	8
合计	3 600	570	4 650		

甲公司在确定其应享有的投资收益时，应在乙公司实现净利润的基础上，根据取得投资时乙公司有关资产的账面价值与其公允价值差额的影响进行调整（假定不考虑所得税影响）。

存货账面价值与公允价值的差额应调减的利润 =（1 050 − 750）× 80% = 240（万元）

固定资产公允价值与账面价值的差额应调整增加的折旧额 = 2 400 ÷ 16 − 1 800 ÷ 20
= 60（万元）

无形资产公允价值与账面价值的差额应调整增加的摊销额 = 1 200 ÷ 8 − 1 050 ÷ 10
= 45（万元）

调整后的净利润 = 900 − 240 − 60 − 45 = 555（万元）

甲公司应享有份额 = 555 × 30% = 166.50（万元）

投资时点的分录此处省去，在此仅对确认投资收益的账务处理如下：

借：长期股权投资——损益调整　　　　　　　　　　　　　　　1 665 000
　　贷：投资收益　　　　　　　　　　　　　　　　　　　　　　　　1 665 000

3. 被投资单位宣告分配现金股利或利润的处理

下面我们通过表 8 – 9 对比成本法与权益法下宣告分配现金股利或利润的账务处理。

表 8 - 9　成本法与权益法下股利分配的账务处理

权益法	成本法
被投资单位宣告分配现金股利或利润时: 借: 应收股利 　　贷: 长期股权投资——损益调整	被投资单位宣告分配现金股利或利润时: 借: 应收股利 　　贷: 投资收益
实际收到时:(两种方法一致) 借: 银行存款等 　　贷: 应收股利	

4. 超额亏损的确认

投资企业确认应分担被投资单位发生的净亏损,应当以长期股权投资的账面价值以及其他实质上构成对被投资单位净投资的长期权益减记至零为限,投资企业负有承担额外损失义务的除外。其他实质上构成对被投资单位净投资的长期权益,通常是指长期应收项目。在确认应分担被投资单位发生的净亏损时,应按以下顺序进行处理:

(1) 冲减长期股权投资的账面价值。

(2) 长期股权投资的账面价值不足以冲减的,应当以其他实质上构成对被投资单位净投资的长期权益账面价值为限继续确认投资损失,冲减长期应收项目等的账面价值。

(3) 经过上述处理,按照投资合同或协议约定企业仍承担额外义务的,应按预计承担的义务确认预计负债,计入当期投资损失。除上述情况外仍未确认的应分担被投资单位的损失,应在账外备查登记。被投资单位以后期间实现盈利的,应按与上述相反的顺序处理,减记账外备查登记的金额、已确认预计负债的账面余额,恢复其他实质上构成对被投资单位净投资的长期权益及长期股权投资的账面价值,同时确认投资收益。

📖 典例研习 8 - 13

甲企业持有乙企业 30% 的股权,甲企业在取得该投资时,乙企业各项可辨认资产、负债的公允价值与其账面价值相等,双方所采用的会计政策及会计期间也相同。能够对乙企业施加重大影响。2023 年 12 月 31 日,该项长期股权投资的账面价值为 6 000 万元。乙企业 2023 年由于一项主营业务市场条件发生变化,当年度亏损 8 000 万元。

甲企业当年度应确认的投资损失为 2 400 万元。分录如下:

借: 投资收益　　　　　　　　　　　　　　　　　　　　24 000 000
　　贷: 长期股权投资　　　　　　　　　　　　　　　　　　　24 000 000

确认上述投资损失后,长期股权投资的账面价值变为 3 600 万元(6 000 - 2 400)。

如果乙企业当年度的亏损额为 21 000 万元,则甲企业按其持股比例确认应分担的损失为 6 300 万元,但长期股权投资的账面价值仅为 6 000 万元,如果没有其他实质上构成对被投资单位净投资的长期权益项目,则甲企业应确认的投资损失仅为 6 000 万元,超额损失在账外进行备查登记;在确认了 6 000 万元的投资损失,长期股权投资的账面价值减记至零以后,如果甲企业账上仍有应收乙企业的长期应收款 2 000 万元,该款项从目前情况看,没有明确的清偿计划(并非产生于商品购销等日常活动),则在长期应收款的账面价值大于 300 万元的情况下,应以长期应收款的账面价值为限进一步确认投资损失 300 万元。

甲企业应进行的账务处理为:

借：投资收益　　　　　　　　　　　　　　　　　　　　　　60 000 000
　　贷：长期股权投资——损益调整　　　　　　　　　　　　　　　60 000 000
借：投资收益　　　　　　　　　　　　　　　　　　　　　　3 000 000
　　贷：长期应收款　　　　　　　　　　　　　　　　　　　　　3 000 000

5. 其他综合收益的处理

被投资单位其他综合收益发生变动的，投资方应当按照归属于本企业的部分，相应调整长期股权投资的账面价值，同时增加或减少其他综合收益。

借：长期股权投资——其他综合收益
　　贷：其他综合收益（或相反分录）

📖 **典例研习8-14**

甲公司持有乙公司30%的股份，并能对乙公司施加重大影响。当期，乙公司将其作为存货的房地产转换为以公允价值模式计量的投资性房地产，转换日公允价值大于账面2 500万元，计入了其他综合收益。不考虑其他因素，甲公司当期按照权益法核算应确认的其他综合收益的会计处理如下：

按权益法核算甲公司应确认的其他综合收益 = 2 500 × 30% = 750（万元）

借：长期股权投资——其他综合收益　　　　　　　　　　　　7 500 000
　　贷：其他综合收益　　　　　　　　　　　　　　　　　　　　7 500 000

6. 被投资单位所有者权益的其他变动处理

采用权益法核算时，投资企业对于被投资单位除净损益、其他综合收益以及利润分配以外所有者权益的其他变动，应按照持股比例与被投资单位所有者权益的其他变动计算的归属于本企业的部分，相应调整长期股权投资的账面价值，同时增加或减少资本公积（其他资本公积）。

借：长期股权投资——其他权益变动
　　贷：资本公积——其他资本公积

📖 **典例研习8-15**

A企业持有B企业40%的股份，能够对B企业施加重大影响。B企业为上市公司，当期B企业的母公司给予B企业捐赠2 000万元，该捐赠实质上属于资本性投入，B企业将其计入资本公积（股本溢价）。不考虑其他因素，A企业按权益法做如下会计处理：

借：长期股权投资——其他权益变动　　　　　　　　　　　　8 000 000
　　贷：资本公积——其他资本公积　　　　　　　　　　　　　　8 000 000

✍ **任务实施**

小李的说法正确，长期股权投资后续计量有成本法与权益法，投资方能够对被投资单位实施控制的长期股权投资应当采用成本法核算，因为，权益法适用的范围是：共同控制的合营企业、重大影响的联营企业。

任务三 技能训练

任务四 长期股权投资的减值与处置

❀ 任务布置

长期股权投资的处置实质上就是把出售所得价款与处置长期股权投资账面价值之间的差额，确认为处置损益。成本法是这样，权益法也是这样，两种方法下处置方法是完全一致的。这种说法正确吗？

一、计提长期股权投资的减值

资产负债表日，企业长期股权投资的可收回金额低于其账面价值时，根据资产减值准则相关要求确定长期股权投资发生减值的，按应减记的金额作以下账务处理：

借：资产减值损失
　　贷：长期股权投资减值准备
长期股权投资减值准备一经计提，持有期间不允许转回。

二、长期股权投资处置的核算

1. 成本法下处置长期股权投资的账务处理

借：银行存款
　　长期股权投资减值准备
　　贷：长期股权投资
　　　　应收股利
　　　　投资收益（倒挤，或借方）

📖 典例研习 8-16

甲公司将其持有的乙公司长期股权投资全部出售，取得价款 150 万元。处置时该项长期股权投资的账面原值为 120 万元，计提减值准备 10 万元。

借：银行存款 　　　　　　　　　　　　　　　　　　　　1 500 000
　　长期股权投资减值准备 　　　　　　　　　　　　　　　 100 000
　　贷：长期股权投资 　　　　　　　　　　　　　　　　　 1 200 000
　　　　投资收益（倒挤） 　　　　　　　　　　　　　　　　 400 000

2. 权益法下处置长期股权投资的账务处理

（1）冲减长期股权投资账面价值。

借：银行存款

　　长期股权投资减值准备

　　贷：长期股权投资——投资成本

　　　　　　　　——损益调整

　　　　　　　　——其他权益变动（或借）

　　　　　　　　——其他综合收益（或借）

　　　　投资收益（或借）

（2）其他综合收益转投资收益或留存收益。按"其他综合收益"处置比例结转。

借：其他综合收益

　　贷：投资收益

　　　　盈余公积

　　　　利润分配——未分配利润（或借贷相反）

（3）资本公积收益转投资收益。按结转的长期股权投资的投资成本比例结转原计入"资本公积——其他资本公积"科目的金额：

借：资本公积——其他资本公积

　　贷：投资收益（或借贷相反）

📖 典例研习 8-17

甲公司将其持有的乙公司长期股权投资全部出售，取得价款150万元。处置时该项长期股权投资的账面余额为120万元（其中投资成本80万元，损益调整20万元，其他权益变动20万元），计提减值准备10万元。

借：银行存款	1 500 000
长期股权投资减值准备	100 000
贷：长期股权投资——投资成本	800 000
——损益调整	200 000
——其他权益变动	200 000
投资收益	400 000
借：资本公积——其他资本公积	200 000
贷：投资收益	200 000

✏️ 素养之窗

不管是市场冷落还是周边环境原因，在证券市场上投资遇到挫折和困境是正常情况，并且价值投资欢迎优秀企业的困境时期，能以低廉的价格买入优质企业是很难得的。困境反转依靠的是常识和规律，靠的是对企业做严格定性的分析，但是选择困境反转的企业，其实都是受到短期软伤害的企业，我们如果等着其愈合，然后向上发力，过程中投资人要和其一样经历疼痛，有巨大的承载量，忍人之所不能忍，才能承载更大的财富。

人生也是如此，遇到困境和挫折本是自然，走出泥沼也需要强大的信念支撑。因此做投资可以让我们更好地懂得人生的意义和隐忍的作用。

🖋 任务实施

　　成本法与权益法出售所得价款与处置长期股权投资账面价值之间的差额，应确认为处置损益。但权益法较成本法多出一些步骤，即采用权益法核算的长期股权投资，原计入其他综合收益，资本公积——其他资本公积中的金额，在处置时亦应进行结转，将与所出售股权相对应的部分在处置时自其他综合收益、资本公积——其他资本公积转入当期损益或留存收益。

📖 知识链接

"财务会计实务"在线开放课程之长期股权投资会计处理

任务四　技能训练

案例导引解析

　　1. 长期股权投资是指投资方对被投资单位实施控制（又称控股合并形成的长期股权投资即对子公司投资）、重大影响的权益性投资，以及对其合营企业的权益性投资。
　　2. 长期股权投资后续计量主要有成本法和权益法两种。

项目八　综合训练

项目九　负债业务的核算

学习目标

知识目标

1. 熟悉短期借款、应付票据、长期借款和应付债券等各类负债的核算方法；
2. 掌握应付职工薪酬、应交税费的内容与管理；
3. 了解应付账款与其他应付款的性质。

能力目标

1. 掌握短期借款、长期借款账务处理的区别；
2. 掌握应付款项与其他应付款的会计核算与应用；
3. 掌握增值税、消费税等税费的计算及其账务处理。

素养目标

1. 培养学生具有会计人员诚实守信的职业素养，坚守心中的底线；
2. 培养学生树立正确的纳税人意识，成为合格的纳税人、负责的从业者；
3. 引导学生永葆人本主义情怀、爱国主义情怀和契约精神。

重难点

任务	重难点	重要程度
任务一	应付职工薪酬、应交税费的会计核算	★★★★
任务二	长期借款和应付债券的账务处理	★★★

知识结构导图

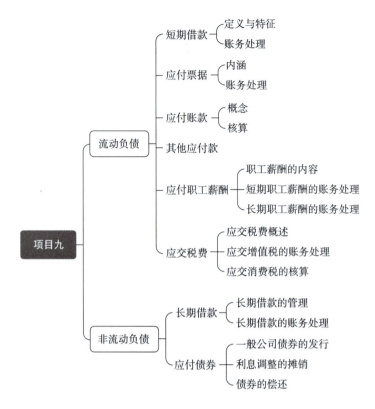

案例导引

俗话说："欠债还钱，天经地义。"欠的债即为负债，它是一种义务，当然也会给义务人带来压力。有的人会被这种压力打倒，而有的人会把压力转化为动力。在我们的生活中，不乏背着巨债翻身做主人的例子。当年，史玉柱从深圳大学研究生毕业后，在家耗时9个月研发出第一代巨人汉卡，类似早期的Word编辑器。然后拿着4 000元前往深圳开始创业，他成立了巨人公司，年销售额近亿元。于是，史玉柱计划3年建成巨人大厦，但他竟未申请银行贷款，全凭自有资金和售楼的钱支持，由于投资巨大导致巨人集团资金链断裂，巨人大厦未按期完工且一夜之间个人负债2.5亿元，成为"中国首负"。后来，他向朋友借了50万元决定再度创业，开始做"脑白金"业务，"脑白金"月销售额过亿，他东山再起。8年后，史玉柱旗下的巨人网络集团有限公司在美国成功上市，其身价突破500亿元。2021年，福布斯全球富豪榜发布，史玉柱以63亿美元财富位列《2021福布斯全球富豪榜》第421位。

【思考】

1. 史玉柱成为"中国首负"的主要因素是什么？
2. 债务筹资和权益筹资的区别在哪里？
3. 负债经营的优势何在？

任务一　流动负债

任务布置

深圳市晋铭航空技术有限公司在 2023 年 1 月发生如下经济业务：

（1）1 月 1 日，因生产经营需要，从交通银行取得一项为期 3 个月的借款 20 000 元，年利率 5%，于 4 月 1 日借款到期时，一并以存款还本付息。

（2）1 月 25 日，从 D 公司购入 B 材料一批，货款 10 000 元，增值税 1 300 元，材料已验收入库，深圳市晋铭航空技术有限公司签发经开户银行承兑的一张为期两个月的不带息银行承兑汇票支付价税款。

（3）1 月 26 日，将 50 台自产的产品作为福利发放给本公司行政管理人员。该产品每台生产成本 15 000 元，市场售价 18 000 元（不含增值税）。

（4）1 月 28 日用银行存款交纳本月增值税 1 040 元。

问题：

（1）深圳市晋铭航空技术有限公司取得短期借款业务该如何进行会计处理？

（2）深圳市晋铭航空技术有限公司采购 B 材料业务该如何进行会计处理？

（3）职工薪酬如何核算？

（4）该月末如何进行增值税业务的会计核算？

一、短期借款

（一）短期借款的定义与特征

短期借款是指企业向银行或其他金融机构等借入的期限在 1 年以下（含 1 年）的各种款项。

（二）短期借款的账务处理

1. 取得短期借款

企业取得短期借款时，借记"银行存款"科目，贷记"短期借款"科目。

2. 发生短期借款利息

借：财务费用

　　贷：应付利息

借：应付利息

　　贷：银行存款等

3. 归还短期借款

借：短期借款

　　财务费用

　　贷：银行存款

小贴士

（1）短期借款的利息可以先预提，后支付；也可以不预提，直接支付。
（2）"短期借款"科目只核算短期借款的本金，不核算短期借款的利息。

📖 典例研习 9-1

2023年4月1日，长升公司向银行借入一笔生产经营用短期借款共计 900 000 元，期限为6个月，年利率为4%。根据与银行签署的借款协议，该项借款的本金到期后一次归还，利息按季支付。假定6月和9月都是20日收到计息通知，长升公司应编制如下会计分录：

（1）4月1日借入短期借款。

借：银行存款　　　　　　　　　　　　　　　　　　　900 000
　　贷：短期借款　　　　　　　　　　　　　　　　　　　　　900 000

（2）4月末，计提4月份应付利息。

本月应计提的利息金额 = 900 000 × 4% ÷ 12 = 3 000（元）

借：财务费用　　　　　　　　　　　　　　　　　　　　3 000
　　贷：应付利息　　　　　　　　　　　　　　　　　　　　　3 000

5月末计提利息费用的处理与4月相同。

（3）6月20日，按季度支付银行借款利息。

借：财务费用（3 000 ÷ 30 × 20）　　　　　　　　　　　2 000
　　应付利息（3 000 + 3 000）　　　　　　　　　　　　6 000
　　贷：银行存款　　　　　　　　　　　　　　　　　　　　　8 000

（4）6月30日，计提6月份最后10日应付利息。

借：财务费用（3 000 ÷ 30 × 10）　　　　　　　　　　　1 000
　　贷：应付利息　　　　　　　　　　　　　　　　　　　　　1 000

7月末、8月末计提利息费用的账务处理与4月相同。

（5）9月20日，按季度支付银行借款利息。

借：财务费用（3 000 ÷ 30 × 20）　　　　　　　　　　　2 000
　　应付利息（1 000 + 3 000 + 3 000）　　　　　　　　7 000
　　贷：银行存款　　　　　　　　　　　　　　　　　　　　　9 000

（6）9月30日，偿还银行借款本金和最后10日的利息。

借：短期借款　　　　　　　　　　　　　　　　　　　900 000
　　财务费用（3 000 ÷ 30 × 10）　　　　　　　　　　　1 000
　　贷：银行存款　　　　　　　　　　　　　　　　　　　　901 000

二、应付票据

（一）应付票据的内涵

应付票据是指企业购买材料、商品和接受服务等而开出、承兑的商业汇票，包括商业承兑汇票和银行承兑汇票。

（二）应付票据的账务处理

1. 开出应付票据

企业因购买材料、商品和接受服务等而开出、承兑的商业汇票，应当按其票面金额作为应付票据的入账金额，借记"材料采购""在途物资""原材料""库存商品""应付账款""应交税费——应交增值税（进项税额）"等科目，贷记"应付票据"科目。企业因开出银行承兑汇票而支付的银行承兑汇票手续费，应当计入当期财务费用。

2. 偿付应付票据

企业开具的商业汇票到期支付票据款时，根据开户银行的付款通知，借记"应付票据"科目，贷记"银行存款"科目。

 **素养之窗**

> 党的二十大报告提出"弘扬诚信文化，健全诚信建设长效机制"。诚信是中华民族优秀传统美德，亦是人类道德的基本要求，在精神文明建设过程中起着至关重要的作用。加强诚信建设，符合社会主义核心价值观，有利于我国社会主义现代化建设事业。通过学习负债知识，引导学生重视诚信，养成诚信行为习惯，共建诚信社会。

📖 典例研习 9-2

长升公司为增值税一般纳税人，原材料按实际成本核算。2023 年 6 月 1 日购入原材料一批，增值税专用发票上注明的价款为 50 000 元，增值税税额为 6 500 元，原材料验收入库。该公司开出并经开户银行承兑的商业汇票一张，面值为 56 500 元、期限 4 个月。交纳银行承兑手续费 28.8 元，其中增值税税额 1.63 元。2023 年 9 月 1 日商业汇票到期，长升公司通知其开户银行以银行存款支付票款。长升公司应编制如下会计分录：

（1）6 月 1 日，开出并承兑商业汇票购入材料。

借：原材料　　　　　　　　　　　　　　　　　　　　　　　50 000
　　应交税费——应交增值税（进项税额）　　　　　　　　　　6 500
　　　贷：应付票据　　　　　　　　　　　　　　　　　　　　　　　56 500

（2）6 月 1 日，支付商业汇票承兑手续费。

借：财务费用　　　　　　　　　　　　　　　　　　　　　　27.17
　　应交税费——应交增值税（进项税额）　　　　　　　　　　1.63
　　　贷：银行存款　　　　　　　　　　　　　　　　　　　　　　　28.8

（3）9 月 1 日，支付商业汇票款。

借：应付票据　　　　　　　　　　　　　　　　　　　　　　56 500
　　　贷：银行存款　　　　　　　　　　　　　　　　　　　　　　　56 500

3. 转销应付票据

应付商业承兑汇票到期，如企业无力支付票款，借记"应付票据"科目，贷记"应付账款"科目；应付银行承兑汇票到期，如企业无力支付票款，则由承兑银行代为支付并作为付款企业的贷款处理，借记"应付票据"科目，贷记"短期借款"科目。

三、应付账款

（一）应付账款的概念

应付账款是指企业因购买材料、商品或接受服务等经营活动而应付给供应单位的款项。

（二）应付账款的核算

1. 发生应付账款

企业购入材料、商品或接受服务等所产生的应付账款，借记"材料采购""在途物资""原材料""库存商品"等科目，按照可抵扣的增值税进项税额，借记"应交税费——应交增值税（进项税额）"科目，按应付的款项，贷记"应付账款"科目。

2. 偿还应付账款

企业偿还应付账款或开出商业汇票抵付应付账款时，借记"应付账款"科目，贷记"银行存款""应付票据"等科目。

📖 典例研习 9 - 3

长升公司甲企业为增值税一般纳税人。2023 年 9 月 1 日，从 A 公司购入一批材料，增值税专用发票上注明的价款为 100 000 元，增值税税额为 13 000 元；同时，对方代垫运费 1 000 元、增值税税额 90 元，已收到对方开具的增值税专用发票。材料验收入库（该企业材料按实际成本进行日常核算），款项尚未支付。10 月 10 日，长升公司以银行存款支付购入材料相关款项 114 090 元。长升公司应编制如下会计分录：

（1）确认应付账款。

借：原材料   101 000
   应交税费——应交增值税（进项税额）   13 090
     贷：应付账款——A 公司   114 090

（2）偿还应付账款。

借：应付账款——A 公司   114 090
     贷：银行存款   114 090

实务中，企业外购电力、燃气等动力一般通过"应付账款"科目核算，即在每月付款时先做暂付款处理，按照增值税专用发票上注明的价款，借记"应付账款"科目，按照增值税专用发票上注明的可抵扣的增值税进项税额，借记"应交税费——应交增值税（进项税额）"科目，贷记"银行存款"等科目；月末按照外购动力的用途分配动力费时，借记"生产成本""制造费用""管理费用"等科目，贷记"应付账款"科目。

📖 典例研习 9 - 4

2023 年 12 月 20 日，长升公司收到银行转来省电力公司供电部门开具的增值税专用发票，发票上注明的电费为 48 600 元、增值税税额为 6 318 元，企业以银行存款付讫。月末，该企业经计算，本月应付电费 48 600 元，其中生产车间电费 29 160 元、行政管理部门电费 19 440 元。长升公司应编制如下会计分录：

（1）支付外购动力费。

借：应付账款——省电力公司   48 600

应交税费——应交增值税（进项税额） 6 318

    贷：银行存款 54 918

（2）月末分配外购动力费。

借：制造费用 29 160

    管理费用 19 440

    贷：应付账款——省电力公司 48 600

3. 转销应付账款

应付账款一般在较短期限内支付，但有时由于债权单位撤销或其他原因而使应付账款无法清偿。企业对于确实无法支付的应付账款应予以转销，借记"应付账款"科目，贷记"营业外收入"科目。

四、其他应付款

其他应付款是指企业除应付票据、应付账款、预收账款、应付职工薪酬、应交税费、应付利息、应付股利等经营活动以外的其他各项应付、暂收的款项，如应付短期租赁固定资产租金、应付低价值资产租赁的租金、应付租入包装物租金、出租或出借包装物向客户收取的押金、存入保证金等。

特别提示

（1）存出保证金（将来会收回来）：其他应收款。

（2）存入保证金（将来会还回去）：其他应付款。

五、应付职工薪酬

（一）职工薪酬的内容

职工薪酬包括短期薪酬、离职后福利、辞退福利和其他长期职工福利。企业提供给职工配偶、子女、受赡养人、已故员工遗属及其他受益人等的福利，也属于职工薪酬。

素养之窗

通过学习职工薪酬的内容，学生应养成认真严谨的工作作风；要明白脚踏实地地工作，为公司创造价值，公司也会给予相应的回报，切勿急功近利。

（二）短期职工薪酬的账务处理

1. 货币性职工薪酬

（1）职工工资、奖金、津贴和补贴。

对于职工工资、奖金、津贴和补贴等货币性职工薪酬，企业应当在职工为其提供服务的会计期间，将实际发生的职工工资、奖金、津贴和补贴等，根据职工提供服务的受益对象，将应确认的职工薪酬，借记"生产成本""制造费用""合同履约成本""管理费用""销售费用"等科目，贷记"应付职工薪酬——工资"科目。

📖 典例研习 9 - 5

长升公司 2023 年 7 月应付职工工资总额为 695 000 元，"工资费用分配汇总表"中列示的产品生产人员工资为 480 000 元，车间管理人员工资为 105 000 元，公司行政管理人员工资为 90 600 元，专设销售机构人员工资为 19 400 元。长升公司应编制如下会计分录：

借：生产成本——基本生产成本 480 000
　　制造费用 105 000
　　管理费用 90 600
　　销售费用 19 400
　　贷：应付职工薪酬 695 000

（2）职工福利费。

对于职工福利费，企业应当在实际发生时根据实际发生额计入当期损益或相关资产成本，借记"生产成本""制造费用""管理费用""销售费用"等科目，贷记"应付职工薪酬——职工福利费"科目。

📖 典例研习 9 - 6

长升公司下设一所职工食堂，每月根据在岗职工数量及岗位分布情况、相关历史经验数据等计算需要补贴食堂的金额，从而确定企业每期因补贴职工食堂需要承担的福利费金额。2023 年 7 月，企业在岗职工共计 300 人，其中管理部门 80 人，生产车间生产人员 220 人，企业的历史经验数据表明，每个职工每月需补贴食堂 200 元。2023 年 8 月长升公司支付60 000 元补贴给食堂。长升公司应编制如下会计分录：

借：生产成本 44 000
　　管理费用 16 000
　　贷：应付职工薪酬——职工福利费 60 000
借：应付职工薪酬——职工福利费 60 000
　　贷：银行存款 60 000

（3）国家规定计提标准的职工薪酬。

①工会经费和职工教育经费。

企业根据规定的计提比例 2%，8% 分别计算应付工会经费、职工教育经费，借记"生产成本""制造费用""管理费用""销售费用""在建工程""研发支出"等科目，贷记"应付职工薪酬——工会经费""应付职工薪酬——职工教育经费"等科目。

📖 典例研习 9 - 7

承接典例研习 9 - 5，2023 年 7 月，长升公司根据相关规定，分别按照职工工资总额的2% 和 8% 的计提标准，确认应付工会经费和职工教育经费。长升公司应编制如下会计分录：

借：生产成本——基本生产成本 48 000
　　制造费用 10 500
　　管理费用 9 060
　　销售费用 1 940
　　贷：应付职工薪酬——工会经费 13 900

　　　　——职工教育经费　　　　　　　　　　　　　　　　　　　55 600
②社会保险费和住房公积金。

📖 典例研习 9 – 8

　　承接典例研习 9 – 5，2023 年 7 月，该公司根据国家规定的计提标准，计算应由公司负担的向社会保险经办机构交纳社会保险费（不含基本养老险和失业保险费）共计 83 400 元。按照规定标准计提住房公积金为 76 450 元。长升公司应编制如下会计分录：

借：生产成本——基本生产成本　　　　　　　　　　　　　110 400
　　制造费用　　　　　　　　　　　　　　　　　　　　　 24 150
　　管理费用　　　　　　　　　　　　　　　　　　　　　 20 838
　　销售费用　　　　　　　　　　　　　　　　　　　　　　4 462
　　贷：应付职工薪酬——社会保险费　　　　　　　　　　　　　83 400
　　　　　　　　　　——住房公积金　　　　　　　　　　　　　76 450

（4）短期带薪缺勤。
①累积带薪缺勤。
　　累积带薪缺勤，是指带薪权利可以结转下期的带薪缺勤，本期尚未用完的带薪缺勤权利可以在未来期间使用。企业应当在职工提供了服务从而增加了其未来享有的带薪缺勤权利时，确认与累积带薪缺勤相关的职工薪酬，并以累积未行使权利而增加的预期支付金额计量。

📖 知识链接

短期带薪缺勤的会计核算

📖 典例研习 9 – 9

　　长升公司从 2023 年 1 月 1 日起实行累积带薪缺勤制度。该制度规定，每个职工每年可享受 5 个工作日带薪年休假，未使用的年休假只能向后结转一个公历年度，超过 1 年未使用的权利作废，在职工离开企业时也无权获得现金支付；职工休年假时，首先使用当年可享受的权利，不足部分再从上年结转的带薪年休假中扣除。
　　至 2023 年 12 月 31 日长升公司有 1 000 名职工未享受当年的带薪年休假，长升公司预计 2024 年其中有 900 名职工将享受不超过 5 天的带薪年休假，剩余 100 名职工每人将平均享受 7 天半年休假，假定这 100 名职工全部为总部各部门经理，该公司平均每名职工每个工作日工资为 350 元。不考虑其他相关因素。2023 年 12 月 31 日，长升公司应编制如下会计分录：

借：管理费用　　　　　　　　　　　　　　　　　　　　 87 500
　　贷：应付职工薪酬——带薪缺勤——短期带薪缺勤——累积带薪缺勤　87 500
　　长升公司在 2023 年 12 月 31 日应当预计由于职工累积未使用的带薪年休假权利而产生

的预期支付的金额，即相当于 250 天 ［100×（7.5－5）］的年休假工资金额 87 500 元（250×350）。

②非累积带薪缺勤。

非累积带薪缺勤，是指带薪权利不能结转下期的带薪缺勤。本期尚未用完的带薪缺勤权利将予以取消，并且职工离开企业时也无权获得现金支付。我国企业职工休婚假、产假、丧假、探亲假、病假期间的工资，通常属于非累积带薪缺勤。

特别提示

> 企业确认职工享有的与非累积带薪缺勤权利相关的薪酬，视同职工出勤确认的当期损益或相关资产成本。通常情况下，与非累积带薪缺勤相关的职工薪酬已经包括在企业每期向职工发放的工资等薪酬中，因此，不必做额外的账务处理。

2. 非货币性职工薪酬

📖 **知识链接**

在线开放课程之非货币性职工福利

📖 典例研习 9－10

长升公司为家电生产企业，共有职工 300 名，其中 200 名为直接参加生产的职工，100 名为总部管理人员。2023 年 12 月，长升公司以其生产的每台成本为 900 元的电暖器作为春节福利发放给公司每名职工。该型号的电暖器不含增值税的市场售价为每台 1 000 元，长升公司销售商品适用的增值税税率为 13%。长升公司应编制如下会计分录：

借：生产成本　　　　　　　　　　　　　　　　　　　　　226 000
　　管理费用　　　　　　　　　　　　　　　　　　　　　113 000
　　贷：应付职工薪酬——非货币性福利　　　　　　　　　　　339 000

📖 典例研习 9－11

长升公司为总部各部门经理级别以上职工提供汽车免费使用，同时为副总裁以上高级管理人员每人租赁一套住房。长升公司总部共有部门经理以上职工 30 名，每人提供一辆上海大众汽车免费使用，假定每辆上海大众汽车每月计提折旧 800 元；该公司共有副总裁以上高级管理人员 6 名，公司为其每人租赁一套面积为 150 平方米的公寓，月租金为每套 6 000 元（含税）。长升公司应编制如下会计分录：

（1）确认提供汽车的非货币性福利。

公司提供汽车供职工使用的非货币性福利 ＝30×800＝24 000（元）

借：管理费用　　　　　　　　　　　　　　　　　　　　　24 000

贷：应付职工薪酬——非货币性福利　　　　　　　　　　24 000
借：应付职工薪酬——非货币性福利　　　　24 000
贷：累计折旧　　　　　　　　　　　　　　　24 000

（2）确认为职工租赁住房的非货币性福利。

公司租赁住房供职工使用的非货币性福利 = 6 × 6 000 = 36 000（元）

借：管理费用　　　　　　　　　　　　　　36 000
贷：应付职工薪酬—非货币性福利　　　　　　36 000

📖 典例研习 9 - 12

承接典例研习 9 - 10 和典例研习 9 - 11，长升公司向职工发放电暖器作为非货币性福利，应确认主营业务收入，同时根据现行增值税制度规定，计算增值税销项税额。长升公司应编制如下会计分录：

长升公司应确认的主营业务收入 = 300 × 1 000 = 300 000（元）

长升公司应确认的增值税销项税额 = 300 × 1 000 × 13% = 39 000（元）

长升公司应结转的销售成本 = 300 × 900 = 270 000（元）

借：应付职工薪酬——非货币性福利　　　　339 000
贷：主营业务收入　　　　　　　　　　　　300 000
应交税费——应交增值税（销项税额）　　　39 000
借：主营业务成本　　　　　　　　　　　　270 000
贷：库存商品——电暖器　　　　　　　　　270 000

长升公司每月支付副总裁以上高级管理人员住房租金时，应编制如下会计分录：

借：应付职工薪酬——非货币性福利　　　　36 000
贷：银行存款　　　　　　　　　　　　　　36 000

（三）长期职工薪酬的账务处理

1. 离职后福利

对于设定提存计划，企业应当根据在资产负债表日为换取职工在会计期间提供的服务而应向单独主体缴存的提存金，确认为应付职工薪酬，并计入当期损益或相关资产成本，借记"生产成本""制造费用""管理费用""销售费用"等科目，贷记"应付职工薪酬——设定提存计划"科目。

📖 典例研习 9 - 13

承接典例研习 9 - 5，长升公司根据所在地政府规定，按照职工工资总额的 16% 计提基本养老保险费，缴存当地社会保险经办机构。2023 年 7 月，长升公司缴存的基本养老保险费，应计入生产成本的金额为 76 800 元，应计入制造费用的金额为 16 800 元，应计入管理费用的金额为 14 496 元，应计入销售费用的金额为 3 104 元。长升公司应编制如下会计分录：

借：生产成本——基本生产成本　　　　　　76 800
制造费用　　　　　　　　　　　　　　16 800
管理费用　　　　　　　　　　　　　　14 496
销售费用　　　　　　　　　　　　　　 3 104

贷：应付职工薪酬——设定提存计划——基本养老保险费　　　　　111 200

2. 辞退后福利

企业向职工提供辞退福利的，应该在"企业不能单方面撤回因解除劳动关系或裁减所提供的辞退福利时"和"企业确认涉及支付辞退福利的重组相关的成本或费用时"两者孰早，确认辞退福利产生的职工薪酬负债，并计入当期损益，借记"管理费用"科目，贷记"应付职工薪酬——辞退福利"科目。

3. 其他长期职工福利

企业向职工提供的其他长期职工福利，符合设定提存计划条件的，应当按照设定提存计划的有关规定进行会计处理；符合设定受益计划条件的，应当按照设定受益计划的有关规定进行会计处理。

六、应交税费

（一）应交税费概述

企业根据税法规定应交纳的各种税费包括：增值税、消费税、企业所得税、城市维护建设税、资源税、土地增值税、房产税、车船税、城镇土地使用税、教育费附加、印花税、耕地占用税、环境保护税、契税、车辆购置税等。

（二）应交增值税的账务处理

1. 增值税核算应设置的会计科目

（1）"应交增值税"明细科目（见表9－1）。

表9－1　"应交增值税"明细科目

一级科目	二级科目	专栏	核算内容
应交税费	应交增值税	进项税额	记录一般纳税人购进货物、加工修理修配劳务、服务、无形资产或不动产而支付或负担的、准予从当期销项税额中抵扣的增值税税额
		销项税额	记录一般纳税人销售货物、加工修理修配劳务、服务、无形资产或不动产应收取的增值税税额
		已交税金	记录一般纳税人当月已交纳的应交增值税税额
		进项税额转出	记录一般纳税人购进货物、加工修理修配劳务、服务、无形资产或不动产等发生非正常损失以及其他原因而不应从销项税额中抵扣、按规定转出的进项税额
		转出未交增值税	记录一般纳税人月度终了转出当月应交未交的增值税税额
		转出多交增值税	记录一般纳税人月度终了转出当月多交的增值税税额
		出口退税	记录一般纳税人出口货物、加工修理修配劳务、服务、无形资产按规定退回的增值税税额
		减免税款	记录一般纳税人按现行增值税制度规定准予减免的增值税税额

续表

一级科目	二级科目	专栏	核算内容
应交税费	应交增值税	出口抵减内销产品应纳税额	记录实行"免、抵、退"办法的一般纳税人按规定计算的出口货物的进项税抵减内销产品的应纳税额
		销项税额抵减	记录一般纳税人按照现行增值税制度规定因扣减销售额而减少的销项税额

（2）"未交增值税""预交增值税""待抵扣进项税额"等明细科目（见表9-2）

表9-2 "应交税费"明细科目

一级科目	二级科目	核算内容
应交税费	未交增值税	核算一般纳税人月度终了从"应交增值税"或"预交增值税"明细科目转入当月应交未交、多交或预交的增值税税额，以及当月交纳以前期间未交的增值税税额
	预交增值税	核算一般纳税人转让不动产、提供不动产经营租赁服务、提供建筑服务、采用预收款方式销售自行开发的房地产项目等，以及其他按现行增值税制度规定应预交的增值税税额
	待抵扣进项税额	核算一般纳税人已取得增值税扣税凭证并经税务机关认证，按照现行增值税制度规定准予以后期间从销项税额中抵扣的进项税额
	待认证进项税额	核算一般纳税人由于未经税务机关认证而不得从当期销项税额中抵扣的进项税额。 包括：一般纳税人已取得增值税扣税凭证、按照现行增值税制度规定准予从销项税额中抵扣，但尚未经税务机关认证的进项税额；一般纳税人已申请稽核但尚未取得稽核相符结果的海关缴款书进项税额
	待转销项税额	核算一般纳税人销售货物、加工修理修配劳务、服务、无形资产或不动产，已确认相关收入（或利得）但尚未发生增值税纳税义务而需于以后期间确认为销项税额的增值税税额
	简易计税	核算一般纳税人采用简易计税方法发生的增值税计提、扣减、预缴、交纳等业务
	转让金融商品应交增值税	核算增值税纳税人转让金融商品发生的增值税税额（如转让交易性金融资产）
	代扣代缴增值税	核算纳税人购进在境内未设经营机构的境外单位或个人在境内的应税行为代扣代缴的增值税

2. 取得资产、接受劳务或服务

（1）一般纳税人购进货物、加工修理修配劳务、服务、无形资产或者不动产按应计入相关成本费用或资产的金额，借记"材料采购""在途物资""原材料""库存商品""生产成本""无形资产""固定资产""管理费用"等科目，按当月已认证的可抵扣增值税税额，借记"应交税费——应交增值税（进项税额）"科目，按当月未认证的可抵扣增值税税额，借记"应交税费——待认证进项税额"科目，按应付或实际支付的金额，贷记"应付账款""应付票据""银行存款"等科目。

📖 **典例研习 9 – 14**

长升公司为增值税一般纳税人，销售商品适用的增值税税率为 13%，原材料按实际成本核算，销售商品价格为不含增值税的公允价格。2023 年 8 月发生交易或事项以及相关的会计分录如下：

①5 日，购入原材料一批，增值税专用发票上注明的价款为 120 000 元，增值税税额为 15 600 元，材料尚未到达，全部款项已用银行存款支付。

借：在途物资 120 000
　　应交税费——应交增值税（进项税额） 15 600
　　贷：银行存款 135 600

②10 日，收到 5 日购入的原材料并验收入库，实际成本总额为 120 000 元。同日，与运输公司结清运输费用，增值税专用发票上注明的运输费用为 5 000 元，增值税税额为 450 元，运输费用和增值税税额已用转账支票付讫。

借：原材料 125 000
　　应交税费——应交增值税（进项税额） 450
　　贷：银行存款 5 450
　　　　在途物资 120 000

③15 日，购入不需要安装的生产设备一台，增值税专用发票上注明的价款为 20 000 元，增值税税额为 2 600 元，款项尚未支付。

借：固定资产 20 000
　　应交税费——应交增值税（进项税额） 2 600
　　贷：应付账款 22 600

④20 日，购入农产品一批，农产品收购发票上注明的买价为 100 000 元，规定的扣除率为 9%，货物尚未到达，价款已用银行存款支付。

进项税额 = 购买价款 × 扣除率 = 100 000 × 9% = 9 000（元）

借：在途物资 91 000
　　应交税费——应交增值税（进项税额） 9 000
　　贷：银行存款 100 000

⑤25 日，企业管理部门委托外单位修理机器设备，取得对方开具的增值税专用发票上注明的修理费用为 10 000 元，增值税税额为 1 300 元，款项已用银行存款支付。

借：管理费用 10 000
　　应交税费——应交增值税（进项税额） 1 300
　　贷：银行存款 11 300

⑥25 日，该公司购进一栋简易办公楼作为固定资产核算，并投入使用。已取得增值税专用发票并经税务机关认证，增值税专用发票上注明的价款为 1 600 000 元，增值税税额为 144 000 元，全部款项以银行存款支付。不考虑其他相关因素。

借：固定资产 1 600 000
　　应交税费——应交增值税（进项税额） 144 000
　　贷：银行存款 1 744 000

（2）货物等已验收入库但尚未取得增值税扣税凭证。

📖 典例研习 9 - 15

2023 年 8 月 31 日，长升公司购进原材料一批已验收入库，但尚未收到增值税扣税凭证，款项也未支付。随货同行的材料清单列明的原材料销售价格为 390 000 元。长升公司应编制如下会计分录：

借：原材料　　　　　　　　　　　　　　　　　　　390 000

　　贷：应付账款　　　　　　　　　　　　　　　　　　390 000

下月初，用红字冲销原暂估入账金额：

借：原材料　　　　　　　　　　　　　　　　　　　390 000

　　贷：应付账款　　　　　　　　　　　　　　　　　　390 000

9 月 10 日，取得相关增值税专用发票上注明的价款为 390 000 元，增值税税额为 50 700 元，增值税专用发票已经认证。全部款项以银行存款支付。长升公司应编制如下会计分录：

借：原材料　　　　　　　　　　　　　　　　　　　390 000

　　应交税费——应交增值税（进项税额）　　　　　　50 700

　　贷：银行存款　　　　　　　　　　　　　　　　　440 700

（3）进项税额转出。

进项税额转出的账务处理为，借记"待处理财产损溢""应付职工薪酬""固定资产""无形资产"等科目，贷记"应交税费——应交增值税（进项税额转出）""应交税费——待抵扣进项税额"或"应交税费——待认证进项税额"科目。属于转作待处理财产损失的进项税额，应与非正常损失的购进货物、在产品或库存商品、固定资产或无形资产的成本一并处理。

📖 典例研习 9 - 16

2023 年 10 月，长升公司发生进项税额转出事项如下：

（1）10 日，库存材料因管理不善发生火灾损失，材料实际成本为 10 000 元，相关增值税专用发票上注明的增值税税额为 1 300 元。长升公司将毁损库存材料作为待处理财产损溢入账。

借：待处理财产损溢——待处理流动资产损溢　　　　11 300

　　贷：原材料　　　　　　　　　　　　　　　　　　10 000

　　　　应交税费——应交增值税（进项税额转出）　　　1 300

（2）16 日，领用一批外购原材料用于集体福利，该批原材料的实际成本为 50 000 元，相关增值税专用发票上注明的增值税税额为 6 500 元。

借：应付职工薪酬——职工福利费　　　　　　　　　56 500

　　贷：原材料　　　　　　　　　　　　　　　　　　50 000

　　　　应交税费——应交增值税（进项税额转出）　　　6 500

3. 销售等业务的账务处理

（1）企业销售货物、加工修理修配劳务、服务、无形资产或不动产。

借记"应收账款""应收票据""银行存款"等科目，按取得的收益金额，贷记"主营业务收入""其他业务收入""固定资产清理"等科目，按现行增值税制度规定计算的销项税额（或采用简易计税方法计算的应纳增值税额），贷记"应交税费——应交增值税（销项税额）"或"应交税费——简易计税"科目。

📖 典例研习 9 – 17

2023 年 8 月，长升公司发生与销售相关的交易或事项如下：

①17 日，销售产品一批，开具增值税专用发票上注明的价款为 4 000 000 元，增值税税额为 520 000 元，提货单和增值税专用发票已交给买方，款项尚未收到。

借：应收账款 4 520 000
  贷：主营业务收入 4 000 000
    应交税费——应交增值税（销项税额） 520 000

②26 日，为外单位代加工电脑桌 500 个，每个收取加工费 80 元，已加工完成。开具增值税专用发票上注明的价款为 40 000 元，增值税税额为 5 200 元，款项已收到并存入银行。

借：银行存款 45 200
  贷：主营业务收入 40 000
    应交税费——应交增值税（销项税额） 5 200

（2）视同销售。

视同销售需要交纳增值税的事项主要有：企业将自产或委托加工的货物用于集体福利或个人消费、作为投资提供给其他单位或个体工商户、分配给股东或投资者、对外捐赠等。

📖 典例研习 9 – 18

2023 年 8 月，长升公司发生视同销售交易或事项如下：

（1）10 日，以公司生产的产品对外捐赠，该批产品的实际成本为 200 000 元，市场不含税售价为 250 000 元，开具的增值税专用发票上注明的增值税税额为 32 500 元。

借：营业外支出 232 500
  贷：库存商品 200 000
    应交税费——应交增值税（销项税额） 32 500

（2）28 日，长升公司用一批原材料对外进行长期股权投资。该原材料实际成本为 650 000 元，双方协商不含税价值为 760 000 元，开具的增值税专用发票上注明的增值税税额为 98 800 元。

借：长期股权投资 858 800
  贷：其他业务收入 760 000
    应交税费——应交增值税（销项税额） 98 800
同时：借：其他业务成本 650 000
  贷：原材料 650 000

4. 交纳增值税

企业交纳当月应交的增值税，借记"应交税费——应交增值税（已交税金）"科目，贷记"银行存款"科目；企业交纳以前期间未交的增值税，借记"应交税费——未交增值税"科目，贷记"银行存款"科目。

典例研习 9-19

承接典例研习 9-14 到典例研习 9-18，2023 年 8 月，长升公司当月发生增值税销项税额合计为 656 500 元，增值税进项税额转出合计为 7 800 元，增值税进项税额合计为 223 650 元。长升公司当月应交增值税计算结果如下：

当月应交增值税 = 656 500 + 7 800 - 223 650 = 440 650（元）

长升公司编制如下会计分录：

借：应交税费——应交增值税（转出未交增值税）　　　　　　440 650
　　贷：应交税费——未交增值税　　　　　　　　　　　　　　440 650

5. 月末转出多交增值税和未交增值税

对于当月应交未交的增值税，借记"应交税费——应交增值税（转出未交增值税）"科目，贷记"应交税费——未交增值税"科目；对于当月多交的增值税，借记"应交税费——未交增值税"科目，贷记"应交税费——应交增值税（转出多交增值税）"科目。

（1）"应交税费——应交增值税"科目月末无贷方余额。
（2）"应交税费——应交增值税"科目月末借方余额代表留抵税额。
（3）"应交税费——未交增值税"科目贷方余额代表期末结转下期应交的增值税。
（4）"应交税费——未交增值税"科目借方余额代表多交的增值税。

典例研习 9-20

承接典例研习 9-19，2023 年 9 月，长升公司交纳 8 月未交的增值税 440 650 元，编制如下会计分录：

借：应交税费——未交增值税　　　　　　　　　　　　　　　440 650
　　贷：银行存款　　　　　　　　　　　　　　　　　　　　　440 650

6. 小规模纳税人的账务处理

特别提示

小规模纳税人进行账务处理时，只需在"应交税费"科目下设置"应交增值税"明细科目，该明细科目不再设置增值税专栏。

典例研习 9-21

A 企业为增值税小规模纳税人，适用增值税征收率为 3%，原材料按实际成本核算。该企业发生经济交易如下：购入原材料一批，取得增值税专用发票上注明的价款为 20 000 元，增值税税额为 2 600 元，全部款项以银行存款支付，材料已验收入库。销售产品一批，开具的普通发票上注明的货款（含税）为 51 500 元，款项已存入银行。用银行存款交纳增值税 1 500 元。该企业应编制如下会计分录：

（1）购入原材料。

借：原材料　　　　　　　　　　　　　　　　　　　22 600
　　贷：银行存款　　　　　　　　　　　　　　　　　　　22 600

（2）销售产品。

借：银行存款　　　　　　　　　　　　　　　　　　　51 500
　　贷：主营业务收入　　　　　　　　　　　　　　　　　50 000
　　　　应交税费——应交增值税　　　　　　　　　　　　1 500

不含税销售额 = 含税销售额 ÷ (1 + 征收率) = 51 500 ÷ (1 + 3%) = 50 000（元）

应纳增值税 = 不含税销售额 × 征收率 = 50 000 × 3% = 1 500（元）

（3）交纳增值税。

借：应交税费——应交增值税　　　　　　　　　　　　1 500
　　贷：银行存款　　　　　　　　　　　　　　　　　　　1 500

（三）应交消费税的核算

1. 应交消费税概述

消费税是指在我国境内生产、委托加工和进口应税消费品的单位和个人，按其流转额交纳的一种税。

2. 应交消费税的账务处理

企业应在"应交税费"科目下设置"应交消费税"明细科目，核算应交消费税的发生、交纳情况。

素养之窗

　学习消费税的征收范围以及应税消费品的计税方法，倡导理性消费，减少购买奢侈品的频率，不断增强绿色环保理念，保持健康生活方式。

（1）销售应税消费品。

企业销售应税消费品应交的消费税，应借记"税金及附加"科目，贷记"应交税费——应交消费税"科目。

典例研习 9 - 22

长升公司销售所生产的化妆品，价款 100 000 元（不含增值税），开具的增值税专用发票上注明的增值税税额为 13 000 元，适用的消费税税率为 15%，款项已存入银行。长升公司应编制如下会计分录：

①取得价款和税款时。

借：银行存款　　　　　　　　　　　　　　　　　　113 000
　　贷：主营业务收入　　　　　　　　　　　　　　　　100 000
　　　　应交税费——应交增值税（销项税额）　　　　　　13 000

②计算应交纳的消费税。

应纳消费税税额 = 100 000 × 15% = 15 000（元）

借：税金及附加　　　　　　　　　　　　　　　　　　15 000

　　　　　贷：应交税费——应交消费税　　　　　　　　　　　　　　　　　　15 000

（2）自产自用应税消费品。

　　企业将生产的应税消费品用于在建工程等非生产机构时，按规定应交纳的消费税，借记"在建工程"等科目，贷记"应交税费——应交消费税"科目。

📖 典例研习9-23

　　长升公司在建工程领用自产柴油，成本为50 000元，应纳消费税6 000元。不考虑其他相关税费。长升公司应编制如下会计分录：

　　　　借：在建工程　　　　　　　　　　　　　　　　　　　　　　　　　　56 000
　　　　　　贷：库存商品　　　　　　　　　　　　　　　　　　　　　　　　50 000
　　　　　　　　应交税费——应交消费税　　　　　　　　　　　　　　　　　 6 000

（3）委托加工应税消费品。

📖 典例研习9-24

　　长升公司委托乙企业代为加工一批应交消费税的材料（非金银首饰）。长升公司发出材料的成本为2 000 000元，应付加工费为400 000元，增值税税率为13%，由乙企业代收代缴的消费税为160 000元。材料已经加工完成，并由长升公司收回验收入库，加工费及相关税金尚未支付。长升公司采用实际成本法进行原材料的核算。长升公司应编制如下会计分录：

　　①委托加工物资收回继续用于生产应税消费品。

　　　　借：委托加工物资　　　　　　　　　　　　　　　　　　　　　　2 000 000
　　　　　　贷：原材料　　　　　　　　　　　　　　　　　　　　　　　2 000 000
　　　　借：委托加工物资　　　　　　　　　　　　　　　　　　　　　　　400 000
　　　　　　应交税费——应交增值税（进项税额）　　　　　　　　　　　　 52 000
　　　　　　　　　　　——应交消费税　　　　　　　　　　　　　　　　　160 000
　　　　　　贷：应付账款　　　　　　　　　　　　　　　　　　　　　　　612 000
　　　　借：原材料　　　　　　　　　　　　　　　　　　　　　　　　　2 400 000
　　　　　　贷：委托加工物资　　　　　　　　　　　　　　　　　　　　2 400 000

　　②委托加工物资收回直接对外销售。

　　　　借：委托加工物资　　　　　　　　　　　　　　　　　　　　　　2 000 000
　　　　　　贷：原材料　　　　　　　　　　　　　　　　　　　　　　　2 000 000
　　　　借：委托加工物资　　　　　　　　　　　　　　　　　　　　　　　560 000
　　　　　　应交税费——应交增值税（进项税额）　　　　　　　　　　　　 52 000
　　　　　　贷：应付账款　　　　　　　　　　　　　　　　　　　　　　　612 000
　　　　借：原材料　　　　　　　　　　　　　　　　　　　　　　　　　2 560 000
　　　　　　贷：委托加工物资　　　　　　　　　　　　　　　　　　　　2 560 000

（4）进口应税消费品。

　　企业进口应税物资交纳的消费税按照组成计税价格和规定的税率计算，消费税计入该项物资成本，借记"在途物资""材料采购""原材料""库存商品"科目，贷记"银行存款"等科目。

📖 **典例研习 9 – 25**

长升公司从国外进口一批需要交纳消费税的商品，已知该商品关税完税价格为 540 000 元，按规定应交纳关税 108 000 元，假定进口的应税消费品的消费税税率为 10%、增值税税率为 13%；货物报关后，自海关取得的"海关进口消费税专用缴款书"注明的消费税为 72 000 元、"海关进口增值税专用缴款书"注明的增值税为 93 600 元。进口商品已验收入库，全部货款和税款已由银行存款支付。长升公司应编制如下会计分录：

进口商品的入账成本 = 540 000 + 108 000 + 72 000 = 720 000（元）

借：库存商品	720 000
应交税费——交增值税（进项税额）	93 600
贷：银行存款	813 600

本例中，应交消费税税额 = [（540 000 + 108 000）÷（1 – 10%）] × 10% = 72 000（元）；应交增值税税额 = （540 000 + 108 000 + 72 000）× 13% = 93 600（元）。

✍️ **任务实施**

（1）借：银行存款	20 000	
贷：短期借款		20 000
（2）借：原材料——B 材料	10 000	
应交税费——应交增值税（进项税额）	1 300	
贷：应付票据		11 300
（3）借：管理费用	911 700	
贷：应付职工薪酬		911 700
借：应付职工薪酬	911 700	
贷：主营业务收入		900 000
应交税费——应交增值税（销项税额）		11 700
借：主营业务成本	750 000	
贷：库存商品		750 000
（4）交纳本月增值税账务处理如下：		
借：应交税费——应交增值税（已交税金）	1 040	
贷：银行存款		1 040

任务一　技能训练

任务二　非流动负债

任务布置

深圳市晋铭航空技术有限公司2023年1月1日准备发行5年期公司债券面值1 000万元，用于补偿流动资金的不足，票面年利率为10%，债券每年年末付息一次，到期归还本金。但当深圳市晋铭航空技术有限公司发行该债券时，市场利率为12%了。

问题：

（1）企业债券发行的价格有几种情况？

（2）如何对发行债券进行核算？

（3）甲公司如果还按面值发行该债券，他们能筹集到资金吗？

一、长期借款

（一）长期借款的管理

长期借款是指企业向银行或其他金融机构借入的期限在1年以上（不含1年）的各种借款。

（二）长期借款的账务处理

1. 取得长期借款

企业借入长期借款，应按实际收到的金额，借记"银行存款"科目，贷记"长期借款——本金"科目；如存在差额，还应借记"长期借款——利息调整"科目。

典例研习9-26

长升公司为增值税一般纳税人，于2020年11月30日从银行借入资金3 000 000元，借款期限为3年，年利率为4.8%（到期一次还本付息，不计复利），所借款项已存入银行。长升公司用该借款于当日购买不需安装的设备一台，价款为2 000 000元，增值税税额为260 000元，另支付保险等费用100 000元，设备已于当日投入使用。长升公司应编制如下会计分录：

（1）取得借款时。

借：银行存款　　　　　　　　　　　　　　　　　　3 000 000
　　　贷：长期借款——本金　　　　　　　　　　　　　　3 000 000

（2）支付设备款及保险费用时。

借：固定资产　　　　　　　　　　　　　　　　　　2 100 000
　　应交税费——应交增值税（进项税额）　　　　　　 260 000
　　　贷：银行存款　　　　　　　　　　　　　　　　　　2 360 000

2. 发生长期借款利息

典例研习9-27

承接典例研习9-26，长升公司于2020年12月31日计提长期借款利息。长升公司应编制如下会计分录：

借：财务费用　　　　　　　　　　　　　　　　　　　　　　　　12 000

　　贷：长期借款——应计利息　　　　　　　　　　　　　　　　　　　12 000

2020 年 12 月 31 日计提的长期借款利息 = 3 000 000 × 4.8% ÷ 12 = 12 000（元）

2021 年 1 月—2023 年 10 月末预提利息分录同上。

3. 归还长期借款

企业归还长期借款的本金时，应按归还的金额，借记"长期借款——本金"科目，贷记"银行存款"科目；按归还的利息，借记"应付利息"或"长期借款——应计利息"科目，贷记"银行存款"科目。

📖 典例研习 9 – 28

承接典例研习 9 – 26 和 9 – 27，长升公司于 2023 年 11 月 30 日，偿还该笔银行借款本息。长升公司应编制如下会计分录：

借：长期借款——本金　　　　　　　　　　　　　　　　　　　3 000 000

　　财务费用　　　　　　　　　　　　　　　　　　　　　　　　　12 000

　　应计利息　　　　　　　　　　　　　　　　　　　　　　　　　420 000

　　贷：银行存款　　　　　　　　　　　　　　　　　　　　　　　3 432 000

二、应付债券

（一）一般公司债券的发行

借：银行存款

　　贷：应付债券——面值

　　　　应付债券——利息调整（倒挤，或借方）

✏️ 素养之窗

　　理解国债和特别国债的含义，培养学生善于思考，理论与实际相结合的学习态度。对比特别国债无息无税的优势，培养学生人本主义情怀、爱国主义情怀和契约精神。

（二）利息调整的摊销

借：在建工程

　　贷：应付利息（分期付息）或应付债券——应计利息（到期一次还本付息）

　　　　应付债券——利息调整

借：应付利息（分期付息）或应付债券——应计利息（到期一次还本付息）

　　贷：银行存款

（三）债券的偿还

借：应付债券——面值

　　　　　　——应计利息（到期一次还本付息）

　　应付利息（分期付息）

　　贷：银行存款

📖 典例研习 9 – 29

长升公司发行公司债券为建造专用生产线筹集资金。所有款项均以银行存款支付。有关资料如下：

（1）2020 年 12 月 31 日，委托证券公司以 7 755 万元的价格发行 3 年期分期付息公司债券。该债券面值为 8 000 万元，票面年利率 4.5%，实际年利率 5.64%，每年付息一次，到期后按面值偿还。假定不考虑发行公司债券相关的交易费用。

（2）生产线建造工程采用出包方式，于 2021 年 1 月 1 日开始动工，发行债券所得款项当日全部支付给建造承包商，2022 年 12 月 31 日所建造生产线达到预定可使用状态。

（3）假定各年度利息的实际支付日期均为下年度的 1 月 10 日；2024 年 1 月 1 日支付 2023 年度利息，一并偿付面值。

长升公司计算得出该债券在各年年末的摊余成本、应付利息金额、当年应予资本化或费用化的利息金额、利息调整的本年摊销和年末余额，如表 9–3 所示。

表 9–3　实际利率法计算　　　　　　　　　　　　　　　　　　单位：万元

项目		2020 年 12 月 31 日	2021 年 12 月 31 日	2022 年 12 月 31 日	2023 年 12 月 31 日
年末摊余成本	面值	8 000	8 000	8 000	8 000
	利息调整	−245	−167.62	−85.87	0
	合计	7 755	7 832.38	7 914.13	8 000
当年应予资本化或费用化的利息金额			437.38	441.75	445.87
年末应付利息金额			360	360	360
"利息调整"本年摊销额			77.38	81.75	85.87

（1）2020 年 12 月 31 日，发行债券。

借：银行存款　　　　　　　　　　　　　　　　　　　　　　　　　　　7 755
　　应付债券——利息调整　　　　　　　　　　　　　　　　　　　　　　245
　　贷：应付债券——面值　　　　　　　　　　　　　　　　　　　　　　　　8 000

（2）2021 年 12 月 31 日，确认和结转利息。

借：在建工程（7 755 × 5.64%）　　　　　　　　　　　　　　　　　　437.38
　　贷：应付利息（8 000 × 4.5%）　　　　　　　　　　　　　　　　　　　360
　　　　应付债券——利息调整　　　　　　　　　　　　　　　　　　　　　77.38

（3）2022 年 1 月 10 日，支付利息。

借：应付利息　　　　　　　　　　　　　　　　　　　　　　　　　　　　360
　　贷：银行存款　　　　　　　　　　　　　　　　　　　　　　　　　　　360

（4）2022 年 12 月 31 日，确认和结转利息。

借：在建工程［（7 755 + 77.38）× 5.64%］　　　　　　　　　　　　441.75
　　贷：应付利息（8 000 × 4.5%）　　　　　　　　　　　　　　　　　　　360
　　　　应付债券——利息调整　　　　　　　　　　　　　　　　　　　　　81.75

（5）2023 年 1 月 10 日，支付利息。

借：应付利息　　　　　　　　　　　　　　　　　　　360
　　　贷：银行存款　　　　　　　　　　　　　　　　　　　　360

（6）2023 年 12 月 31 日，确认和结转利息。

借：财务费用（85.87 + 360）　　　　　　　　　　　445.87
　　　贷：应付利息（8 000 × 4.5%）　　　　　　　　　　　360
　　　　　应付债券——利息调整（245 − 77.38 − 81.75）　85.87

（7）2024 年 1 月 1 日，债券到期兑付。

借：应付利息　　　　　　　　　　　　　　　　　　　360
　　应付债券——面值　　　　　　　　　　　　　　　8 000
　　　贷：银行存款　　　　　　　　　　　　　　　　　　　8 360

（注：以上会计分录金额单位为万元）

📖 **知识链接**

抗疫特别国债"特"在哪

✏️ **任务实施**

（1）公司债券的发行方式有三种，即面值发行、溢价发行和折价发行。

（2）无论是按面值发行，还是按溢价发行或折价发行，均按债券面值计入"应付债券"科目的"面值"明细科目，实际收到的款项与面值的差额，计入"利息调整"明细科目。企业发行债券时，按实际收到的款项，借记"银行存款"等科目，按债券票面价值，贷记"应付债券——面值"科目，按借贷差额，贷记或借记"应付债券——利息调整"科目。

（3）不能，因为当市场利率高于票面利率时，如果按面值发行债券，投资者则会倾向于投资市场利率高的其他资产。只有折价发行，即发行价格低于债券票面金额，才能提高债券的吸引力，用于弥补相对市场平均水平少支付给投资者的利息。

任务二　技能训练

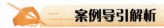 案例导引解析

1. 史玉柱成为"中国首负"总的来看有两个因素：一是决策失误，摊子铺得太大；二是管理不善，经营失控。

2. 债务筹资和权益筹资的区别主要在于债务筹资是通过增加企业的负债来获取的，如向银行贷款、发行债券、向供货商借款等，必须到期偿还，一般还要支付利息；而权益筹资则通过增加企业的所有者权益来获取，如发行股票、增资扩股、利润留存，权益性资金是企业的自有资金，不需要偿还，不需要支付利息，但可以视企业经营情况进行分红、派息。

3. 负债经营可以弥补企业营运和长期发展资金的不足，也不会影响企业所有者对企业的控制权。

项目九　综合训练

项目十　所有者权益的核算

学习目标

知识目标

1. 了解所有者权益的概念和构成；
2. 熟练掌握实收资本（股本）和资本公积的核算；
3. 熟练掌握盈余公积和未分配利润的核算。

能力目标

1. 能够理解所有者权益概念和构成；
2. 能够进行实收资本（股本）和资本公积的核算；
3. 能够进行盈余公积和未分配利润的核算。

素养目标

培养学生规范注册资本、不擅自改变注册资本或抽逃资金的法律意识。

重难点

任务	重难点	重要程度
任务一	所有者权益的概念	★★
任务二	实收资本来源和增减变动内容	★★★★★
任务三	资本公积的账务处理	★★★★★
任务四	留存收益内容及账务处理	★★★★★

知识结构导图

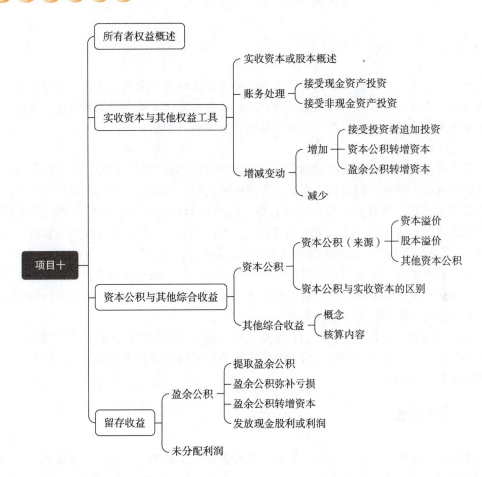

案例导引

深圳市晋铭航空技术有限公司（以下简称"晋铭航空"）为增值税一般纳税人。2023年1月1日，所有者权益总额为100 000万元，其中股本60 000万元，资本公积10 000万元，盈余公积12 000万元，未分配利润18 000万元。2023年1月5日，接受华庆股份有限公司投入一批原材料，合同约定价格1 000万元（与公允价值相符），增值税130万元；晋铭航空增加股本800万元；2023年7月，因扩大经营规模，经股东大会批准，晋铭航空将盈余公积5 000万元转增资本；8月底经股东大会决议并报有关部门批准后，增发普通股4 000万股，每股面值1元，每股发行价格5元，发行款已全部收到并存入银行。

【思考】

1. 华庆股份有限公司的投资额是多少？如何进行核算？
2. 晋铭航空7月的增资对所有者权益有何影响？
3. 晋铭航空发行股票对资本公积有何影响？如何核算？

任务一　所有者权益概述

⚙ 任务布置

众所周知，债权人对企业资产的要求权，站在企业的角度来看，就是企业将来应归还债权人的债务，企业存续期间内须偿还。债权人权益分为流动负债和非流动负债。而所有者权益也是对企业资产的要求权，那所有者权益通常由哪些内容构成呢？

所有者权益，是指企业资产扣除负债后，由所有者享有的剩余权益。公司的所有者权益又称为股东权益。所有者权益是所有者对企业资产的剩余索取权，它是企业的资产扣除债权人权益后应由所有者享有的部分。所有者权益的来源包括所有者投入的资本、其他综合收益、留存收益等，通常由股本（或实收资本）、资本公积（含股本溢价或资本溢价、其他资本公积）、其他综合收益、盈余公积和未分配利润等构成。

所有者投入的资本，是指所有者投入企业的资本部分，既包括构成企业注册资本或股本的金额，也包括投入资本超过注册资本或股本部分的金额，即资本溢价或股本溢价，这部分投入资本作为资本公积（资本溢价）反映。

其他综合收益，是指企业根据会计准则规定未在当期损益中确认的各项利得和损失。

留存收益，是指企业从历年实现的利润中提取或形成的留存于企业的内部积累，包括盈余公积和未分配利润。

✎ 任务实施

> 所有者权益是指企业资产扣除负债后由所有者享有的剩余权益。包括实收资本（或股本）、资本公积、盈余公积和未分配利润。在股份制企业又称为股东权益。所有者权益是企业投资人对企业净资产的所有权。它受总资产和总负债变动的影响而发生增减变动。

任务一　技能训练

任务二　实收资本与其他权益工具

⚙ 任务布置

对资本进行真实、准确、完整的确认与计量，是保护投资者合法权益的会计基本职责，是建立投资者权益得到充分保护的股票市场和发挥资本市场直接融资功能的基础。那么在接受投资者投资时股东出资的形式有哪些呢？企业增加注册资本具体有哪些途径呢？

一、实收资本或股本概述

（一）实收资本或股本

1. 相关概念

实收资本是指企业按照章程规定或合同、协议约定，接受投资者投入企业的资本。实收资本的构成比例或股东的股份比例，是确定所有者在企业所有者权益中所占份额的基础，也是企业进行利润或股利分配的主要依据。对股份有限公司而言，实收资本又称为股本，即发起人按照合同或协议约定投入的资本和社会公众在公司发行股票时认购股票缴入的资本，其在金额上等于股份面值和股份总额的乘积。

2. 股东出资形式

《中华人民共和国公司法》规定，股东可以用货币出资，也可以用实物、知识产权、土地使用权等可以用货币估价并可以依法转让的非货币财产作价出资；但是，法律、行政法规规定不得作为出资的财产除外。

小贴士

注册资本登记当中分为两种缴纳制度，分别是公司注册资本实缴与认缴制度。

注册资本实缴登记制是指企业营业执照上的注册资本是多少，该公司的银行验资账户上就必须有相应数额的资金，工商登记的注册资本和股东实缴的总资本相符。注册资本认缴登记制是指公司股东或发起人在公司章程中可自主约定自己所认缴的出资额、出资方式、出资期限等内容，在办理工商登记手续时，工商部门只登记公司认缴的注册资本总额，无须登记实收资本，不再收取验资证明文件，公司的注册资本为在工商机关登记的全体股东认缴的出资额。实缴制度需要占用公司的一部分资金，从而降低了公司的资本运作效率。新公司法规定将原本的实缴改为认缴制，这使创业的门槛降低了，提高了人们创新创立公司的积极性。

3. 增减变动

一般情况下，企业的实收资本应相对不变，但在某些特定情况下，实收资本也可能发生增减变化。我国《企业法人登记管理条例施行细则》规定，除国家另有规定外，企业的注册资金应当与实收资本相一致，当实收资本比原注册资金增加或减少超过20%时，应持资金使用证明或者验资证明，向原登记主管机关申请变更登记。如擅自改变注册资本或抽逃资金，要受到工商行政管理部门的处罚。

素养之窗

通过对《企业法人登记管理条例施行细则》中的注册资本管理制度讲解，引导学生要规范注册资本的使用，遵守会计法律制度，以及财经法规相关规定。培养学生用法律思维思考问题，保持诚实守信的基本原则和谨慎的职业态度。

（二）实收资本或股本的确认与计量

股份有限公司应设置"股本"科目，其他各类企业应设置"实收资本"科目，反映和监督企业实际收到的投资者投入资本的情况。"实收资本"科目贷方登记企业收到投资者符合注册资本的出资额；借方登记企业按照法定程序报经批准减少的注册资本额；期末余额在贷方，反映企业实有的资本额。"实收资本"科目应按照投资者设置明细账。"股本"科目贷方登记已发行的股票面值；借方登记经批准核销的股票面值；期末贷方余额反映发行在外的股票面值。"股本"科目应当按照股票的类别设置明细账进行明细核算。

二、实收资本或股本的账务处理

（一）接受现金资产投资

1. 股份有限公司以外的企业接受现金资产投资

企业接受现金资产投资时，应以实际收到的金额或存入企业开户银行的金额，借记"银行存款"等科目，按投资合同或协议约定的投资者在企业注册资本中所占份额的部分，贷记"实收资本"科目，差额贷记"资本公积——资本溢价"科目。

📖 典例研习 10-1

甲、乙、丙共同投资设立深圳市晋铭航空技术有限公司，注册资本为 1 000 000 元，甲、乙、丙持股比例分别为 60%、25% 和 15%。按照章程规定，甲、乙、丙投入资本分别为 600 000 元、250 000 元和 150 000 元。晋铭航空已如期收到各投资者一次缴足的款项。则晋铭航空应编制如下会计分录：

```
借：银行存款                          1 000 000
    贷：实收资本——甲                          600 000
              ——乙                          250 000
              ——丙                          150 000
```

2. 股份有限公司接受现金资产投资

股份有限公司发行股票时，既可以按面值发行股票，也可以溢价发行（我国目前不允许折价发行）。股份有限公司在核定的股本总额及核定的股份总额的范围内发行股票时，应在实际收到现金资产时进行会计处理。股份有限公司发行股票收到现金资产时，借记"银行存款"等科目，按每股股票面值和发行股份总数的乘积计算的金额，贷记"股本"科目，实际收到的金额与该股本之间的差额，贷记"资本公积——股本溢价"科目。股份有限公司发行股票发生的手续费、佣金等交易费用，应从溢价中抵扣，冲减资本公积（股本溢价）。

📖 典例研习 10-2

晋铭航空发行普通股 10 000 000 股，每股面值 1 元，每股发行价格 4 元。假定股票发行成功，股款 40 000 000 元已全部收到，不考虑发行过程中的税费等因素。根据资料，晋铭航空应编制如下会计分录：

借：银行存款　　　　　　　　　　　　　　　　　　　　　　　40 000 000
　　贷：股本　　　　　　　　　　　　　　　　　　　　　　　　10 000 000
　　　　资本公积——股本溢价　　　　　　　　　　　　　　　30 000 000

（二）接受非现金资产投资

1. 接受投入固定资产

除了外购和自行建造固定资产外，企业接受投入的固定资产也是其取得固定资产的途径。企业接受投资者作价投入的房屋、建筑物、机器设备等固定资产，应按投资合同或协议约定的价值（不公允的除外）作为固定资产的入账价值，按投资合同或协议约定的投资者在企业注册资本或股本中所占份额的部分作为实收资本或股本入账，超过投资者在企业注册资本或股本中所占份额的部分，计入资本公积（资本溢价或股本溢价）。

典例研习 10 - 3

晋铭航空于设立时收到乙公司作为资本投入的不需要安装的机器设备一台，合同约定该机器设备的价值为 1 000 000 元，增值税进项税额为 130 000 元（由投资方支付税款，并提供或开具增值税专用发票）。经约定，晋铭航空接受乙公司的投入资本为 1 130 000 元，全部作为实收资本。合同约定的固定资产价值与公允价值相符，不考虑其他因素。晋铭航空应编制如下会计分录：

借：固定资产　　　　　　　　　　　　　　　　　　　　　　1 000 000
　　应交税费——应交增值税（进项税额）　　　　　　　　　　130 000
　　贷：实收资本　　　　　　　　　　　　　　　　　　　　　1 130 000

2. 接受投入材料物资

企业接受投资者作价投入的材料物资，应按投资合同或协议约定的价值（不公允的除外）作为材料物资的入账价值，按投资合同或协议约定的投资者在企业注册资本或股本中所占份额的部分作为实收资本或股本入账，投资合同或协议约定的价值（不公允的除外）超过投资者在企业注册资本或股本中所占份额的部分，计入资本公积（资本溢价或股本溢价）。

典例研习 10 - 4

晋铭航空于设立时收到大华公司作为资本投入的原材料一批，该批原材料投资合同或协议约定价值（不含可抵扣的增值税进项税额部分）为 200 000 元，增值税进项税额为 26 000 元（由投资方支付税款，并提供或开具增值税专用发票）。合同约定的价值与公允价值相符，不考虑其他因素。晋铭航空对原材料按实际成本进行日常核算。晋铭航空应编制如下会计分录：

借：原材料　　　　　　　　　　　　　　　　　　　　　　　200 000
　　应交税费——应交增值税（进项税额）　　　　　　　　　　26 000
　　贷：实收资本　　　　　　　　　　　　　　　　　　　　　226 000

3. 接受投入的无形资产

企业收到以无形资产方式投入的资本，应按投资合同或协议约定的价值（不公允的除外）作为无形资产的入账价值，按投资合同或协议约定的投资者在企业注册资本或股本中所占份额的部分作为实收资本或股本入账，投资合同或协议约定的价值（不公允的除外）

超过投资者在企业注册资本或股本中所占份额的部分，计入资本公积（资本溢价或股本溢价）。

三、实收资本（或股本）的增减变动

（一）实收资本（或股本）的增加

一般企业增加资本主要有三个途径：接受投资者追加投资、资本公积转增资本和盈余公积转增资本。企业按规定接受投资者追加投资时，其核算方法与投资者初次投入时相同。企业采用资本公积或盈余公积转增资本时，应按转增的资本金额确认实收资本或股本。用资本公积转增资本时，借记"资本公积——资本溢价（或股本溢价）"科目，贷记"实收资本"（或"股本"）科目。用盈余公积转增资本时，借记"盈余公积"科目，贷记"实收资本"（或"股本"）科目。

✎ 特别提示

由于资本公积和盈余公积均属于所有者权益，用其转增资本时，如果是独资企业比较简单，直接结转即可。如果是股份有限公司或有限责任公司应该按照原投资者各自出资比例相应增加各投资者的出资额。

📖 典例研习 10 - 5

甲、乙、丙三人共同投资设立了晋铭航空技术有限公司，原注册资本为 8 000 000 元，甲、乙、丙分别出资 1 000 000 元、4 000 000 元和 3 000 000 元。为扩大经营规模，经批准，晋铭航空技术有限公司注册资本扩大为 16 000 000 元，甲、乙、丙按照原出资比例分别追加投资 1 000 000 元、4 000 000 元和 3 000 000 元。晋铭航空技术有限公司如期收到甲、乙、丙追加的现金投资。晋铭航空技术有限公司应编制如下会计分录：

```
借：银行存款                                    8 000 000
    贷：实收资本——甲                            1 000 000
              ——乙                            4 000 000
              ——丙                            3 000 000
```

（二）实收资本（或股本）的减少

企业实收资本减少的原因一般包括以下几种：一是资本过剩；二是企业发生重大亏损而减少实收资本；三是因企业发展需要而调节资本结构。股份有限公司返还投资时，采用收购本公司股票方式减资的，应通过"库存股"科目核算回购股份的金额。回购本公司股份时，按实际支付的价款，借记"库存股"科目，贷记"银行存款"科目；减资时（注销股份时），按股票面值和注销股数计算的股票面值总额，借记"股本"科目，按注销库存股的账面余额，贷记"库存股"科目。如果回购股票支付的价款高于股票面值总额（溢价回购），按其差额，借记"资本公积——股本溢价"科目，股本溢价不足冲减的，应借记"盈余公积""利润分配——未分配利润"科目；如果回购股票支付价款低于股票面值总额（折价回购），应按股票面值总额，借记"股本"科目，按所注销的库存股账面余额，贷记"库存股"科目，按其差额，贷记"资本公积——股本溢价"科目。

典例研习 10 - 6

晋铭航空 2022 年 12 月 31 日的股本为 10 000 000 元（面值为 1 元），资本公积（股本溢价）为 3 000 000 元，盈余公积为 4 000 000 元。经股东大会批准，晋铭航空以现金回购方式回购本公司股票 2 000 000 股并注销。假定晋铭航空按每股 2 元回购股票，不考虑其他因素。晋铭航空应编制如下会计分录：

（1）回购本公司股份时。

库存股成本 = 2 000 000 × 2 = 4 000 000（元）

借：库存股　　　　　　　　　　　　　　　　　　　　　4 000 000

　　贷：银行存款　　　　　　　　　　　　　　　　　　　　　4 000 000

（2）注销本公司股份时。

应冲减的资本公积 = 2 000 000 × 2 - 2 000 000 × 1 = 2 000 000（元）

借：股本　　　　　　　　　　　　　　　　　　　　　　2 000 000

　　资本公积——股本溢价　　　　　　　　　　　　　　2 000 000

　　贷：库存股　　　　　　　　　　　　　　　　　　　　　4 000 000

二　任务实施

《中华人民共和国公司法》规定，股东可以用货币出资，也可以用实物、知识产权、土地使用权等可以用货币估价并可以依法转让的非货币财产作价出资；但是，法律、行政法规规定不得作为出资的财产除外。企业增加资本的途径包括：①将企业的资本公积转增为实收资本；②将企业的盈余公积转增为实收资本；③获得投资者或企业所有者的投入款项增加实收资本。

任务二　技能训练

任务三　资本公积与其他综合收益

任务布置

在企业创立时，投资者认缴的出资额与注册资本一致，一般不会产生资本溢价。但在企业重组或有新的投资者加入时，常常会出现资本溢价。企业在筹集资金过程中为什么会存在资本溢价呢？怎样理解资本溢价现象？

一、资本公积

资本公积是企业收到投资者出资额超出其在注册资本（或股本）中所占份额的部分，以及其他资本公积等。资本公积包括资本溢价（或股本溢价）和其他资本公积。资本溢价（或股本溢价）是企业收到投资者的超出其在企业注册资本（或股本）中所占份额的投资。其他资本公积是指除资本溢价（或股本溢价）以外所形成的资本公积。

（一）资本公积的确认与计量

资本溢价按投资者超额缴入资本的数额，即投资者实际缴入的款额超过其在企业注册资本中所占份额的数额确认与计量。股本溢价按溢价发行股票的溢价扣除发行费用后的数额，即股份有限公司发行股票实际收到的款额超过其股票面值总额的部分确认与计量。

（二）资本公积的账务处理

为了反映和监督企业资本公积的增减变动情况，企业应设置"资本公积"科目。该科目贷方登记资本公积的增加额；借方登记资本公积的减少额；期末贷方余额反映企业资本公积结余额。该科目的明细账按资本公积的类别设置。

资本公积的核算包括资本溢价（或股本溢价）的核算、其他资本公积的核算和资本公积转增资本的核算等内容。

1. 资本溢价的核算

在按面值发行股票的情况下，企业发行股票取得的收入，应全部作为股本处理；在溢价发行股票的情况下，企业发行股票取得的收入，等于股票面值部分计入股本，超出股票面值的溢价收入计入股本溢价。

发行股票相关的手续费、佣金等交易费用，如果是溢价发行股票的，应从溢价中抵扣，冲减资本公积（股本溢价）；无溢价发行股票或溢价金额不足以抵扣的，应将不足抵扣的部分冲减盈余公积，盈余公积不足抵扣的，冲减未分配利润。

📖 典例研习 10 – 7

晋铭航空首次公开发行普通股 50 000 000 股，每股面值 1 元，每股发行价格为 4 元。晋铭航空与证券公司约定，按发行收入的 3% 收取佣金，从发行收入中扣除。假定收到的股款已存入银行。

晋铭航空应编制如下会计分录：

借：银行存款 194 000 000
　　贷：股本 50 000 000
　　　资本公积——股本溢价 144 000 000

2. 其他资本公积的核算

采用权益法核算的长期股权投资。企业对被投资单位的长期股权投资采用权益法核算的，在持股比例不变的情况下，对因被投资单位除净损益、其他综合收益和利润分配以外的所有者权益的其他变动，应按持股比例计算其应享有或应分担被投资单位所有者权益的增减数额，调整长期股权投资的账面价值和资本公积（其他资本公积）。在处置长期股权投资时，应转销与该笔投资相关的其他资本公积。

二、其他综合收益的核算

其他综合收益是指企业根据其他会计准则规定未在当期损益中确认的各项利得和损失。包括以后会计期间不能重分类进损益的其他综合收益和以后会计期间满足规定条件时将重分类进损益的其他综合收益两类。

1. 以后会计期间不能重分类进损益的其他综合收益项目

以后会计期间不能重分类进损益的其他综合收益项目，主要包括重新计量设定受益计划净负债或净资产导致的变动、按照权益法核算因被投资单位重新计量设定受益计划净负债或净资产变动导致的权益变动，投资企业按持股比例计算确认的该部分其他综合收益项目，以及在初始确认时，企业可以将非交易性权益工具指定为以公允价值计量且其变动计入其他综合收益的金融资产，该指定一经做出，不得撤销，即当该类非交易性权益工具终止确认时原计入其他综合收益的公允价值变动损益不得重分类进损益。

素养之窗

非交易性权益工具终止确认时原计入其他综合收益的公允价值变动损益不得重分类进损益。该指定一经做出，不得撤销。要求学生应遵守会计准则和会计法律制度，诚实守信、爱岗敬业，按照会计法律、法规依法办事，与时俱进，持续学习。

2. 以后会计期间满足规定条件时将重分类进损益的其他综合收益项目

以后会计期间满足规定条件时将重分类进损益的其他综合收益项目，主要包括以下几种：

（1）符合金融工具准则规定，同时符合两个条件的金融资产应当分类为以公允价值计量且其变动计入其他综合收益。

（2）按照金融工具准则规定，将以公允价值计量且其变动计入其他综合收益的债务工具投资重分类为以摊余成本计量的金融资产的，或重分类为以公允价值计量且其变动计入当期损益的金融资产的，按规定可以将原计入其他综合收益的利得或损失转入当期损益的部分。

（3）采用权益法核算的长期股权投资，按照被投资单位实现其他综合收益的金额，调整长期股权投资的账面价值，同时增加或减少其他综合收益。

（4）存货或自用房地产转换为投资性房地产。企业将作为存货的房地产转换为采用公允价值模式计量的投资性房地产时，转换日的公允价值大于账面价值的，按其差额，贷记"其他综合收益"科目。

（5）现金流量套期工具产生的利得或损失中属于有效套期的部分。

（6）外币财务报表折算差额。

任务实施

资本溢价是指企业在筹集资金的过程中，投资人的投入资本超过其注册资本的数额。该项差额是按投资人的出资额与其在新增注册资本中应占的份额数的差异计算的。在创立时投资，不但投资风险性很大，而且资本利润率很低，而新加入的投资者既避开了产品试生产、开辟市场的风险，又享受了企业经营过程中业已形成的留存收益。因此，为了维护原有投资者的权益，新加入的投资者要付出大于原有投资者的出资额，才能取得与原投资者相同的投资比例。

任务三 技能训练

任务四 留存收益

❀ 任务布置

利润分配，是指企业根据国家有关规定和企业章程、投资者协议等，对企业当年可供分配的利润所进行的分配。在未分配利润管理的过程中，利润分配的顺序是怎样的？企业如何计算年末的未分配利润？

一、留存收益的管理

留存收益是指企业从历年实现的利润中提取或形成的留存于企业的内部积累，包括盈余公积和未分配利润。

（一）盈余公积的管理

盈余公积是指企业按照有关规定从净利润中提取的积累资金。公司制企业的盈余公积包括法定盈余公积和任意盈余公积。其中，法定盈余公积是指企业按照规定的比例从净利润中提取的盈余公积；任意盈余公积是指企业按照股东会或股东大会决议提取的盈余公积。企业提取的盈余公积经批准可用于弥补亏损、转增资本、发放现金股利或利润等。

按照《中华人民共和国公司法》有关规定，公司制企业应按照净利润（减弥补以前年度亏损，下同）10%提取法定盈余公积。非公司制企业法定盈余公积的提取比例可超过净利润的10%。法定盈余公积累计额已达注册资本的50%时可以不再提取。值得注意的是，如果以前年度未分配利润有盈余（即年初未分配利润余额为正数），在计算提取法定盈余公积的基数时，不应包括企业年初未分配利润；如果以前年度有未弥补的亏损（即年初未分配利润余额为负数），应先弥补以前年度亏损再提取盈余公积。

（二）未分配利润的管理

未分配利润是指企业实现的净利润经过弥补亏损、提取盈余公积和向投资者分配利润后留存在企业的、历年结存的利润。相对于所有者权益的其他部分来说，企业对于未分配利润的使用有较大的自主权。

上述过程中的利润分配，是指企业根据国家有关规定和企业章程、投资者协议等，对企业当年可供分配的利润所进行的分配。利润分配以可供分配利润为基础，按以下顺序进行：①提取法定盈余公积；②提取任意盈余公积；③向投资者分配利润。其中，可供分配利润的计算公式如下：

$$可供分配利润 = 当年实现的净利润（或净亏损）+ 年初未分配利润$$
$$（或 - 年初未弥补亏损）+ 其他转入$$

知识点拨

根据财政部、税务总局《关于延长高新技术企业和科技型中小企业亏损结转年限的通知》规定，从2021年1月1日起，当年具有高新技术企业或中小科技企业资质的企业，5年未弥补的亏损允许在后续年度弥补，最长结转年限由5年延长至10年。

根据《财政部　税务总局　发展改革委　工业和信息化部关于促进集成电路产业和软件产业高质量发展企业所得税政策的公告》（财政部　税务总局　发展改革委　工业和信息化部公告2020年第45号）的规定，国家鼓励的线宽小于130纳米（含）的集成电路生产企业，属于国家鼓励的集成电路生产企业清单年度之前5个纳税年度发生的尚未弥补完的亏损，准予向以后年度结转，总结转年限最长不得超过10年。

二、留存收益的账务处理

（一）盈余公积的账务处理

为了反映和监督盈余公积的形成和使用情况，企业应设置"盈余公积"科目。

该科目贷方登记按规定提取的盈余公积数额；借方登记用盈余公积弥补亏损和转增资本的实际数额；贷方余额反映企业的盈余公积。"盈余公积"科目应按照盈余公积形成的来源分设"法定盈余公积"和"任意盈余公积"两个明细科目。

1. 提取盈余公积

企业按规定提取盈余公积时，应通过"利润分配"和"盈余公积"等科目核算。分录为：

借：利润分配——提取法定盈余公积
　　贷：盈余公积——法定盈余公积

2. 盈余公积弥补亏损

其会计分录为：

借：盈余公积
　　贷：利润分配——盈余公积补亏

3. 盈余公积转增资本

其会计分录：

借：盈余公积
　　贷：股本

（二）未分配利润的账务处理

在会计处理上，"未分配利润"设置"利润分配——未分配利润"明细科目进行核算，反映企业利润的分配（或亏损的弥补）和历年分配（或弥补）后的未分配利润（或未弥补亏损）。"利润分配"科目应设置"提取法定盈余公积""提取任意盈余公积""应付现金股利或利润""盈余公积补亏""未分配利润"等明细科目进行明细核算。

年度终了，企业应将全年实现的净利润或发生的净亏损，自"本年利润"科目转入"利润分配——未分配利润"科目，并将"利润分配"科目所属其他明细科目的余额，转入"未分配利润"明细科目。结转后，"利润分配——未分配利润"科目如为贷方余额，表示累积未分配的利润金额；如为借方余额，则表示累积未弥补的亏损金额。

素养之窗

党的二十大报告提出"在全社会弘扬劳动精神、奋斗精神、奉献精神、创造精神、勤俭节约精神，培育时代新风新貌"，我们要从社会主义核心价值观等方面深刻理解"五种精神"的内涵。会计岗位的重要性要求会计人员必须具备财经法规意识和会计职业道德，企业利润分配流程要求会计人员必须具备较强的责任心，细致、严谨、认真的工作态度，要能坚持会计准则，弘扬劳动精神、奋斗精神、奉献精神，有服务意识，有良好的纪律性，具备团队合作精神。

任务实施

利润分配以可供分配利润为基础，按以下顺序进行：①提取法定盈余公积；②提取任意盈余公积；③投资者分配利润。

可供分配利润的计算公式如下：

可供分配利润＝当年实现的净利润（或净亏损）＋年初未分配利润

（或－年初未弥补亏损）＋其他转入

任务四　技能训练

案例导引解析

（1）华庆股份有限公司的投资额为 1 000 万元。会计分录为（单位：万元）：

借：原材料　　　　　　　　　　　　　　　　　　　　　　　1 000

应交税费——应交增值税（进项税额）	130
贷：实收资本	800
资本公积——资本溢价	330

（2）晋铭航空将盈余公积5 000万元转增资本对所有者权益没有影响。会计分录为：

借：盈余公积	5 000
贷：实收资本	5 000

（3）晋铭航空发行股票对资本公积——资本溢价增加16 000万元。会计分录为：

借：银行存款	20 000
贷：股本	4 000
资本公积——资本溢价	16 000

项目十　综合训练

项目十一　收入、费用与利润的核算

学习目标

知识目标

1. 熟悉收入的概念、特征、分类；
2. 掌握收入确认与计量的基本方法；
3. 熟悉费用的内容及其分类；
4. 熟悉利润的构成内容。

能力目标

1. 能够对一般销售商品收入进行核算及账务处理；
2. 能够对合同取得成本与合同履约成本进行核算及账务处理；
3. 能够对期间费用进行核算，能够对利润进行核算。

素养目标

1. 引导学生在会计核算中遵守职业操守，提高责任意识，增强社会责任感；
2. 培养和提高学生在特定业务情境中分析问题与科学决策的能力；
3. 结合"收入、费用及利润"的教学内容及行业规范或标准，分析会计行为的善恶，强化学生的职业道德素质，做到学思用贯通，知信行统一。

重难点

任务	重难点	重要程度
任务一	销售商品收入的确认与计量	★★★★
任务二	成本与费用的区分；税金及附加的核算	★★★
任务三	利润的构成、所得税的费用计算及账务处理	★★★

知识结构导图

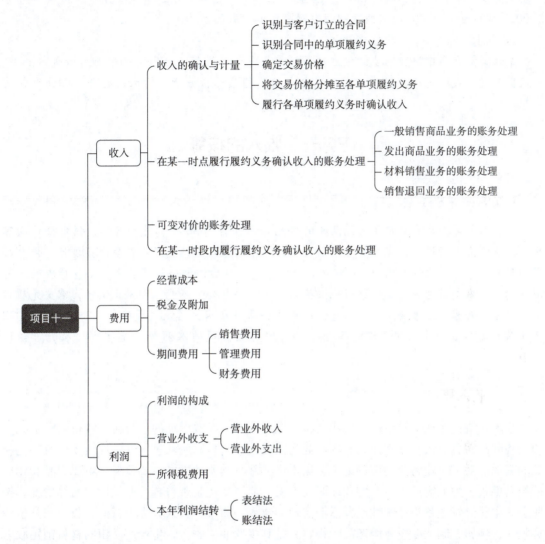

- 项目十一
  - 收入
    - 收入的确认与计量
      - 识别与客户订立的合同
      - 识别合同中的单项履约义务
      - 确定交易价格
      - 将交易价格分摊至各单项履约义务
      - 履行各单项履约义务时确认收入
    - 在某一时点履行履约义务确认收入的账务处理
      - 一般销售商品业务的账务处理
      - 发出商品业务的账务处理
      - 材料销售业务的账务处理
      - 销售退回业务的账务处理
    - 可变对价的账务处理
    - 在某一时段内履行履约义务确认收入的账务处理
  - 费用
    - 经营成本
    - 税金及附加
    - 期间费用
      - 销售费用
      - 管理费用
      - 财务费用
  - 利润
    - 利润的构成
    - 营业外收支
      - 营业外收入
      - 营业外支出
    - 所得税费用
    - 本年利润结转
      - 表结法
      - 账结法

案例导引

在 2019 年 5 月 17 日证监会新闻发布会上，新闻发言人指出，康美药业（ST 康美 600518）的 2016—2018 年财务报表存在重大虚假。第一，使用虚假银行单据虚增存款；第二，通过伪造业务凭证进行收入造假；第三，部分资金转入关联方账户买卖本公司股票。在此之前康美药业发布的会计差错更正公告中也暴露出三大问题：虚增收入和利润、大股东违规占用上市公司巨额资金、虚增巨额货币资金。其中核心问题是虚增营业收入和净利润。

根据康美药业发布的会计差错更正公告，其 2017 年度合并利润表营业收入由 264.77 亿元调减为 175.79 亿元，当期虚增营业收入 88.98 亿元，营业成本也调减了 76.62 亿元；2017 年销售费用、管理费用则分别少计了 4.97 亿元和 2.28 亿元。虚增 2017 年营业收入，少计销售费用、管理费用，其目的显然是虚增报表利润。值得一提的是，或许是为了掩饰其虚增巨额利润对投资者的视觉冲击，康美药业在公告中并未披露由于上述会计差错而虚增巨额利润的数据，而是披露了上述会计差错对每股收益的影响，其 2017 年每股收益由 0.784 元调减为 0.388 元。由于虚增 2017 年营业收入，少计销售费用、管理费用等，康美药业虚增 2017 年归属于母公司股东的净利润金额高达 19.51 亿元。

【思考】

上述案例资料中康美药业的做法对吗？你从中得到了什么启示？你毕业后能否这样做？请从世界观、人生观和价值观的角度结合职业道德素养，分析该行为的善恶，并谈谈你的感想。

任务一　收入的核算

⚙ 任务布置

某供电公司与客户签订了为期两年的供电合同，自 2022 年 1 月 1 日起，供电公司向客户按商业电价进行供电，客户每月末通过银行转账的方式交纳电费。在合同签订日，供电公司向客户收取了一次性入网费 2 000 元。合同签订三日后供电公司获悉客户陷入严重的经营困境，将很难支付电费，但根据当地法律的规定，供电公司不能立即停止供电，需要先履行催交程序，若客户经催交后仍不缴费，则供电公司可在客户首次欠费的第 4 个月（即 2022 年 5 月）起停止供电。请思考：供电公司收到的该公司的入网费，能作为收入进行会计处理吗？

一、收入概述

收入是指企业在日常活动中形成的、会导致所有者权益增加的、与所有者投入资本无关的经济利益的总流入。日常活动是指企业为完成其经营目标所从事的经常性活动以及与之相关的其他活动。企业为获得市场地位、竞争优势都有其所从事的主要业务、主要产品和相应的经营模式，为如实反映企业的业绩驱动因素、业绩变化是否符合行业发展状况等情况，按照企业主要经营业务等经常性经营活动实现的收入，通常将收入分为主营业务收入和其他业务收入，例如，制造业企业的产品销售收入是其主营业务收入，生产产品用的材料销售收入或出租包装物等收入则属于其他业务收入；又如，商业银行的利息收入是其主营业务收入。

二、收入的确认与计量

按照《企业会计准则第 14 号——收入》的相关规定，收入的确认和计量基本步骤大致可分为以下五步：

（一）识别与客户订立的合同

合同是指双方或多方之间订立有法律约束力的权利义务的协议。合同有书面形式、口头形式以及其他形式。合同的存在是企业确认客户合同收入的前提，企业与客户之间的合同一经签订，企业即享有从客户取得与转移商品和服务对价的权利，同时负有向客户转移商品和服务的履约义务。

1. 收入确认的原则

企业应当在履行了合同中的履约义务，即在客户取得相关商品控制权时确认收入。取得相关商品控制权，是指客户能够主导该商品的使用并从中获得几乎全部经济利益，也包括有能力阻止其他方主导该商品的使用并从中获得经济利益。取得商品控制权包括三个要素：一是客户必须拥有现时权利，能够主导该商品的使用并从中获得几乎全部经济利益。如果客户只能在未来的某一期间主导该商品的使用并从中获益，则表明其尚未取得该商品的控制权。二是客户有能力主导该商品的使用，即客户在其活动中有权使用该商品，或者能够允许或阻止其他方使用该商品。三是客户能够获得几乎全部的经济利益。

需要说明的是，本项目所称的客户是指与企业订立合同以向该企业购买其日常活动产出的商品并支付对价的一方；所称的商品包括商品和服务。本项目的收入不涉及企业对外出租资产收取的租金、进行债权投资收取的利息、进行股权投资取得的现金股利以及保费收入等。

📖 知识链接

《企业会计准则第 14 号——收入》

2. 收入确认的前提条件

企业与客户之间的合同同时满足下列五项条件的，企业应当在客户取得相关商品控制权时确认收入：

（1）合同各方已批准该合同并承诺将履行各自义务。

（2）该合同明确了合同各方与所转让商品相关的权利和义务。

（3）该合同有明确的与所转让商品相关的支付条款。

（4）该合同具有商业实质，即履行该合同将改变企业未来现金流量的风险、时间分布或金额。

（5）企业因向客户转让商品而有权取得的对价很可能收回。

（二）识别合同中的单项履约义务

履约义务是指合同中企业向客户转让可明确区分商品或服务的承诺。企业应当将向客户转让可明确区分商品（或者商品的组合）的承诺以及向客户转让一系列实质相同且转让模式相同的、可明确区分商品的承诺作为单项履约义务。例如，企业与客户签订合同，向其销售商品并提供安装服务，该安装服务简单，除该企业外其他供应商也可以提供此类安装服务，该合同中销售商品和提供安装服务为两项单项履约义务。若该安装服务复杂且商品需要按客户定制要求修改，则合同中销售商品和提供安装服务合并为单项履约义务。

（三）确定交易价格

交易价格是指企业因向客户转让商品而预期有权收取的对价金额，不包括企业代第三方收取的款项（如增值税）以及企业预期将退还给客户的款项。合同条款所承诺的对价，可能是固定金额、可变金额或两者兼有。

📖 **典例研习 11 -1**

晋铭航空与客户签订合同为其建造一栋厂房,约定的价款为 100 万元,4 个月完工,交易价格为固定金额 100 万元;假如合同中约定若提前 1 个月完工,客户将额外奖励晋铭航空 10 万元,晋铭航空对合同估计工程提前 1 个月完工的概率为 95%。那么,晋铭航空该项业务的交易价格是多少?

本例中晋铭航空对合同估计工程提前 1 个月完工的概率为 95%,则预计有权收取的对价为 110 万元,即交易价格应包括固定金额 100 万元和可变金额 10 万元,总计为 110 万元。

(四) 将交易价格分摊至各单项履约义务

当合同中包含两项或多项履约义务时,需要将交易价格分摊至各单项履约义务,分摊的方法是在合同开始日,按照各单项履约义务所承诺商品的单独售价(企业向客户单独销售商品的价格)的相对比例,将交易价格分摊至各单项履约义务。通过分摊交易价格,使企业分摊至各单项履约义务的交易价格能够反映其因向客户转让已承诺的相关商品而有权收取的对价金额。

📖 **典例研习 11 -2**

晋铭航空与客户签订合同,向其销售 A,B,C 三件产品,不含增值税的合同总价款为 10 000 元。A,B,C 产品的不含增值税单独售价分别为 5 000 元、3 500 元和 7 500 元,合计 16 000 元。

本例中晋铭航空应按照 A,B,C 产品各单项履约义务所承诺商品的单独售价的相对比例进行分摊:

A 产品应当分摊的交易价格 = 5 000 ÷ 16 000 × 10 000 = 3 125(元)

B 产品应当分摊的交易价格 = 3 500 ÷ 16 000 × 10 000 = 2 187.5(元)

C 产品应当分摊的交易价格 = 7 500 ÷ 16 000 × 10 000 = 4 687.5(元)

(五) 履行各单项履约义务时确认收入

当企业将商品转移给客户,客户取得了相关商品的控制权,意味着企业履行了合同履约义务,此时,企业应确认收入。企业将商品控制权转移给客户,可能是在某一时段内(即履行履约义务的过程中)发生,也可能在某一时点(即履约义务完成时)发生。企业应当根据实际情况,首先判断履约义务是否满足在某一时段内履行的条件,如不满足,则该履约义务属于在某一时点履行的履约义务。

收入确认和计量的五个步骤中,第一步、第二步和第五步主要与收入的确认有关,第三步和第四步主要与收入的计量有关。

需要说明的是,一般而言,确认和计量任何一项合同收入应考虑全部的五个步骤。但履行某些合同义务确认收入不一定都经过五个步骤,如企业按照第二步确定某项合同仅为单项履约义务时,可以从第三步直接进入第五步确认收入,不需要第四步(分摊交易价格)。

三、收入核算应设置的会计科目

企业为了核算与客户之间的合同产生的收入及相关的成本费用,一般需要设置"主营业务收入""其他业务收入""主营业务成本""其他业务成本""合同取得成本""合同履约成本""合同资产""合同负债"等科目。

"主营业务收入"科目核算企业确认的销售商品、提供服务等主营业务的收入。

"其他业务收入"科目核算企业确认的除主营业务活动以外的其他经营活动实现的收入，包括出租固定资产、出租无形资产、出租包装物和商品、销售材料等实现的收入。

"主营业务成本"科目核算企业确认销售商品、提供服务等主营业务收入时应结转的成本。

"其他业务成本"科目核算企业确认的除主营业务活动以外的其他经营活动所形成的成本，包括出租固定资产的折旧额、出租无形资产的摊销额、出租包装物的成本或摊销额、销售材料的成本等。

"合同取得成本"科目核算企业取得合同发生的、预计能够收回的增量成本。该科目借方登记发生的合同取得成本，贷方登记摊销的合同取得成本，期末借方余额，反映企业尚未结转的合同取得成本。

"合同履约成本"科目核算企业为履行当前或预期取得的合同所发生的、不属于其他企业会计准则规范范围且按照收入准则应当确认为一项资产的成本。该科目借方登记发生的合同履约成本，贷方登记摊销的合同履约成本，期末借方余额，反映企业尚未结转的合同履约成本。该科目可按合同分别设置"服务成本""工程施工"等明细科目进行明细核算。

"合同资产"科目核算企业已向客户转让商品而有权收取对价的权利，且该权利取决于时间流逝之外的其他因素（如履行合同中的其他履约义务）。该科目借方登记因已转让商品而有权收取的对价金额，贷方登记取得无条件收款权的金额，期末借方余额，反映企业已向客户转让商品而有权收取的对价金额。

"合同负债"科目核算企业已收或应收客户对价而应向客户转让商品的义务。该科目贷方登记企业在向客户转让商品之前，已经收到或已经取得无条件收取合同对价权利的金额；借方登记企业向客户转让商品时冲销的金额；期末贷方余额，反映企业在向客户转让商品之前，已经收到的合同对价或已经取得的无条件收取合同对价权利的金额。

小贴士

企业发生减值的，还应当设置"合同履约成本减值准备""合同取得成本减值准备""合同资产减值准备"等科目进行核算。

四、在某一时点履行履约义务确认收入的账务处理

（一）在某一时点履行履约义务确认收入

企业一般商品销售属于在某一时点履行的履约义务。对于在某一时点履行的履约义务，企业应当在客户取得相关商品控制权时点确认收入。在判断控制权是否转移时，企业应当综合考虑下列迹象：

（1）企业就该商品享有现时收款权利，即客户就该商品负有现时付款义务。例如，晋铭航空与客户签订销售商品合同，约定客户有权定价且在收到商品无误后10日内付款。在客户收到晋铭航空开具的发票、商品验收入库后，客户能够自主确定商品的销售价格或商品的使用情况，此时晋铭航空享有收款权利，客户负有现时付款义务。

（2）企业已将该商品的法定所有权转移给客户，即客户已拥有该商品的法定所有权。例如，房地产企业向客户销售商品房，在客户付款后取得房屋产权证时，表明企业已将该商品房的法定所有权转移给客户。

（3）企业已将该商品实物转移给客户，即客户已占有该商品实物。例如，企业与客户签订交款提货合同，在企业销售商品并送货到客户指定地点，客户验收合格并付款，表明企业已将该商品实物转移给客户，即客户已占有该商品实物。

（4）企业已将该商品所有权上的主要风险和报酬转移给客户，即客户已取得该商品所有权上的主要风险和报酬。例如，某房地产公司向客户销售商品房办理产权转移手续后，该商品房价格上涨或下跌带来的利益或损失全部属于客户，表明客户已取得该商品房所有权上的主要风险和报酬。

（5）客户已接受该商品。例如，企业向客户销售为其定制生产的节能设备，客户收到并验收合格后办理入库手续，表明客户已接受该商品。

（6）其他表明客户已取得商品控制权的迹象。

（二）一般销售商品业务的账务处理

企业对外销售商品，在客户取得相关商品控制权时点确认收入，按确定的收入金额与应收取的增值税额，借记"库存现金""银行存款""应收账款""应收票据"等科目，按实现的收入贷记"主营业务收入"科目，按应交的增值税，贷记"应交税费——应交增值税（销项税额）"科目。

📖 典例研习 11 - 3

2023 年 1 月 1 日，晋铭航空向上海节能科技有限公司赊销一批商品，开具的增值税专用发票上注明售价为 50 000 元，增值税税额为 6 500 元，晋铭航空公司以银行存款 1 080 元代上海节能科技有限公司垫付运费。当日上海节能科技有限公司收到商品并验收入库，晋铭航空公司将委托收款凭证和债务证明提交开户银行，办妥托收手续；该批商品的实际成本为 42 000 元。

1 月 6 日，晋铭航空收到银行转来的收款通知，货款已全部收存银行。

本例中晋铭航空已向银行办妥委托收款手续，客户上海节能科技有限公司收到商品并验收入库，因此，该项业务为单项履约义务且属于在某一时点履行的履约义务。晋铭航空公司应编制如下会计分录：

（1）1 月 1 日，确认收入时。

借：应收账款	57 580
贷：主营业务收入	50 000
应交税费——应交增值税（销项税额）	6 500
银行存款	1 080

同时，结转销售商品成本。

借：主营业务成本	42 000
贷：库存商品	42 000

（2）1 月 6 日，收到收款通知。

借：银行存款	57 580
贷：应收账款	57 580

📖 **典例研习 11 - 4**

2023 年 1 月 1 日，晋铭航空与客户签订合同，向其销售 A，B 两种商品，A 商品的单独售价为 6 000 元，B 商品的单独售价为 24 000 元，合同价款为 25 000 元。合同约定，A 商品于合同开始日交付，B 商品在一个月之后交付，当两项商品全部交付之后，晋铭航空才有权收取 25 000 元的合同对价。上述价格均不包含增值税。A，B 商品的实际成本分别为 4 300 元和 17 000 元。假定 A 商品和 B 商品分别构成单项履约义务，其控制权在交付时转移给客户。2023 年 2 月 1 日，晋铭航空公司交付 B 商品，开具的增值税专用发票上注明售价为 25 000 元，增值税税额为 3 250 元。2023 年 3 月 1 日，晋铭航空收到客户支付的货款。

✎ **知识点拨**

> 本例中晋铭航空将 A 商品交付给客户之后，与该商品相关的履约义务已经履行，但需要等到后续交付 B 商品时，才具有无条件收取合同对价的权利，因此，晋铭航空应当将因交付 A 商品而有权收取的对价确认为合同资产，而不是应收账款。

晋铭航空应先将交易价格 25 000 元分摊至 A，B 商品两项履约义务。

分摊至 A 商品的合同价款 = [6 000 ÷ (6 000 + 24 000)] × 25 000 = 5 000（元）

分摊至 B 商品的合同价款 = [24 000 ÷ (6 000 + 24 000)] × 25 000 = 20 000（元）

晋铭航空公司应编制如下会计分录：

（1）1 月 1 日，交付 A 商品。

借：合同资产　　　　　　　　　　　　　　　　　　　　　5 000
　　贷：主营业务收入　　　　　　　　　　　　　　　　　　　　　5 000
借：主营业务成本　　　　　　　　　　　　　　　　　　　　4 300
　　贷：库存商品　　　　　　　　　　　　　　　　　　　　　　　4 300

（2）2 月 1 日，交付 B 商品。

借：应收账款　　　　　　　　　　　　　　　　　　　　　28 250
　　贷：合同资产　　　　　　　　　　　　　　　　　　　　　　　5 000
　　　　主营业务收入　　　　　　　　　　　　　　　　　　　　20 000
　　　　应交税费——应交增值税（销项税额）　　　　　　　　　3 250
借：主营业务成本　　　　　　　　　　　　　　　　　　　17 000
　　贷：库存商品　　　　　　　　　　　　　　　　　　　　　　17 000

（3）3 月 1 日，收到货款。

借：银行存款　　　　　　　　　　　　　　　　　　　　　28 250
　　贷：应收账款　　　　　　　　　　　　　　　　　　　　　　28 250

（三）发出商品业务的账务处理

企业按合同发出商品，合同约定客户只有在商品售出取得价款后才支付货款。企业向客户转让商品的对价未达到"很可能收回"收入确认条件。在发出商品时，企业不应确认收入，将发出商品的成本计入"发出商品"科目，借记"发出商品"科目，贷记"库存商品"科目。如已发出的商品被客户退回，应编制相反的会计分录。"发出商品"科目核算企业商品已发出但客户没有取得商品控制权的商品成本。

📖 **典例研习 11-5**

晋铭航空与上海节能科技有限公司均为增值税一般纳税人。2023年1月5日，晋铭航空与上海节能科技有限公司签订委托代销合同，晋铭航空委托上海节能科技有限公司销售A商品500件，A商品当日发出，每件成本为60元。合同约定上海节能科技有限公司应按每件100元对外销售，晋铭航空按不含增值税的销售价格的10%向上海节能科技有限公司支付手续费。除非这些商品在上海节能科技有限公司存放期间内由于上海节能科技有限公司的责任发生毁损或丢失，否则在A商品对外销售之前，上海节能科技有限公司没有义务向晋铭航空支付货款。上海节能科技有限公司不承担包销责任，没有售出的A商品须退回给晋铭航空，同时，晋铭航空也有权要求收回A商品或将其销售给其他的客户。2022年1月上海节能科技有限公司实际对外销售100件，开出的增值税专用发票上注明的售价为10 000元，增值税税额为1 300元。2022年1月31日，晋铭航空收到上海节能科技有限公司开具的代销清单和代销手续费增值税专用发票（增值税税率为6%），以及扣除代销手续费后的货款。

🖊 **知识点拨**

> 本例中，晋铭航空将A商品发送至上海节能科技有限公司后，上海节能科技有限公司虽然已经承担A商品的实物保管责任，但仅为接受晋铭航空的委托销售A商品，并根据实际销售的数量赚取一定比例的手续费。晋铭航空有权要求收回A商品或将其销售给其他的客户，上海节能科技有限公司并不能主导这些商品的销售，这些商品对外销售与否、是否获利以及获利多少等不由上海节能科技有限公司控制，上海节能科技有限公司没有取得这些商品的控制权。因此，晋铭航空将A商品发送至上海节能科技有限公司时不应确认收入，而应当在上海节能科技有限公司将A商品销售给最终客户时确认收入。

晋铭航空应编制如下会计分录：

（1）1月5日，发出商品。

借：发出商品　　　　　　　　　　　　　　　　　　　　30 000
　　贷：库存商品　　　　　　　　　　　　　　　　　　　30 000

（2）1月31日，收到代销清单、代销手续费发票。

借：应收账款——上海节能科技有限公司　　　　　　　　11 300
　　贷：主营业务收入　　　　　　　　　　　　　　　　　10 000
　　　　应交税费——应交增值税（销项税额）　　　　　　1 300
借：主营业务成本　　　　　　　　　　　　　　　　　　6 000
　　贷：发出商品　　　　　　　　　　　　　　　　　　　6 000
借：销售费用——代销手续费　　　　　　　　　　　　　1 000
　　应交税费—应交增值税（进项税额）　　　　　　　　　60
　　贷：应收账款——上海节能科技有限公司　　　　　　　1 060

（3）1月31日，收到上海节能科技有限公司支付的货款。

借：银行存款　　　　　　　　　　　　　　　　　　　　　　10 240
　　　贷：应收账款——上海节能科技有限公司　　　　　　　　　　　10 240

（四）销售退回业务的账务处理

销售退回是指企业因售出商品在质量、规格等方面不符合销售合同规定条款的要求，客户要求企业予以退货。企业销售商品发生退货，表明企业履约义务的减少和客户商品控制权及其相关经济利益的丧失。已确认销售商品收入的售出商品发生销售退回的，除属于资产负债表日后事项的外，企业收到退回的商品时，应退回货款或冲减应收账款，并冲减主营业务收入和增值税销项税额，借记"主营业务收入""应交税费——应交增值税（销项税额）"等科目，贷记"银行存款""应收票据""应收账款"等科目。收到退回商品验收入库，按照商品成本，借记"库存商品"科目，贷记"主营业务成本"科目。

📖 典例研习 11-6

2023 年 1 月 20 日，晋铭航空销售一批商品，增值税专用发票上注明售价为 200 000 元，增值税税额为 26 000 元，客户收到该批商品并验收入库；当日收到客户支付的货款存入银行。该批商品成本为 150 000 元。该项业务属于在某一时点履行的履约义务并确认销售收入。2023 年 2 月 20 日，该批部分商品质量出现严重问题，客户将该批商品的 50% 退回给晋铭航空。晋铭航空同意退货，于退货当日支付退货款，并按规定向客户开具了增值税专用发票（红字）。

假定不考虑其他因素，晋铭航空应编制如下会计分录：

（1）1 月 20 日，确认收入。

借：银行存款　　　　　　　　　　　　　　　　　　　　　226 000
　　　贷：主营业务收入　　　　　　　　　　　　　　　　　　　200 000
　　　　　应交税费——应交增值税（销项税额）　　　　　　　　　 26 000

同时，结转销售商品成本。

借：主营业务成本　　　　　　　　　　　　　　　　　　　　150 000
　　　贷：库存商品　　　　　　　　　　　　　　　　　　　　　150 000

（2）2 月 20 日，商品的 50% 销售退回。

借：主营业务收入　　　　　　　　　　　　　　　　　　　　100 000
　　　应交税费——应交增值税（销项税额）　　　　　　　　　　 13 000
　　　贷：银行存款　　　　　　　　　　　　　　　　　　　　　113 000
借：库存商品　　　　　　　　　　　　　　　　　　　　　　 75 000
　　　贷：主营业务成本　　　　　　　　　　　　　　　　　　　　75 000

五、可变对价的账务处理

企业与客户的合同中约定的对价金额可能是固定的，也可能会因折扣、价格折让、返利、退款、奖励积分、激励措施、业绩奖金、索赔等因素而变化。此外，根据一项或多项或有事项的发生而收取不同对价金额的合同，也属于可变对价的情形。若合同中存在可变对价，企业应当对计入交易价格的可变对价进行估计。企业应当按照期望值或最可能发生金额确定可变对价的最佳估计数。但是，企业不能在两种方法之间随意进行选择。期望值是按照各种可能发生的对价金额及相关概率计算确定的金额；最可能发生金额是一系列可能发生的对价金额中最可能发生的单一金额，即合同最可能产生的单一结果。

特别提示

需要注意的是，企业确定可变对价金额之后，计入交易价格的可变对价金额还应满足限制条件，即包含可变对价的交易价格，应当不超过在相关不确定性消除时，累计已确认的收入极可能不会发生重大转回的金额。

📖 典例研习 11 – 7

2023 年 1 月 8 日，晋铭航空向上海节能科技有限公司销售一批商品，增值税专用发票上注明售价为 500 000 元，增值税税额为 65 000 元，款项尚未收到；该批商品成本为 430 000 元。该项业务属于在某一时点履行的履约义务。2023 年 1 月 20 日，上海节能科技有限公司在验收过程中发现商品外观上存在瑕疵，但基本上不影响使用，要求晋铭航空在价格上（不含增值税税额）给予 5% 的减让。假定晋铭航空已确认收入。晋铭航空同意价格折让，并按规定向上海节能科技有限公司开具了增值税专用发票（红字）。2023 年 1 月 31 日，晋铭航空收到上海节能科技有限公司支付的货款存入银行。

晋铭航空应编制如下会计分录：

（1）1 月 8 日，确认收入。

借：应收账款 565 000
　　贷：主营业务收入 500 000
　　　　应交税费——应交增值税（销项税额） 65 000

同时，结转销售商品成本。

借：主营业务成本 430 000
　　贷：库存商品 430 000

（2）1 月 20 日，发生销售折让 25 000 元（500 000 × 5%）。

借：主营业务收入 25 000
　　应交税费——应交增值税（销项税额） 3 250
　　贷：应收账款 28 250

（3）1 月 31 日，收到货款。

借：银行存款 536 750
　　贷：应收账款 536 750

📖 典例研习 11 – 8

晋铭航空为增值税一般纳税人，2022 年 1 月 5 日销售 A 商品 5 000 件并开具增值税专用发票，每件商品的标价为 100 元（不含增值税），A 商品适用的增值税税率为 13%；每件商品的实际成本为 70 元，由于是成批销售，晋铭航空给予客户 10% 的商业折扣，并在销售合同中规定现金折扣条件为 2/20，N/30，且计算现金折扣时不考虑增值税；当日 A 商品发出，客户收到商品并验收入库。晋铭航空基于对客户的了解，预计客户 20 天内付款的概率为 90%，20 天后付款的概率为 10%。2022 年 1 月 18 日，收到客户支付的货款。

本例中，该项销售业务属于在某一时点履行的履约义务。对于商业折扣，晋铭航空从应确认的销售商品收入中予以扣除；对于现金折扣，晋铭航空认为按照最可能发生金额能够更好地预测其有权获取的对价金额。

因此，晋铭航空应确认的销售商品收入的金额 $=100 \times (1-10\%) \times 5\,000 \times (1-2\%) = 441\,000$（元）；增值税销项税额 $=100 \times (1-10\%) \times 5\,000 \times 13\% = 58\,500$（元）。

晋铭航空应编制如下会计分录：

（1）1月5日，确认收入、结转成本。

借：应收账款 499 500
　　贷：主营业务收入 441 000
　　　　应交税费——应交增值税（销项税额） 58 500
借：主营业务成本 350 000
　　贷：库存商品 350 000

（2）1月18日，收到货款。

借：银行存款 499 500
　　贷：应收账款 499 500

六、在某一时段内履行履约义务确认收入的账务处理

对于在某一时段内履行的履约义务，企业应当在该段时间内按照履约进度确认收入，履约进度不能合理确定的除外。满足下列条件之一的，属于在某一时段内履行的履约义务：

（1）客户在企业履约的同时即取得并消耗企业履约所带来的经济利益。

（2）客户能够控制企业履约过程中在建的商品。

（3）企业履约过程中所产出的商品具有不可替代用途，且该企业在整个合同期间内有权就累计至今已完成的履约部分收取款项。

（一）合同成本与合同负债

1. 合同取得成本

企业为取得合同发生的增量成本预期能够收回的，应作为合同取得成本确认为一项资产。增量成本是指企业不取得合同就不会发生的成本，也就是企业发生的与合同直接相关，但又不是所签订合同的对象或内容（如建造商品或提供服务）本身所直接发生的费用。如销售佣金，若预期可通过未来的相关服务收入予以补偿，该销售佣金（即增量成本）应在发生时确认为一项资产，即合同取得成本。

企业为取得合同发生的、除预期能够收回的增量成本之外的其他支出，如无论是否取得合同均会发生的差旅费、投标费、为准备投标资料发生的相关费用等，应当在发生时计入当期损益，除非这些支出明确由客户承担。

2. 合同履约成本

企业为履行合同可能会发生各种成本，企业在确认收入的同时应当对这些成本进行分析，若不属于存货、固定资产、无形资产等规范范围且同时满足下列条件的，应当作为合同履约成本确认为一项资产：

（1）该成本与一份当前或预期取得的合同直接相关。

①与合同直接相关的成本：直接人工、直接材料、制造费用或类似费用。

②明确由客户承担的成本以及仅因该合同而发生的其他成本（如支付给分包商的成本等）。

（2）该成本增加了企业未来用于履行（包括持续履行）履约义务的资源。

（3）该成本预期能够收回。

企业应当在下列支出发生时，将其计入当期损益：一是管理费用，除非这些费用明确由客户承担。二是非正常消耗的直接材料、直接人工和制造费用（或类似费用），这些支出为履行合同发生，但未反映在合同价格中。三是与履约义务中已履行（包括已全部履行或部分履行）部分相关的支出，即该支出与企业过去的履约活动相关。四是无法在尚未履行的与已履行（或已部分履行）的履约义务之间区分的相关支出。

3. 合同负债

合同负债是指企业已收或应收客户对价而应向客户转让商品的义务。需要说明的是，对于尚未向客户履行转让商品的义务而已收或应收客户对价中的增值税部分，因不符合合同负债的定义，不应确认为合同负债。

（二）合同取得成本及销售收入的账务处理

企业对已确认为资产的合同取得成本，应当采用与该资产相关的商品收入确认相同的基础进行摊销，计入当期损益。为简化实务操作，该资产摊销期限不超过一年的，可以在发生时计入当期损益。

企业发生合同取得成本时，借记"合同取得成本"科目，贷记"银行存款""应付职工薪酬"等科目；对合同取得成本进行摊销时，借记"销售费用"等科目，贷记"合同取得成本"科目。

📖 典例研习 11 - 9

假设晋铭航空是一家咨询公司，为增值税一般纳税人，对外提供咨询服务适用的增值税税率为6%。2022年晋铭航空通过竞标赢得一个服务期为5年的客户，该客户每年年末支付含税咨询费1 653 600元。为取得与该客户的合同，晋铭航空聘请外部律师进行尽职调查支付相关费用12 000元，为投标而发生的差旅费10 000元，支付销售人员佣金75 000元。晋铭航空预期这些支出未来均能够收回。此外，晋铭航空根据其年度销售目标、整体盈利情况及个人业绩等，向销售部门经理支付年度奖金10 000元。

在本例中，晋铭航空因签订该客户合同而向销售人员支付的佣金属于取得合同发生的增量成本，应当将其作为合同取得成本确认为一项资产；晋铭航空聘请外部律师进行尽职调查发生的支出、为投标发生的差旅费以及向销售部门经理支付的年度奖金（不能直接归属于可识别的合同）不属于增量成本，应当于发生时直接计入当期损益。晋铭航空应编制如下会计分录：

（1）支付与取得合同相关的费用。

借：合同取得成本 75 000

管理费用 22 000

贷：银行存款 97 000

（2）每月确认服务收入，摊销合同取得成本。

每月服务收入 = [1 653 600 ÷ (1 + 6%)] ÷ 12 = 130 000（元）

每月摊销合同取得成本 = 75 000 ÷ 5 ÷ 12 = 1 250（元）

借：应收账款 137 800

贷：主营业务收入 130 000

应交税费——应交增值税（销项税额）	7 800

借：销售费用　　　　　　　　　　　　　　　　　　　　　1 250
　　贷：合同取得成本　　　　　　　　　　　　　　　　　　　1 250
（3）确认销售部门经理奖金。
借：销售费用　　　　　　　　　　　　　　　　　　　　　10 000
　　贷：应付职工薪酬　　　　　　　　　　　　　　　　　　　10 000

（三）合同履约成本及销售收入的账务处理

企业对已确认为资产的合同履约成本，应当采用与该资产相关的商品收入确认相同的基础进行摊销，计入当期损益。企业发生合同履约成本时，借记"合同履约成本"科目，贷记"银行存款""应付职工薪酬""原材料"等科目；对合同履约成本进行摊销时，借记"主营业务成本""其他业务成本"等科目，贷记"合同履约成本"科目。涉及增值税的，还应进行相应的处理。

📖 典例研习 11 - 10

晋铭航空经营一家酒店，为增值税一般纳税人，适用的增值税税率为 6%，该酒店是晋铭航空的自有资产。2022 年 1 月晋铭航空计提与酒店经营直接相关的酒店、客房以及客房内的设备家具等折旧 100 000 元、酒店土地使用权摊销费用 42 000 元。经计算，当月确认房费、餐饮等服务含税收入 318 000 元，全部存入银行。

本例中，晋铭航空经营酒店主要是通过提供客房服务赚取收入，而客房服务的提供。直接依赖于酒店物业（包含土地）以及家具等相关资产，这些资产折旧和摊销属于甲公司为履行与客户的合同而发生的合同履约成本。已确认的合同履约成本在收入确认时予以摊销，计入营业成本。晋铭航空公司应编制如下会计分录：
（1）确认资产折旧、摊销费用。
借：合同履约成本　　　　　　　　　　　　　　　　　　　142 000
　　贷：累计折旧　　　　　　　　　　　　　　　　　　　　100 000
　　　　累计摊销　　　　　　　　　　　　　　　　　　　　42 000
（2）12 月确认酒店服务收入，摊销合同履约成本。
借：银行存款　　　　　　　　　　　　　　　　　　　　　318 000
　　贷：主营业务收入　　　　　　　　　　　　　　　　　　300 000
　　　　应交税费——应交增值税（销项税额）　　　　　　　18 000
借：主营业务成本　　　　　　　　　　　　　　　　　　　142 000
　　贷：合同履约成本　　　　　　　　　　　　　　　　　　142 000

📖 典例研习 11 - 11

晋铭航空为增值税一般纳税人，经营一家健身俱乐部。2022 年 1 月 1 日，某客户与晋铭航空签订合同，成为晋铭航空的会员，并向晋铭航空支付会员费 5 088 元，可在未来的 12 个月内在该俱乐部健身，且没有次数的限制。该业务适用的增值税税率为 6%。

本例中，客户在会籍期间可随时来俱乐部健身，且没有次数限制，客户已使用俱乐部健身的次数不会影响其未来继续使用的次数，晋铭航空在该合同下的履约义务是承诺随时准备在客户需要时为其提供健身服务，因此，该履约义务属于在某一时段内履行的履约义务，并且该履约义务在会员的会籍期间内随时间的流逝而被履行。晋铭航空应按照直线法确认收入，每月应当确认的收入 = [5 088 ÷ (1 + 6%)] ÷ 12 = 400（元）。

晋铭航空应编制如下会计分录：

（1）1月1日，收到会员费。

借：银行存款   5 088

  贷：合同负债   4 800

    应交税费——待转销项税额   288

（2）1月31日，确认收入，同时将对应的待转销项税额确认为销项税额。

借：合同负债   400

  应交税费——待转销项税额   24

  贷：主营业务收入   400

    应交税费——应交增值税（销项税额） 24

以后11个月内每月确认收入会计分录同上。

 **任务实施**

> 客户陷入严重的经营困境，导致供电公司难以收回电费，供电公司与客户签订的合同就不满足确认收入的第5个条件——企业因向客户转让商品而有权取得的对价很可能收回。因而供电公司不能在合同生效的当月确认收入，收到的入网费只能作为负债进行会计处理。在后续期间，供电公司需要对该合同进行持续评估，以判断其能否满足确认收入的五个条件。如果客户在2022年4月因经营情况好转而恢复了支付能力，并表示愿意继续履行合同，则供电公司应重新确认收入；但如果到了2020年5月客户仍然没有恢复支付电费的能力，则供电公司对客户不再负有供电的义务，供电公司最初收取的2 000元入网费可以全部确认为收入。

任务一　技能训练

任务二　费用的核算

 任务布置

根据我国《企业会计准则》定义，费用仅包括企业日常活动所产生的经济利益的总流出。请思考：企业在非日常活动中发生的损失（营业外支出）属于费用吗？费用具体包括哪些内容？

一、费用概述

费用包括企业日常活动所发生的经济利益的总流出，主要指企业为取得营业收入进行产品销售等营业活动所发生的营业成本、税金及附加和期间费用。

1. 营业成本

企业为生产产品、提供劳务等发生的可归属于产品成本、劳务成本等的费用，应当在确认销售商品收入、提供劳务收入等时，将已销售商品、已提供劳务的成本确认为营业成本（包括主营业务成本和其他业务成本）。

2. 税金及附加

税金及附加是指企业经营活动应负担的相关税费，包括消费税、城市维护建设税、教育费附加、资源税、土地增值税、房产税、环境保护税、城镇土地使用税、车船税、印花税等。

3. 期间费用

期间费用是指企业日常活动发生的不能计入特定核算对象的成本，而应计入发生当期损益的费用，包括销售费用、管理费用和财务费用。

期间费用是企业日常活动中所发生的经济利益的流出，通常不计入特定的成本核算对象，是因为期间费用是企业为组织和管理整个经营活动所发生的费用，与可以确定特定成本核算对象的材料采购、产成品生产等没有直接关系，因而于发生时直接计入当期损益。

📖 知识链接

"财务会计实务"在线开放课程之费用概述

二、费用的账务处理

（一）税金及附加的账务处理

企业按规定计算确定的与经营活动相关的消费税、城市维护建设税、资源税、教育费附加、房产税、环境保护税、城镇土地使用税、车船税等税费，应借记"税金及附加"科目，贷记"应交税费"科目。期末，应将"税金及附加"科目余额转入"本年利润"科目，结转后，"税金及附加"科目无余额。企业交纳的印花税，不会发生应付未付税款的情况，不需要预计应纳税金额，同时也不存在与税务机关结算或者清算的问题。因此，企业交纳的印花税不通过"应交税费"科目核算，于购买印花税票时，直接借记"税金及附加"科目，贷记"银行存款"科目。

素养之窗

税收取之于民，用之于民。依法纳税是每个公民的基本义务，任何偷税漏税者都难逃法律严惩。偷税抗税违法，纳税协税光荣。学生要有家国情怀和担当意识，做自觉纳税的遵纪守法好公民。

📖 典例研习 11 - 12

2023 年 1 月 31 日，某公司取得应纳消费税的销售商品收入 2 000 000 元，该商品适用的消费税税率为 25%。该公司应编制如下会计分录：

（1）计算确认应交消费税税额。

消费税税额 = 2 000 000 × 25% = 500 000（元）

借：税金及附加	500 000	
贷：应交税费——应交消费税		500 000

（2）实际交纳消费税。

借：应交税费——应交消费税	500 000	
贷：银行存款		500 000

📖 典例研习 11 - 13

2023 年 1 月，某公司当月实际交纳增值税 400 000 元、消费税 160 000 元，适用的城市维护建设税税率为 7%，教育费附加征收比率为 3%。该公司应编制与城市维护建设税、教育费附加有关的会计分录如下：

（1）计算确认应交城市维护建设税和教育费附加。

城市维护建设税税额 =（400 000 + 160 000）× 7% = 39 200（元）

教育费附加 =（400 000 + 160 000）× 3% = 16 800（元）

借：税金及附加	56 000	
贷：应交税费——应交城市维护建设税		39 200
——应交教育费附加		16 800

（2）实际交纳城市维护建设税和教育费附加。

借：应交税费——应交城市维护建设税	39 200	
——应交教育费附加	16 800	
贷：银行存款		56 000

（二）销售费用的账务处理

企业应设置"销售费用"科目，核算销售费用的发生和结转情况。该科目借方登记企业所发生的各项销售费用，贷方登记期末转入"本年利润"科目的销售费用，结转后，"销售费用"科目应无余额。"销售费用"科目应按销售费用的费用项目进行明细核算。

📖 典例研习 11 - 14

晋铭航空为增值税一般纳税人，2023 年 1 月 9 日为宣传新产品发生广告费，取得的增值税专用发票上注明的价款为 100 000 元、增值税税额为 6 000 元，价税款项用银行存款支付。晋铭航空应编制如下会计分录：

借：销售费用	100 000	

应交税费——应交增值税（进项税额）　　　　　　　　6 000
贷：银行存款　　　　　　　　　　　　　　　　　　　106 000

（三）管理费用的账务处理

企业应设置"管理费用"科目，核算管理费用的发生和结转情况。"管理费用"科目借方登记企业发生的各项管理费用，贷方登记期末转入"本年利润"科目的管理费用，结转后，"管理费用"科目应无余额。"管理费用"科目按管理费用的费用项目进行明细核算。商品流通企业管理费用不多的，可不设"管理费用"科目，相关核算内容可并入"销售费用"科目核算。

📖 典例研习 11 –15

晋铭航空为增值税一般纳税人，2023 年 1 月 10 日，行政管理部门用银行存款支付接待客户的住宿费和餐费，取得的增值税专用发票上注明的住宿费为 10 000 元、增值税税额为 600 元，取得的增值税普通发票上注明的餐费为 5 000 元、增值税税额为 300 元。晋铭航空应编制如下会计分录：

借：管理费用　　　　　　　　　　　　　　　　　　　15 300
　　应交税费——应交增值税（进项税额）　　　　　　　600
　　贷：银行存款　　　　　　　　　　　　　　　　　15 900

（四）财务费用的账务处理

企业应设置"财务费用"科目，核算财务费用的发生和结转情况。"财务费用"科目借方登记企业发生的各项财务费用，贷方登记期末转入"本年利润"科目的财务费用，结转后，"财务费用"科目应无余额。"财务费用"科目应按财务费用的费用项目进行明细核算。

📖 典例研习 11 –16

2023 年 1 月 1 日，晋铭航空向银行借入生产经营用短期借款 480 000 元，期限 6 个月，年利率 5%，该借款本金到期后一次归还，利息分月预提，按季支付。该公司每月末，预提当月应计利息 = 480 000 × 5% ÷ 12 = 2 000（元）。

1 月 31 日应编制如下会计分录：

借：财务费用——利息支出　　　　　　　　　　　　　2 000
　　贷：应付利息　　　　　　　　　　　　　　　　　2 000

✏️ 任务实施

根据我国《企业会计准则》的规定，企业在非日常活动中发生的损失（营业外支出）可以直接计入当期利润，这种损失不作为费用的内容加以界定，费用包括企业日常活动所发生的经济利益的总流出，主要指企业为取得营业收入进行产品销售等营业活动所发生的营业成本、税金及附加、销售费用、管理费用和财务费用。

任务二　技能训练

任务三　利润的核算

✿ 任务布置

深圳市晋铭航空技术有限公司 2022 年度利润总额（税前会计利润）为 19 350 000 元，适用的所得税率为 25%。公司全年实发工资、薪金为 1 800 000 元，职工福利费 320 000 元，工会经费 60 000 元，职工教育经费 202 000 元。经查，公司当年营业外支出中有 100 000 元为税收滞纳罚金，假定晋铭航空全年无其他纳税调整因素。请问：晋铭航空应纳税所得额是多少？当期应交所得税额是多少？

一、利润的构成

利润包括收入减去费用后的净额、直接计入当期利润的利得和损失等。利得是指由企业非日常活动所形成的、会导致所有者权益增加的、与所有者投入资本无关的经济利益的流入。损失是指由企业非日常活动所发生的、会导致所有者权益减少的、与向所有者分配利润无关的经济利益的流出。

📖 知识链接

"财务会计实务"在线开放课程之利润的核算

（一）营业利润

按照利润表的列报要求，营业利润的构成内容如下：

营业利润 = 营业收入 - 营业成本 - 税金及附加 - 销售费用 - 管理费用 - 研发费用 - 财务费用 + 其他收益 + 投资收益（- 投资损失）+ 净敞口套期收益（- 净敞口套期损失）+ 公允价值变动收益（- 公允价值变动损失）- 信用减值损失 - 资产减值损失 + 资产处置收益（- 资产处置损失）

（二）利润总额

利润总额 = 营业利润 + 营业外收入 - 营业外支出

（三）净利润

$$净利润 = 利润总额 - 所得税费用$$

其中，所得税费用是指企业确认的应从当期利润总额中扣除的所得税费用。

二、营业外收入与营业外支出

（一）营业外收入

营业外收入是指企业确认的与其日常活动无直接关系的各项利得。营业外收入并不是企业经营资金耗费所产生的，实际上是经济利益的净流入，不需要与有关的费用进行配比。营业外收入主要包括非流动资产毁损报废收益、与企业日常活动无关的政府补助、盘盈利得、捐赠利得等。

（1）企业确认处置非流动资产毁损报废收益时，借记"固定资产清理""银行存款""待处理财产损溢"等科目，贷记"营业外收入"科目。

📖 典例研习 11 – 17

晋铭航空将固定资产报废清理的净收益 12 000 元转作营业外收入，应编制如下会计分录：

借：固定资产清理 　　　　　　　　　　　　　　　　　　　　12 000
　　贷：营业外收入 　　　　　　　　　　　　　　　　　　　　　　12 000

（2）企业确认盘盈利得、捐赠利得计入营业外收入时，借记"库存现金""待处理财产损溢"等科目，贷记"营业外收入"科目。

📖 典例研习 11 – 18

晋铭航空在现金清查中盘盈 200 元，按管理权限报经批准后转入营业外收入，应编制如下会计分录：

（1）发现盘盈。

借：库存现金 　　　　　　　　　　　　　　　　　　　　　　200
　　贷：待处理财产损溢 　　　　　　　　　　　　　　　　　　　　200

（2）经批准转入营业外收入。

借：待处理财产损溢 　　　　　　　　　　　　　　　　　　　　200
　　贷：营业外收入 　　　　　　　　　　　　　　　　　　　　　　200

（3）期末，应将"营业外收入"科目余额转入"本年利润"科目，借记"营业外收入"科目，贷记"本年利润"科目。

（二）营业外支出

营业外支出是指企业发生的与其日常活动无直接关系的各项损失，主要包括非流动资产毁损报废损失、捐赠支出、盘亏损失、非常损失、罚款支出等。

企业应设置"营业外支出"科目，核算营业外支出的发生及结转情况。该科目借方登记确认的营业外支出，贷方登记期末将"营业外支出"科目余额转入"本年利润"科目的营业外支出，结转后"营业外支出"科目无余额。"营业外支出"科目可按营业外支出项目进行明细核算。

企业确认营业外支出时，借记"营业外支出"科目，贷记"固定资产清理""无形资产""银行存款"等科目。

📖 **典例研习 11 - 19**

2022 年 1 月 21 日，晋铭航空用银行存款支付税款滞纳金 20 000 元，应编制如下会计分录：

借：营业外支出　　　　　　　　　　　　　　　　　　　　　20 000
　　贷：银行存款　　　　　　　　　　　　　　　　　　　　　　　20 000

三、所得税费用

企业的所得税费用包括当期所得税和递延所得税两部分，其中，当期所得税是指当期应交所得税。递延所得税包括递延所得税资产和递延所得税负债。递延所得税资产是指以未来期间很可能取得用来抵扣可抵扣暂时性差异的应纳税所得额为限确认的一项资产。递延所得税负债是指根据应纳税暂时性差异计算的未来期间应付所得税的金额。

（一）应交所得税

应交所得税是指企业按照企业所得税法规定计算确定的针对当期发生的交易和事项，应交纳给税务部门的所得税金额，即当期应交所得税。应纳税所得额是在企业税前会计利润（即利润总额）的基础上调整确定的，计算公式为：

$$应纳税所得额 = 税前会计利润 + 纳税调整增加额 - 纳税调整减少额$$

纳税调整增加额主要包括企业所得税法规定允许扣除项目中，企业已计入当期费用但超过税法规定扣除标准的金额（如超过企业所得税法规定标准的职工福利费、工会经费、职工教育经费、业务招待费、公益性捐赠支出、广告费和业务宣传费等），以及企业已计入当期损失但企业所得税法规定不允许扣除项目的金额（如税收滞纳金、罚金、罚款等）。纳税调整减少额主要包括按企业所得税法规定允许弥补的亏损和准予免税的项目，如前 5 年内未弥补亏损、国债利息收入以及符合条件的居民企业之间的股息、红利等权益性投资收益等。

企业当期应交所得税的计算公式为：

$$应交所得税 = 应纳税所得额 \times 适用税率$$

📖 **典例研习 11 - 20**

2023 年晋铭航空全年利润总额（即税前会计利润）为 10 280 000 元，其中包括本年实现的国债利息收入 280 000 元，所得税税率为 25%。假定晋铭航空全年无其他纳税调整因素。

按照企业所得税法的有关规定，企业购买国债的利息收入免交所得税，即在计算应纳税所得额时可将其扣除。晋铭航空当期所得税的计算如下：

应纳税所得额 = 税前会计利润 - 纳税调整减少额 = 10 280 000 - 280 000
　　　　　　　　　　　　　　　　　　　　　= 10 000 000（元）

当期应交所得税额 = 10 000 000 × 25% = 2 500 000（元）

（二）所得税费用的账务处理

根据企业会计准则的规定，企业计算确定的当期所得税和递延所得税之和，即为应从当期利润总额中扣除的所得税费用。即：

$$所得税费用 = 当期所得税 + 递延所得税$$
$$递延所得税 = （递延所得税负债期末余额 - 递延所得税负债的期初余额） -$$
$$（递延所得税资产的期末余额 - 递延所得税资产的期初余额）$$

企业应当设置"所得税费用"账户，用来核算企业确认的应从当期利润总额中扣除的所得税费用。

资产负债表日，企业按照税法规定计算确定的当期应交所得税。

借：所得税费用

　　贷：应交税费——应交所得税

将所得税费用转入本年利润，形成税后净利润。

借：本年利润

　　贷：所得税费用

📖 典例研习 11 – 21

2023 年晋铭航空应交所得税税额为 6 000 000 元；递延所得税负债年初数为 400 000 元，年末数为 500 000 元；递延所得税资产年初数为 280 000 元，年末数为 200 000 元。

晋铭航空所得税费用的计算如下：

递延所得税 = （500 000 - 400 000）- （200 000 - 280 000）= 180 000 （元）

所得税费用 = 6 000 000 + 180 000 = 6 180 000 （元）

晋铭航空应编制如下会计分录：

借：所得税费用　　　　　　　　　　　　　　　　　　　　6 180 000
　　贷：应交税费——应交所得税　　　　　　　　　　　　　　6 000 000
　　　　递延所得税负债　　　　　　　　　　　　　　　　　　100 000
　　　　递延所得税资产　　　　　　　　　　　　　　　　　　 80 000

四、本年利润的账务处理

（一）本年利润的结转方法

1. 表结法

表结法下，各损益类科目每月末只需结计出本月发生额和月末累计余额，不结转到"本年利润"科目，只有在年末时才将全年累计余额结转入"本年利润"科目。但每月末要将损益类科目的本月发生额合计数填入利润表的本月数栏，同时将本月月末累计余额填入利润表的本年累计数栏，通过利润表计算反映各期的利润（或亏损）。表结法下，年中损益类科目无须结转入"本年利润"科目，从而减少了转账环节和工作量，同时并不影响利润表的编制及有关损益指标的利用。

2. 账结法

账结法下，每月末均需编制转账凭证，将在账上结计出的各损益类科目的余额结转入"本年利润"科目。结转后"本年利润"科目的本月余额反映当月实现的利润或发生的亏损，"本年利润"科目的本年余额反映本年累计实现的利润或发生的亏损。账结法在各月均可通过"本年利润"科目提供当月及本年累计的利润（或亏损）额，但增加了转账环节和工作量。

（二）结转本年利润的会计处理

企业应设置"本年利润"科目，核算企业本年度实现的净利润（或发生的净亏损）。会计期末，企业应将所有损益类科目余额转入"本年利润"。结转后"本年利润"科目如为贷方余额，表示当年实现的净利润；如为借方余额，表示当年发生的净亏损。

年度终了，企业还应将"本年利润"科目的本年累计余额转入"利润分配——未分配利润"科目。如"本年利润"为贷方余额，借记"本年利润"科目，贷记"利润分配——未分配利润"科目；如为借方余额，做相反的会计分录，借记"利润分配——未分配利润"科目，贷记"本年利润"科目。结转后，"本年利润"科目应无余额。

任务实施

按企业所得税法规定，企业在计算当期应纳税所得额时，发生的合理的工资、薪金支出准予据实扣除，故可以扣除工资、薪金支出 1 800 000 元；企业发生的职工福利费支出，不超过工资、薪金总额14%的部分准予扣除，故扣除职工福利费支出 252 000 元（1 800 000×14%）；企业拨缴的工会经费，不超过工资、薪金总额2%的部分准予扣除，扣除工会经费支出 36 000 元（1 800 000×2%）；除国务院财政、税务主管部门另有规定外，企业发生的职工教育经费支出，不超过工资、薪金总额8%的部分准予扣除，超过部分准予结转以后纳税年度扣除，故扣除职工教育经费支出 144 000 元（1 800 000×8%）。

晋铭航空有两种纳税调整因素：一是已计入当期费用但超过企业所得税法规定标准的费用支出；二是已计入当期营业外支出但按企业所得税法规定不允许扣除的税收滞纳金，这两种因素均应调整增加应纳税所得额。晋铭航空当期所得税的计算如下：

纳税调整增加额 =（320 000 - 252 000）+（60 000 - 36 000）+（202 000 - 144 000）+ 100 000 = 250 000（元）

应纳税所得额 = 税前会计利润 + 纳税调整增加额 = 19 350 000 + 250 000 = 19 600 000（元）。

当期应交所得税额 = 19 600 000×25% = 4 900 000（元）

任务三　技能训练

素养之窗

通过对"康美药业""瑞幸咖啡""獐子岛"等信息披露违法、违规财务造假案例的学习，学生要培养自己的财经法律意识，提升探索性和批判性的思维能力及社会责任感。

案例导引解析

　　康美药业 2001 年在上交所上市，主营业务为中药饮片、中成药、化学药剂等产品的生产、销售。《2018 年年度报告》虚增营业收入 16.13 亿元，虚增营业利润 1.65 亿元，占合并利润表当期披露利润总额的 12.11%。2019 年 5 月，证监会通报，康美药业财务报告真实性存疑，涉嫌虚假陈述等违法违规。康美药业公告道歉，成为"ST 康美"。2020 年 5 月，证监会依法对康美药业违法违规案做出行政处罚及市场禁入决定，决定对康美药业责令改正，给予警告，并处以 60 万元罚款，对 21 名责任人员处以 90 万元至 10 万元不等罚款，对 6 名主要责任人采取 10 年至终身证券市场禁入措施。作为财务人员要有责任担当，提高财务业务水平，坚守"不做假账"会计职业道德底线、廉洁自律的职业操守，做到始终坚持准则、诚实守信、廉洁自律、服务社会。

项目十一　综合训练

项目十二 财务报告列报

📋 学 习 目 标

知识目标

1. 理解财务报告的概念及构成；
2. 理解资产负债表、利润表和现金流量表的概念及作用；
3. 了解财务报表附注的内容。

能力目标

1. 掌握资产负债表的列报方法；
2. 掌握利润表的列报方法；
3. 理解现金流量表的列报方法。

素养目标

1. 培养学生认真谨慎的工作态度和爱岗敬业的精神；
2. 培养学生有担当、肯负责的社会责任感。

重 难 点

任务	重难点	重要程度
任务一	资产负债表的构成与列报方法	★★★★★
任务二	利润表的构成与列报方法	★★★★
任务三	现金流量表的构成与列报方法	★★★
任务四	附注的主要内容	★★★

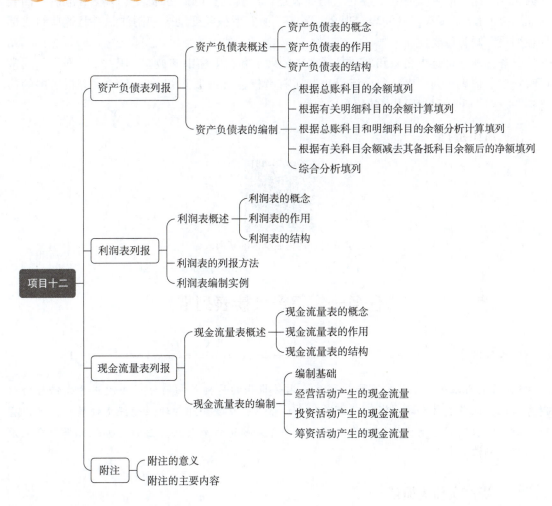

📠 案例导引

　　经过一段时间的实习，李强对原始凭证、记账凭证的处理和登记会计账簿的内容已经比较熟悉了，财务经理想让李强熟悉财务的更多环节，于是对李强说："李强，我看你对凭证和账簿已经熟悉得差不多了，现在我想让你接触一下财务报告的工作，你来说说财务报告都有哪些内容？""我觉得财务报告就是会计报表吧？资产负债表、利润表这些。"李强不假思索地答道。"现金流量表和所有者权益变动表不需要吗？"财务经理反问道。"我觉得知道企业的财务状况和盈利能力就可以了，其他可要可不要吧？"

　　【思考】

　　1. 李强认为财务报告就是会计报表，正确吗？为什么？

　　2. 李强认为企业只要编制资产负债表和利润表就可以了，其他报表可要可不要，正确吗？

　　财务报告，是指企业对外提供的反映企业某一特定日期的财务状况和某一会计期间的经营成果、现金流量等会计信息的文件。而财务报表是财务报告的主体和核心内容，是对企业财务状况、经营成果和现金流量的结构性表述。一套完整的财务报表至少应当包括"四表一注"，即资产负债表、利润表、现金流量表、所有者权益变动表和附注，并且这些组成部分在列报上同等重要。

财务报表列报是指交易和事项在报表中的列示和在附注中的披露。其中，"列示"通常反映资产负债表、利润表、现金流量表和所有者权益（或股东权益）变动表等报表中的信息；"披露"通常反映附注中的信息。

📖 **知识链接**

财务报告之企业经营的晴雨表

任务一　资产负债表列报

❀ 任务布置

《企业会计准则——基本准则》规定，财务报告的目标是向财务报告使用者提供与企业财务状况、经营成果和现金流量等有关的会计信息，反映企业管理层受托责任履行情况，有助于财务报告使用者做出经济决策。那么，同学们知道谁来反映企业的财务状况吗？它又是如何反映的呢？

一、资产负债表概述

（一）资产负债表的概念

资产负债表是反映企业在某一特定日期的财务状况的会计报表，是对企业特定日期的资产、负债和所有者权益的结构性表述。其中特定日期分别指会计期间中会计年度的年末及中期的月末、季末和半年末等，如公历每年的 12 月 31 日、1 月 31 日、3 月 31 日、6 月 30 日等。

（二）资产负债表的作用

资产负债表主要提供有关企业财务状况方面的信息，从而有助于报表使用者做出经济决策。其作用主要有以下几方面：

一是资产负债表可以提供企业在某一特定日期资产的总额及其结构，表明企业拥有或控制的经济资源及其分布情况，使用者可以一目了然地了解企业在某一特定日期所拥有的资产总量及其结构。

二是可以提供某一特定日期的负债总额及其结构，表明企业未来需要用多少资产或劳务清偿债务。

三是可以反映所有者所拥有的权益，据以判断资本保值增值的情况以及对负债的保障程度。

（三）资产负债表的结构

资产负债表是根据"资产 = 负债 + 所有者权益"这一会计等式，按照一定的分类标准和一定的顺序，把企业在某一特定日期的资产、负债、所有者权益的具体项目予以适当的排列编制而成。

我国企业的资产负债表一般采用账户式结构，分为左右两方，左边列示资产项目，大体按资产的流动性强弱排列，流动性强的资产排在前面，流动性弱的资产排在后面。右边列示负债和所有者权益项目，一般按要求清偿期限长短的先后顺序排列，需要在 1 年内或者长于 1 年的一个正常营业周期内偿还的流动负债排在前面，在 1 年以上才需要偿还的非流动负债排在中间，在企业清算之前不需要偿还的所有者权益项目排在后面，表明负债具有优先偿还的要求权，所有者权益对负债具有担保责任。

账户式资产负债表中的资产各项目的合计等于负债和所有者权益各项目的合计，即资产负债表左方和右方平衡，其格式可参看表 12 - 8。

二、资产负债表的列报方法

（一）年初余额栏的列报方法

资产负债表"年初余额"栏内的各项数字，应根据上年年末资产负债表"期末余额"栏内所列数字填列。

（二）期末余额栏的列报方法

资产负债表"期末余额"栏内的各项数字，一般应根据资产、负债和所有者权益类科目的期末余额填列，主要包括以下方式：

（1）根据总账科目的余额填列。如"交易性金融资产""短期借款"等项目。

（2）根据有关明细科目的余额计算填列。如"应付票据""应付账款"等项目。

（3）根据总账科目和明细科目的余额分析计算填列。如"长期借款"项目。

（4）根据有关科目余额减去其备抵科目余额后的净额填列。如"长期股权投资"等项目。

（5）综合运用上述填列方法分析填列。如"存货"项目。

（三）资产负债表关键项目的具体填列

1. 流动资产关键项目的填列方法（见表 12 – 1）

表 12 – 1　流动资产关键项目的填列

报表项目	数据来源（账户期末余额）
货币资金	库存现金 + 银行存款 + 其他货币资金
应收票据	应收票据 – 对应的坏账准备
应收账款	应收账款借方明细账余额 + 预收账款借方明细账余额 – 对应的坏账准备
预付账款	预付账款借方明细账余额 + 应付账款借方明细账余额 – 对应的坏账准备
其他应收款	应收利息 + 应收股利 + 其他应收款 – 对应的坏账准备

续表

报表项目	数据来源（账户期末余额）
存货	（材料采购＋原材料＋在途物资＋周转材料＋委托加工物资＋委托代销商品＋受托代销商品＋生产成本＋制造费用＋合同履约成本＋合同取得成本＋库存商品＋发出商品）－存货跌价准备－受托代销商品款－合同履约成本减值－合同取得成本减值＋/－材料成本差异＋/商品进销差价
合同资产	合同资产－合同资产减值准备
持有待售资产	持有待售资产－持有待售资产减值准备
一年内到期的非流动资产	计提折旧（或摊销）方法进行后续计量的固定资产、使用权资产、无形资产和长期待摊费用等非流动资产折旧（或摊销）年限（或期限）只剩一年或不足一年的，或预计在一年内（含一年）进行折旧（或摊销）的部分，不得归类为流动资产，仍在各该非流动资产项目中填列，不转入"一年内到期的非流动资产"项目
其他流动资产	应收的退货成本（属于流动资产的）＋应交税费借方余额等

2. 非流动资产关键项目的填列方法（见表 12-2）

表 12-2　非流动资产关键项目的填列

报表项目	数据来源（账户期末余额）
债权投资（其他债权投资）	债权投资－债权投资减值准备－一年内到期的长期债权投资的期末账面价值（其他债权投资项目填列同上）
长期应收款	长期应收款－未实现融资收益－对应的坏账准备
长期股权投资	长期股权投资－长期股权投资减值准备
投资性房地产	投资性房地产－投资性房地产累计折旧（摊销）－投资性房地产减值准备
固定资产	（固定资产－累计折旧－固定资产减值准备）＋固定资产清理
在建工程	（在建工程－在建工程减值准备）＋（工程物资－工程物资减值准备）
使用权资产	使用权资产－使用权资产累计折旧－使用权资产减值准备
无形资产	无形资产－累计摊销－无形资产减值准备
长期待摊费用	注意：长期待摊费用中在一年内（含一年）摊销的部分，仍然在本项目中反映，不得转入资产负债表"一年内到期的非流动资产"项目填列

3. 流动负债关键项目的填列方法（见表 12-3）

表 12-3　流动负债关键项目的填列

报表项目	数据来源（账户期末余额）
应付账款	应付账款明细账贷方余额＋预付账款明细账贷方余额
预收款项	预收账款明细账贷方余额＋应收账款明细账贷方余额
应交税费	期末借方余额在"其他流动资产"项目列示；期末贷方余额在本项目列示
其他应付款	应付利息＋应付股利＋其他应付款
一年内到期的非流动负债	非流动负债中将于资产负债表日后一年内到期部分的金额合计，如于一年内偿还的长期借款

4. 非流动负债关键项目的填列方法（见表 12 – 4）

表 12 – 4　非流动负债关键项目的填列

报表项目	数据来源（账户期末余额）
长期借款	长期借款减一年内到期的长期借款
应付债券	应付债券减一年内到期的应付债券
租赁负债	租赁负债减一年内到期的租赁负债
长期应付款	长期应付款 – 未确认融资费用 + 专项应付款
递延收益	摊销期限只剩一年或不足一年的，或预计在一年内（含一年）进行摊销的部分，不得归类为流动负债，仍在本项目填列，不得转入"一年内到期的非流动负债"项目

5. 所有者权益关键项目的填列方法（见表 12 – 5）

表 12 – 5　所有者权益关键项目的填列

报表项目	数据来源（账户期末余额）
其他综合收益	注意："其他综合收益"科目与"资本公积"科目相区分
未分配利润	本年利润 + 利润分配；未弥补的亏损在本项目内以"－"号填列

三、资产负债表编制实例

典例研习 12 – 1

深圳市晋铭航空技术有限公司（以下简称"晋铭航空"）属于增值税一般纳税人，适用的增值税税率为 13%，适用的所得税税率为 25%。材料按计划成本进行日常核算。

（1）2022 年 12 月 31 日有关总账科目余额如表 12 – 6 所示。

表 12 – 6　晋铭航空总账科目

科目名称	借方余额	科目名称	贷方余额
库存现金	3 000	坏账准备	3 500
银行存款	761 000	材料成本差异	15 000
其他货币资金	322 000	存货跌价准备	76 000
交易性金融资产	72 000	债权投资减值准备	10 000
应收票据	90 000	长期股权投资减值准备	90 000
应收账款	875 000	累计折旧	1 160 000
预付账款	100 000	递延所得税负债	4 500
其他应收款	6 000	短期借款	280 000
材料采购	530 000	应付票据	120 000
原材料	510 000	应付账款	350 000

续表

科目名称	借方余额	科目名称	贷方余额
周转材料	240 000	合同负债	235 000
库存商品	270 000	应付职工薪酬	18 000
发出商品	20 000	应交税费	102 000
委托代销商品	50 000	应付股利	21 000
生产成本	52 000	应付利息	1 800
应收股利	30 000	其他应付款	2 000
应收利息	8 000	长期借款	1 400 000
债权投资	160 000	应付债券	500 000
长期股权投资	340 000	长期应付款	600 000
固定资产	5 800 000	预计负债	20 000
工程物资	88 000	实收资本	5 000 000
在建工程	356 000	资本公积	201 200
无形资产	248 000	盈余公积	510 000
长期待摊费用	75 000	利润分配	286 000

（2）2022 年 12 月 31 日有关总账科目与所属明细科目余额如表 12 - 7 所示。

表 12 - 7　部分总账和明细科目余额

总账科目	明细科目	期末余额	
		借方	贷方
应付账款	东方公司账款		410 000
	西方公司账款	60 000	
预付账款	南方公司账款	110 000	
	北方公司账款		10 000

（3）其他资料。

① "坏账准备" 科目年末余额根据 "应收账款" 项目提取；

② "债权投资" 科目年末借方余额 160 000 元中含一年内到期的债权投资 50 000 元；

③ "长期待摊费用" 科目年末借方余额 75 000 元中含一年内应摊销的费用 12 000 元；

④ "长期借款" 科目年末贷方余额 1 400 000 元中含一年内到期的借款 400 000 元；

⑤ "应付债券" 科目年末余额 500 000 元中含一年内到期的应付债券 200 000 元。

晋铭航空 2022 年 12 月 31 日的资产负债表编制如表 12 - 8 所示。

表 12 - 8　资产负债表

编制单位：深圳市晋铭航空技术有限公司　2022 年 12 月 31 日　　　　　　　　金额：元

资产	期末余额	上年年末余额（略）	负债和所有者权益	期末余额	上年年末余额（略）
流动资产：			流动负债：		
货币资金	1 086 000		短期借款	280 000	
交易性金融资产	72 000		交易性金融负债		
衍生金融资产			衍生金融负债		
应收票据	90 000		应付票据	120 000	
应收账款	871 500		应付账款	420 000	
应收款项融资			预收款项		
预付款项	170 000		合同负债	235 000	
其他应收款	44 000		应付职工薪酬	18 000	
存货	1 581 000		应交税费	102 000	
合同资产			其他应付款	24 800	
持有待售资产			持有待售负债		
一年内到期的非流动资产	50 000		一年内到期的非流动负债	600 000	
其他流动资产			其他流动负债		
流动资产合计	3 964 500		流动负债合计	1 799 800	
非流动资产：			非流动负债：		
债权投资	100 000		长期借款	1 000 000	
其他债权投资			应付债券	300 000	
长期应收款			其中：优先股		
长期股权投资	250 000		永续债		
其他权益工具投资			租赁负债		
其他非流动金融资产			长期应付款	600 000	
投资性房地产			长期应付职工薪酬		
固定资产	4 640 000		预计负债	20 000	
在建工程	444 000		递延收益		
生产性生物资产			递延所得税负债	4 500	
油气资产			其他非流动负债		
使用权资产			非流动负债合计	1 924 500	
无形资产	248 000		负债合计	3 724 300	
开发支出			所有者权益：		

续表

资产	期末余额	上年年末余额（略）	负债和所有者权益	期末余额	上年年末余额（略）
商誉			股本	5 000 000	
长期待摊费用	75 000		其他权益工具		
递延所得税资产			其中：优先股		
其他非流动资产			永续债		
			资本公积	201 200	
			减：库存股		
			其他综合收益		
			专项储备		
			盈余公积	510 000	
			未分配利润	286 000	
非流动资产合计	5 757 000		所有者权益合计	5 997 200	
资产总计	9 721 500		负债和所有者权益总计	9 721 500	

 **任务实施**

> 　　资产负债表是反映企业在某一特定日期的财务状况的会计报表。企业编制资产负债表是通过如实反映企业的资产、负债和所有者权益金额及其结构情况，从而有助于使用者评价企业资产的质量以及短期偿债能力、长期偿债能力、利润分配能力等。资产负债表一般应根据资产、负债和所有者权益类科目的期末余额来填列。

任务一　技能训练

任务二　利润表列报

任务布置

　　资产负债表反映了企业的资产、负债和所有者权益金额及其结构情况，从而有助于使用者评价企业资产的质量以及短期偿债能力、长期偿债能力、利润分配能力等。那么，同学们知道企业的利润从何而来，构成情况又是怎样的吗？

一、利润表概述

（一）利润表的概念

利润表也称损益表、收益表，是反映企业在一定会计期间的经营成果的报表。它综合反映企业利润的实现过程和利润的来源及构成情况，是对企业一定会计期间经营业绩的系统总结。

（二）利润表的作用

（1）有助于使用者判断净利润的质量及其风险、预测净利润的持续性，从而做出正确的决策。通过利润表，可以反映企业一定会计期间收入的实现情况，如实现的营业收入有多少、实现的投资收益有多少、实现的营业外收入有多少等；还可以反映一定会计期间的费用耗费情况，如营业成本、税金及附加、销售费用、管理费用、财务费用、营业外支出各有多少等；还可以反映企业生产经营活动的成果，即净利润的实现情况，据以判断资本保值增值等情况。

（2）利润表中的信息与资产负债表中的信息相结合，还可以提供进行财务分析的基本资料。例如，将营业成本与存货或资产总额的平均余额进行比较，可以反映企业运用其资源的能力和效率，便于分析判断企业资金周转情况及盈利能力和水平，进而判断企业未来的盈利增长和发展趋势，做出相应经济决策。

（三）利润表的结构

目前国际上利润表的格式有两种：单步式和多步式。我国主要是采用多步式（格式见表12－11）。

二、利润表的列报方法

利润表的编制原理是根据"收入－费用＝利润"这一会计平衡公式。

利润表各项目需填列"本期金额"和"上期金额"两栏。其中"上期金额"栏内各项数字，应根据上年该期利润表的"本期金额"栏内所列数字填列。"本期金额"栏内各项数字，一般应按照损益类相关科目的发生额分析填列。

利润表关键项目的填列方法，具体如表12－9所示。

表12－9 利润表关键项目的填列方法

项目	列报方法
税金及附加	不含增值税，含房产税、土地使用税、车船税、印花税
管理费用	"管理费用"科目下的"研发费用"明细项目单独列报，不包括在本项目内
财务费用	需分利息费用、利息收入明细列报，正数为利息净支出，负数为利息净收入
利息费用	只含费用化的利息支出，不包括资本化的利息支出
其他收益	只包含与企业日常活动相关的计入当期收益的政府补助，与企业日常活动无关的政府补助通过营业外收入项目列报
营业外收入	不再包括债务重组利得、处置非流动资产形成的利得项目
营业外支出	不再包括债务重组损失、处置非流动资产形成的损失项目

续表

项目	列报方法
重新计量设定受益计划变动额	根据《企业会计准则第9号——职工薪酬》，有设定受益计划形式离职后福利的企业，应当将重新计量设定受益计划净负债或净资产导致的变动计入其他综合收益，并且在后续会计期间不允许转回至损益
其他综合收益的税后净额	其他综合收益－所得税 企业应当在附注中详细披露其他综合收益各项目及其所得税影响，原计入其他综合收益、当期转入损益的金额等信息

知识点拨

在利润表中单列的"资产处置收益"项目，作为营业利润的组成部分。对于资产处置损益应把握以下几点：

（1）资产，仅指固定资产、在建工程、生产性生物资产和无形资产，不包括存货、应收账款、消耗性生物资产等流动资产，也不包括金融工具、长期股权投资、投资性房地产等。

（2）处置，包括转让、交换、投资等形式，不包括报废、注销等。

（3）损益，不包括涉及流动资产的债务重组、非货币性资产交换的利得和损失、子公司处置损益等。

三、利润表编制实例

典例研习12－2

深圳市晋铭航空技术有限公司2022年度损益类账户的累计发生净额如表12－10所示。

表12－10　晋铭航空2022年度损益类账户的累计发生净额　　　　单位：元

账户名称	借方发生额	贷方发生额
主营业务收入	120 000	58 620 000
主营业务成本	26 500 000	80 000
税金及附加	7 800 000	
其他业务收入		7 600 000
其他业务成本	2 850 000	
销售费用	7 500 000	
管理费用	4 600 000	
财务费用	1 000 000	
公允价值变动损益		450 000
资产减值损失	140 000	

续表

账户名称	借方发生额	贷方发生额
投资收益	210 000	10 500 000
资产处置损益	160 000	
营业外收入		1 560 000
营业外支出	810 000	
所得税费用	6 780 000	

注：管理费用中含研发支出 1 600 000 元；财务费用中含利息费用 1 100 000 元，利息收入 100 000 元；该公司年初发行在外的普通股股数为 9 500 万股。

深圳市晋铭航空技术有限公司 2022 年度利润表编制如表 12 – 11 所示。

表 12 – 11　利润表

编制单位：深圳市晋铭航空技术有限公司　　　2022 年 12 月　　　　　　　　　　金额：元

项目	本期金额	上期金额（略）
一、营业收入	66 100 000	
减：营业成本	29 270 000	
税金及附加	7 800 000	
销售费用	7 500 000	
管理费用	3 000 000	
研发费用	1 600 000	
财务费用	1 000 000	
其中：利息费用	1 100 000	
利息收入	100 000	
加：其他收益		
投资收益（损失以"－"号填列）	10 290 000	
其中：对联营企业和合营企业的投资收益		
以摊余成本计量的金融资产终止确认收益		
净敞口套期收益（损失以"－"号填列）		
公允价值变动收益（损失以"－"号填列）	450 000	
信用减值损失（损失以"－"号填列）		
资产减值损失（损失以"－"号填列）	－140 000	
资产处置收益（损失以"－"号填列）	－160 000	
二、营业利润（亏损以"－"号填列）	26 370 000	
加：营业外收入	1 560 000	
减：营业外支出	810 000	

续表

项目	本期金额	上期金额（略）
三、利润总额（亏损总额以"－"号填列）	27 120 000	
减：所得税费用	6 780 000	
四、净利润（净亏损以"－"号填列）	20 340 000	
（一）持续经营净利润（净亏损以"－"号填列）	20 340 000	
（二）终止经营净利润（净亏损以"－"号填列）		
五、其他综合收益的税后净额		
（一）不能重分类进损益的其他综合收益		
1. 重新计量设定受益计划变动额		
2. 权益法下不能转损益的其他综合收益		
3. 其他权益工具投资公允价值变动		
4. 企业自身信用风险公允价值变动		
（二）将重分类进损益的其他综合收益		
1. 权益法下可转损益的其他综合收益		
2. 其他债权投资公允价值变动		
3. 金融资产重分类计入其他综合收益的金额		
4. 其他债权投资信用减值准备		
5. 现金流量套期储备		
6. 外币财务报表折算差额		
7. 其他		
六、综合收益总额		
七、每股收益		
（一）基本每股收益（元/股）	0.21	
（二）稀释每股收益（元/股）		

 **任务实施**

　　利润表是反映企业在一定会计期间的经营成果的会计报表。企业编制的利润表是通过如实反映企业实现的收入、发生的费用以及应当计入当期利润的利得和损失等金额及其结构情况，从而帮助使用者分析评价企业的盈利能力及其构成与质量。利润表一般应按照损益类相关科目的发生额分析填列。

任务二　技能训练

任务三　现金流量表列报

✿ 任务布置

俗语说："现金为王！"那么，同学们知道何为现金吗？是指库存现金吗？企业的现金流怎么体现呢？

一、现金流量表概述

（一）现金流量表的概念

现金流量表是反映企业一定会计期间现金和现金等价物流入和流出的报表。

现金是指企业的库存现金以及可以随时用于支付的存款，包括库存现金、银行存款、其他货币资金。不能随时用于支取的存款不属于现金，如不能随时支取的定期存款等不应作为现金，但提前通知金融机构便可支取的定期存款则应包括在现金范围内。

现金等价物是指企业持有的期限短、流动性强、易于转换为已知金额现金、价值变动风险很小的投资。它包含了判断一项投资是否属于现金等价物的四个条件。其中，期限短、流动性强，强调了变现能力，而易于转换为已知金额的现金、价值变动风险很小，则强调了支付能力的大小。现金等价物通常包括3个月内到期的短期债券投资。权益性投资变现的金额通常不确定，因而不属于现金等价物。企业应当根据具体情况，确定现金等价物的范围，一经确定不得随意变更。

（二）现金流量表的作用

1. 能够说明企业一定期间内现金流入和流出的来龙去脉

现金流量表将现金流量划分为经营活动、投资活动和筹资活动所产生的现金流量，并按照流入现金和流出现金项目分别反映。

2. 能够说明企业的偿债能力、支付能力和周转能力

投资者投入资金、债权人提供企业短期或长期使用的资金，其目的主要是获利。通常情况下，报表阅读者比较关注企业的获利情况，并且往往以获得利润的情况作为衡量标准。企业获利多少在一定程度上表明了企业具有一定的现金支付能力。但是，企业一定期间内获得的利润并不代表企业真正具有偿债或支付能力。在某些情况下，虽然企业利润表上反映的经营业绩很可观，但现金有限，不能偿还到期债务。还有些企业虽然利润表上反映的经营成果并不可观，却有足够的偿付能力。通过现金流量表能够了解企业现金流入的构成，分析企业偿债、支付和周转能力，增强投资者的投资信心和债权人收回债权的信心；通过现金流量

表，投资人和债权人可了解企业获取现金的能力和现金偿付的能力，从而使有限的社会资源流向最能产生效益的地方。

3. 可以用来分析企业未来获取现金的能力

现金流量表反映企业一定期间内的现金流入和流出的整体情况，说明企业现金从哪里来，又用到哪里去。现金流量表中的经营活动产生的现金流量，代表企业运用其经济资源创造现金流量的能力；投资活动产生的现金流量，代表企业运用资金产生现金流量的能力；筹资活动产生的现金流量，代表企业筹资获得现金流量的能力。通过现金流量表及其他财务信息，可以分析企业未来获取或支付现金的能力。例如，企业通过银行借款筹得资金，在本期现金流量表中反映为现金流入，但意味着未来偿还借款时要流出现金。又如，本期应收未收的款项，在本期现金流量表中虽然没有反映为现金的流入，但意味着未来将会有现金流入。

4. 可以用来分析企业投资和理财活动对经营成果和财务状况的影响

资产负债表能够提供企业特定日期的财务状况，它所提供的是静态的财务信息，并不能反映财务状况变动的原因，也不能表明这些资产、负债给企业带来多少现金，又用去多少现金。利润表虽然反映企业一定期间的经营成果，提供动态的财务信息，但利润表只能反映利润的构成，不能反映经营活动、投资和筹资活动给企业带来多少现金，又支付多少现金，而且利润表不能反映投资和筹资活动的全部事项。现金流量表提供一定时期现金流入和流出的动态财务信息，表明企业在报告期内由经营活动、投资和筹资活动获得多少现金，企业获得的这些现金是如何运用的，能够说明资产、负债、净资产变动的原因，对资产负债表和利润表起到补充说明的作用。现金流量表是连接资产负债表和利润表的桥梁。

（三）现金流量表的结构

现金流量表的基本结构根据"现金流入量 – 现金流出量 = 现金净流量"公式设计。根据企业业务活动的性质和现金流量的功能，主要现金流量可以分为三类，即：经营活动产生的现金流量、投资活动产生的现金流量和筹资活动产生的现金流量。每一项分为流入量、流出量和净流量三部分分项列示。具体如表 12 – 12 所示。

表 12 – 12　现金流量表

编制单位：　　　　　　　　　　年　月　　　　　　　　　　　　单位：元

项目	本期金额	上期金额
一、经营活动产生的现金流量		
销售商品、提供劳务收到的现金		
收到的税费返还		
收到其他与经营活动有关的现金		
经营活动现金流入小计		
购买商品、接受劳务支付的现金		
支付给职工以及为职工支付的现金		
支付的各项税费		
支付其他与经营活动有关的现金		
经营活动现金流出小计		

项目	本期金额	上期金额
经营活动产生的现金流量净额		
二、投资活动产生的现金流量		
收回投资收到的现金		
取得投资收益收到的现金		
处置固定资产、无形资产和其他长期资产收回的现金净额		
处置子公司及其他营业单位收到的现金净额		
收到其他与投资活动有关的现金		
投资活动现金流入小计		
购建固定资产、无形资产和其他长期资产支付的现金		
投资支付的现金		
取得子公司及其他营业单位支付的现金净额		
支付其他与投资活动有关的现金		
投资活动现金流出小计		
投资活动产生的现金流量净额		
三、筹资活动产生的现金流量		
吸收投资收到的现金		
取得借款收到的现金		
收到其他与筹资活动有关的现金		
筹资活动现金流入小计		
偿还债务支付的现金		
分配股利、利润或偿付利息支付的现金		
支付其他与筹资活动有关的现金		
筹资活动现金流出小计		
筹资活动产生的现金流量净额		
四、汇率变动对现金及现金等价物的影响		
五、现金及现金等价物净增加额		
加：期初现金及现金等价物余额		
六、期末现金及现金等价物余额		

二、现金流量表的列报方法

现金流量表的编制基础是收付实现制，即在编制现金流量表时，将以权责发生制为基础编制的资产负债表和利润表资料按照收付实现制基础调整计算编制现金流量表。调整那些由于运用权责发生制原则而增减了本期的净利润但并没有增加或减少现金的一些收益和费用、支出及存货、应收应付等项目。

　素养之窗

　　2001年10月26日，中央财经大学财经研究所研究员刘姝威发表在《金融内参》上的一篇600字的文章《应立即停止对蓝田股份发放贷款》，粉碎了一个股市帝国的神话——蓝田股份。

　　蓝田股份自1996年上市以来，以5年间股本扩张了360%的骄人成绩，创造了中国股市的神话。一个以养殖、饮料和旅游为主的企业，在不到10年间，就创造了总资产规模增长近10倍，总资产达220亿元的奇迹。刘姝威在文章中对蓝田的资产结构、现金流向情况和偿债能力做了详尽分析后，得出结论是蓝田业绩有虚假成分，而业绩神话完全依靠银行贷款，20亿元银行贷款蓝田根本无力偿还。

　　之后国家有关银行相继停止对蓝田股份发放新的贷款。由此，蓝田赖以生存的资金链条断裂。2002年1月21日、22日以及23日上午，蓝田股份被强制停牌。"蓝田事件"为刘姝威带来过诉讼和人身威胁，也成为终结蓝田神话的"最后一根稻草"。而刘姝威被誉为"中国经济环境的清洁师""敢说出皇帝根本没穿新衣的直言的孩子"。

　任务实施

　　现金流量表里的现金包括现金和现金等价物。现金是指企业的库存现金以及可以随时用于支付的存款，包括库存现金、银行存款、其他货币资金；而现金等价物是指企业持有的期限短、流动性强、易于转换为已知金额现金、价值变动风险很小的投资，如短期债券等。

　　现金流量表是反映企业在一定会计期间的现金和现金等价物流入和流出的会计报表。企业编制的现金流量表是通过如实反映企业各项活动的现金流入、流出情况，从而有助于使用者评价企业的现金流和资金周转情况。

任务三　技能训练

任务四　附　　注

☸ 任务布置

　　财务报表是财务报告的核心内容，但是除了财务报表之外，财务报告还应当包括其他相关信息，具体可以根据有关法律法规的规定和外部使用者的信息需求而定。那么，同学们知道这个其他相关信息指什么吗？具体包括哪些内容呢？

一、附注的意义

附注是对在资产负债表、利润表、现金流量表和所有者权益变动表列示项目的文字描述或补充说明，以及对未能在这些报表中列示项目的详细说明等。比如，附注中披露的固定资产折旧政策的说明、存货增减变动情况及分类信息等。

二、附注的主要内容

附注是财务报表的重要组成部分，企业应当按照以下顺序披露主要内容：

（1）企业简介和主要财务指标。

（2）财务报表的编制基础。

（3）遵循企业会计准则的声明。

（4）重要会计政策和会计估计。

（5）会计政策和会计估计变更以及差错更正的说明。

（6）报表重要项目的说明。

（7）或有和承诺事项、资产负债表日后非调整事项、关联方关系及其交易等需要说明的事项。

（8）有助于财务报表使用者评价企业管理资本的目标、政策及程序的信息。

 任务实施

> 附注是对在会计报表中列示项目所做的进一步说明，以及对未能在这些报表中列示项目的说明等。企业编制的附注是通过对财务报表本身做补充说明，以更加全面、系统地反映企业财务状况、经营成果和现金流量的全貌，从而有助于向使用者提供更为有用的决策信息，帮助其做出更加科学合理的决策。
>
> 附注具体包括企业的简介、主要财务指标、财务报表的编制基础、遵循企业会计准则的声明、重要会计政策和会计估计等内容。

任务四　技能训练

 案例导引解析

对于本项目案例导引中李强的两个想法，在此做以下解答：

第一，财务报告并不就是会计报表。财务报告，是指企业对外提供的反映企业某一特定日期的财务状况和某一会计期间的经营成果、现金流量等会计信息的文件。财务报告不仅包括财务报表，还包括同会计信息系统有关的其他财务报告文件，而且财务报表至少应当包括"四表一注"，即资产负债表、利润表、现金流量表、所有者权益变动表和附注。

第二，李强的陈述不正确。我国《企业会计准则——基本准则》规定，财务报表至少应当包括资产负债表、利润表、现金流量表等报表，小企业编制的会计报表可以不包括现金流量表，但大中型企业，尤其是上市公司必须要披露现金流量表等信息。

项目十二　综合训练

参 考 文 献

[1] 中国注册会计师协会. 会计［M］. 北京：中国财政经济出版社，2022.
[2] 潘上永. 会计思维［M］. 北京：高等教育出版社，2020.
[3] 企业会计准则编审委员会. 企业会计准则详解与实务条文解读＋实务应用＋案例讲解
［M］. 北京：人民邮电出版社，2022.
[4] 企业会计准则编审委员会. 企业会计准则及应用指南实务详解［M］. 北京：人民邮电
出版社，2022.
[5] 李雷. 中级财务会计［M］. 北京：中国人民大学出版社，2020.